利率市场化下的银行产权结构与资金配置效率研究

曹志鹏 著

西北工业大学出版社

西安

图书在版编目(CIP)数据

利率市场化下的银行产权结构与资金配置效率研究 /
曹志鹏著. —西安:西北工业大学出版社,2022.9
ISBN 978 - 7 - 5612 - 8287 - 8

Ⅰ. ①利…　Ⅱ. ①曹…　Ⅲ. ①银行-产权结构-关系
-资金管理-研究-中国　Ⅳ. ①F832

中国版本图书馆 CIP 数据核字(2022)第 166755 号

LILÜ SHICHANGHUA XIA DE YINHANG CHANQUAN JIEGOU YU ZIJIN PEIZHI XIAOLÜ YANJIU
利率市场化下的银行产权结构与资金配置效率研究
曹志鹏　著

责任编辑:肖　莎		策划编辑:张　炜	
责任校对:陈　瑶		装帧设计:李　飞	

出版发行:西北工业大学出版社
通信地址:西安市友谊西路 127 号　　　　邮编:710072
电　　话:(029)88493844,88491757
网　　址:www.nwpup.com
印　刷　者:西安真色彩设计印务有限公司
开　　本:787 mm×1 092 mm　　　　1/16
印　　张:14
字　　数:358 千字
版　　次:2022 年 9 月第 1 版　　　2022 年 9 月第 1 次印刷
书　　号:ISBN 978 - 7 - 5612 - 8287 - 8
定　　价:69.00 元

前　言

　　商业银行是我国金融体系的主体,是企业资金来源的主要渠道。商业银行在科学管理和防范风险的基础上进行资产的有效配置,从而优化资源配置,已经成为经营的关键。我国利率市场化改革开始于1996年,2015年中国人民银行彻底放开利率管制才基本完成。利率市场化改革深刻影响着商业银行的盈利模式和资金配置效率,产权结构的合理性在利率市场化改革中对银行资金配置效率有重要的影响,而以国有商业银行为主导的我国金融体系的资金配置效率仍然不高,不仅不利于为实体经济服务,也无法支撑经济转型。在利率市场化改革下,调整银行产权结构以便提高资金配置效率和降低金融体系统性风险,是我国金融领域改革迫切需要解决的问题,也是加快我国经济可持续发展的核心问题。本书的研究对于促进金融机构改善产权结构,提高资金配置效率,降低商业银行系统性风险具有重要的参考价值。

　　利率市场化改革对提高商业银行效率的作用一直备受学者们的关注,而产权结构的合理性在利率市场化改革中对商业银行资金配置效率有重要的影响。目前,国内外关于利率市场化下产权结构与银行效率研究较少。国外发达国家由于利率的放开其学者只对产权结构与银行效率进行研究,而国内学者主要是对利率市场化的效应等方面进行研究。本书在商业银行新巴塞尔协议经济资本管理现状基础上,探讨了在利率市场化条件下产权结构变动对资金配置效率内在的影响机理,量化分析了在利差波动下产权结构变动对银行资金配置效率的影响,提出了优化银行产权结构的策略。本书拓宽了银行效率研究的领域,对我国利率市场化下银行资金配置效率提高提供了有效的指导。本书主要在下述四个方面进行了拓展:

　　(1)商业银行产权结构和资金配置特征研究。在系统分析国内外银行产权结构和资金配置状况的基础上,根据目前我国银行产权结构的特点,对当前各类商业银行产权结构和资金配置状况进行了深入分析,研究银行产权结构和资金配置环境，以及不同发展阶段产权结构变化状况，从而系统地揭示银行产权结构和资金配置状况和特征。

（2）在经济资本管理下商业银行资金配置效率评价体系研究。从负债业务、资产业务、中间业务和盈利模式四个方面分析了我国商业银行发展状况，以及各项业务存在的问题。对我国商业银行资金运用和管理进行了分析，从各项贷款、债券投资和存款准备金三方面分析了资金配置状况。按照新巴塞尔协议对经营管理的基础和核心内容经济资本管理进行了分析，选择经济利润为风险收益衡量指标。利率市场化的构建欧拉数指数函数用以衡量，以利率变动范围与幅度、利率自主化决定指数及存款利率指数 3 项指标为基础数据计算利率市场化综合指数。评价采用了两阶段前沿效率 DEA 和 SFA，并进行配对样本的 T 检验，确定合理的评价方法。

（3）在利差波动下银行产权结构对资金配置效率影响研究。本研究采用 Tobit 模型进行多元回归，实证研究了在利率市场化下不同产权结构商业银行对其效率的影响。为保证实证结果的稳健性，还采用计量模型替代法进行稳健性检验。在资金配置效率评价体系基础上，主要分析了在利率市场化条件下产权结构变动对资金配置效率内在的影响机理，量化分析了在存贷款利差波动下商业银行产权结构对资金配置效率的影响，以及不同产权结构下银行配置效率。通过实证分析，研究了在利率市场化下不同银行产权结构变动对资金配置效率的影响程度，为商业银行应对利率市场化提供依据。

（4）利率市场化下银行产权结构调整以提高资金配置效率策略。在前面分析基础上，通过国际比较与借鉴，以及利率市场化进程中的经验与教训，从民营资本的适当引入和降低国有产权比例等多方面提出中国银行业产权结构的优化与调整策略。

本书结合商业银行在新巴塞尔协议下经济资本管理现状和现代计量经济学方法，在风险资产管理基础上构建了银行资金效率配置评价模型，可以更加有效地反映银行资金风险收益状况，建立了比较完整的、系统的银行资金配置效率分析框架。在产权方面，分别以产权性质和产权集中度两方面分为产权结构完全不同的国有商业银行和股份制商业银行，分析各自产权结构，构建欧拉数指数函数和运用模糊综合评价法测算利率市场化综合指数，最后采用 Tobit 模型进行多元回归，实证研究了在利率市场化下不同产权结构商业银行对其效率的影响，并进行稳健性检验。在对商业银行产权结构和资金配置特征及资金配置效率评价体系基础上,分析了在利率市场化条件下产权结构变动对资金配置效率内在的影响机理,研究了在利率市场化下不同银行产权结构变动对资金配置效率的影响程度,为商业银行应对利率市场化提供依据,为商业银行产权结构的变革和企业融资效率改进提供借鉴。

本书具有以下特色:①研究与银行资金管理契合度高。结合目前商业银行在新巴塞尔协议下经济资本管理现状和现代计量经济学成果,结合银监会银行加权风险资产管理办法,效率评价方法选择和指标更具科学性,更符合作为自主经营的银行资金配置现状和管理实际,在效率评价体系基础上分析了在利差变动下银行产权调整策略,对于商业银行调整产权结构以提升核心竞争力具有很强的实践指导作用。②引入了新的分析方法。在效率评价方面,在关键的投入产出指标选择上采用了和以往研究不同的分析方法,通过银行经济资本管理来设定合理投入产出指标,这些方法应用于利率市场化下的产权对配置效率影响,具有创新性。

本书受国家社科基金项目《利率市场化下商业银行产权结构对资金配置效率影响研究》(项目编号:16XJY020)的资助。

在写作本书过程中,陕西科技大学给予了大力的支持,项目组全体成员给予了积极的帮助和支持,陕西科技大学金融研究生也积极参与其中,书稿的写作凝聚了师生的思考和智慧,特向他们表示衷心的感谢。同时也参阅了相关文献、资料,在此向这些作者表示感谢。

由于笔者学识有限,书中难免存在不妥之处,希望广大读者不吝指正!

陕西科技大学　曹志鹏

2022 年 2 月

目　　录

第1章 绪 论

1.1 研究背景及意义

1.1.1 研究背景

金融业作为资金积累和资金积聚最主要的行业,在经济发展中起到了举足轻重的作用。商业银行作为金融行业的支柱,为实体经济的发展提供了资本的支持,是推动我国经济增长的关键。作为经营金融资产和负债并以追逐利益为目标的特殊企业,商业银行的资产配置不仅直接影响效率和利润,还可以通过融资影响企业,从而影响金融体系以及国民经济的整体运行平稳程度。近年来,我国商业银行面临的经营环境发生了巨大的变化,对其经营与效率管理提出了更高和更新的要求。这些变化主要体现在以下几方面:

(1)全球化和混业经营成为银行业发展的主流,而我国以国有产权为主的银行体系效率仍然不高,亟待提高资产负债管理水平。

20 世纪 90 年代以来,全球化和混业经营逐渐成为国际银行业发展的主流。金融混业经营的发展趋势使得商业银行内部管理日益复杂,商业银行产权结构的改革日益重要。1999年,美国通过了《金融服务现代化法》,该项法律的颁布彻底结束了美国一直以来分业经营与分业监管的局面。同一时期,日本也通过了一系列的政策措施并在 1998 年放宽了商业银行的业务范围,从此日本国内的银行也走向了全能银行的道路。目前,我国银行业分业经营体制并不能完全杜绝风险产生和违规行为的出现,但却在一定程度上制约了我国国民经济的发展,因为这样的经营体制不能有效地促进生产要素的自由流动。因此,我国也正在逐渐加强银保等的合作。2018 年 4 月,银监会和保监会合并成为银保监会。同时,我国在 2006 年完全打开对外资银行业进入国内市场的限制,自此,越来越多的外资银行得以进入我国,并且发展迅速。截至 2019 年年底,我国境内的外资银行法人机构有 41 家,营业性机构总数也已经近千家。外资银行具有从事银行业务时间长、公司治理结构良好、产品研发和业务创新能力较强等优势,可以凭借其积累多年的产品创新经验,抢夺银行的优质客户,对我国商业银行产生强烈冲击。为了应对外资银行进入对中国银行体系带来的挑战,我国银行业进行了一系列改革,2003 年,我国在剥离国有银行不良资产后,股份制改革也随之展开。2003 年成立的中央汇金投资有限责任公司(简称"中央汇金公司")为我国国有商业银行在资本上给予了极大的支持,其运作方式主要是为我国国有商业银行进行股权投资,是我国四大国有商业银行的最大股东。2010 年,中国农业银行的上市,标志着我国四大国有银行已经全部完成上市并成为股份有限公司。截至 2019 年年末,我国上市商业银行已达 37 家。然而,我国银行业主要以国有银行为主,其余商业银行,尤其是城市商业银行和农村商业银行资产比重较低,因此股份制改造较为缓慢。除此之外,中央汇金公司一直以来对国有银行通过股权投资来进行资金的投入,因此中央汇金公司成为我国四大国有银行的第一大股东,也成为全国股份制商业银行的重要股东。我国国有银行国有股份仍然占据着股权结构中的重要地位,在四大国有银行中,中央汇金公司和财政部持股比例非常高,合计持股比例均超过 50%,持股高度集中。我国经济改革的特征就在于遵循逐步发展、循序渐进的规律,从而一直以来都以金融秩序的稳定作为改革的关键,因而产生了对于金融效率关注度不足等问题。根据 Gorton & Winton 的模型可以得知,尤其对于正处在经济转型期的国家,在其银行体系中,稳定和效率一直以来都是鱼和熊掌不可兼得的状况。银行信贷配给的效率下降是我国银行业效率整体下降的主要表现,归结其主要原因就在于企业部门的生产活动能够有效促进经济大发展,但是由于有限的金融资源并没有能够有效地分配到实体企业部门,没有了资本支持,实体企业发展难度增加,银行信贷配给效率也会发生下降。在银行开展信贷业务中,非国有企业、新兴中小企业难以获得银行金融支持。而国有企业、事业单位以及效益好的大中型企业则备受银行青睐,因此能够获得充足的信贷资金支持。在国有企业经营机制没有根本改变的情况下,极为容易形成银行业的不良贷款。截至 2019 年末,我国商业银行的不良贷款余额合计仍然高达 2.41 万亿元,不良贷款率为 1.86%。不良资产的增加不仅影响银行的利息收入,商业银行利润的损失,而且还会影响银行资产的流动性风险,从而诱发银行经营风险。

(2)资本市场和非银行金融机构的发展,使得银行生存和发展的空间不断受到挤压。

近年来,我国的资本市场发展迅速,已经建立起了多层级的资本市场体系,该体系以主板市场、中小板及创业板市场为主,此外还包括了全国中小企业股份转让系统、区域性股权交易中心。2004 年和 2009 年我国相继成立了能够解决中小企业融资难问题的中小企业板和创业板市场,为具有创新性和高成长性的中小企业提供更多的融资机会。与此同时,我国场外交易市场也有了长足的发展,为了能够有效地让企业更迅速地实现融资,我国于 2012 年组建了新的股份转让系统,通过新的转让系统也就是常说的新三板,可以大大地提高企业股权的流动性。同时,以上海股权托管交易中心和天津股权交易所为代表的区域性的股权交易市场也逐渐蓬勃发展起来,成为我国多层次资本市场的重要支撑。自此以后,我国资本市场的发展得到质的飞跃。截至 2019 年 12 月,我国主板市场总市值据统计已经在全球名列前茅,总体市值已经高达 55 万亿元。自建立以来我国中小企业股份转让系统累计已经为我国中小企业融资达 265 亿元,区域性股权交易所也自建立以来累计为各类企业融资达 6 896 亿元之多。建立健全多层次资本市场的发展对于现阶段我国实体经济的发展有着举足轻重的作用,这不仅使得我国国有和非国有企业、大中小型企业均能够在不同的资本市场上获得足够的生产经营资金,也促进了各种资源的有效配置,使得有限的金融资源得以分配至有效的实体企业部门,进而从宏观上促进了我国产业结构的升级。多层次资本市场的发展对于我国经济发展起到了极其显著的促进作用,但同时给我国商业银行的发展带来了一定的不利影响。由于企业能够更加容易从资本市场获得融资,商业银行传统信贷业务受到了冲击,同时相当大一部分的优质客户也转而从市场上进行直接融资。由此,我国商业银行一直以来的以存贷利差为主的盈利模式被迫发生变化,经营风险也大幅提升。资本市场的发展将使企业从以银行为主的间接融资方式逐渐转变为在金融市场上直接进行融资,居民家庭持有的金融资产由银行储蓄逐步转向其他的资产持有方式。企业直接从资本市场融资的现象也称为金融脱媒现象,这一现象的出现,将会使大量的资金从银行流向市场,商业银行的存款总量及结构受到了深刻的影响。据统计数据,从 2002 年年初至 2020 年 2 月末,我国社会融资规模中企业债券和非金融企业境内股票两项合计余额已经从 0.99 万亿元增加到 31.73 万亿元,占社会融资规模存量的比重由 4.9% 增加到 12.6%,增长迅猛。金融脱媒不仅会造成商业银行各项存款增速的降低,而且也导致了商业银行的各项信贷增长速度的降低,非金融部门的融资中将会有大量融资都发生在资本市场,因此银行各项贷款的比重将会不断下降。除了银行本币各项贷款的减少,外币贷款总量也出现了显著的下降。无论是大型企业,还是中小型企业,无不希望能够以较低的成本进行融资,尤其是经济效益良好的优质企业更是如此,更加倾向于通过股权等低成本的直接融资方式从资本市场进行融资。此外具有良好发展势头及发展潜力的中小企业也在国家多层级的资本市场建立之后能够有效在资本市场获得融资,资本市场上低成本融资以及较低的信贷歧视使得更多企业愿意从市场上直接融资,而并非通过门槛较高的商业银行进行融资,这就对商业银行的发展造成了直接冲击。

从我国 2019 年沪深两市股票成交量增加额和金融机构存贷款月增加额的对比分析中发现,当股票交易量增加时,银行各项存款增量有所下降,而贷款增加额也随之下降,在 2019 年 10 月,各项存款和各项贷款增加额显著下降时,股票成交量出现负增长,相比于 9 月份下降了 36 853 亿元,由此可见,股票成交量受各项存款的影响较大,如图 1-1 所示。

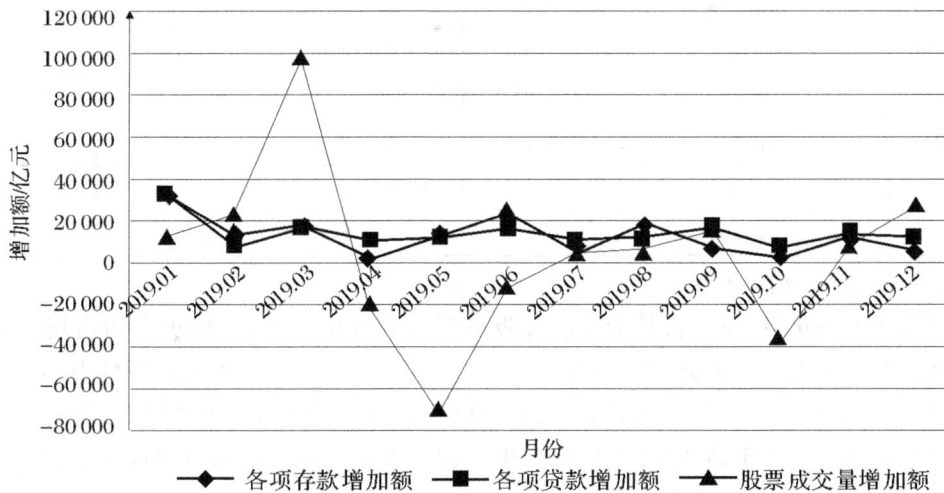

图 1-1 2019 年我国股票成交量与金融机构各项存贷款月度变动情况

资料来源:中国证券监督管理委员会与中国人民银行统计数据。

(3)利率市场化改革,深刻影响商业银行以利差收入为主的盈利模式。

利率市场化是我国金融改革的核心,1996 年,我国银行间同业拆借市场推出了银行间同业拆借利率,意味着我国利率市场化改革的开始,到 2015 年,中央银行出台政策全面放宽存款利率上限,已经走过了将近 30 年的发展历程。时至今日,商业银行的存贷比不再受限于 75% 的比例,这一系列举措使得我国商业银行能够进行利率的自主定价,从而能够更加有效地进行市场竞争,进而提升自身的贷款规模。目前为止,我国存贷款的利率管制已经全面放开,利率市场化改革基本完成,取得了实质性的成果。目前商业银行的盈利可通过以下两种路径形成:①通过吸收存款与发放贷款所产生的利息差额获得利润;②通过银行除了存贷款业务之外的多种中间业务来获取利润。这两种路径也被称为利差主导型和非利差主导型模式。在利率市场化之后,虽然市场上的竞争更加激烈,但是存贷款业务仍然作为银行的主要业务,为银行带来主要的利润收入。但是不可忽视的是利差带来的收入受到利率市场化的影响越来越大,银行必须寻找另外的出路,才能在激烈的竞争中立于不败之地。发展中间业务便是众多银行所采取的一种方法,但是在我国中间业务的发展较为缓慢,还无法成为商业银行新的盈利利器。存款利率市场化后,存款利率上升,贷款利率下降,存贷利息差将会逐渐缩小,这样使得商业银行由被动接受中央银行所定利率转为主动根据自身实际情况与目标确定利率。银行业中的竞争愈来愈激烈也迫使商业银行根据市场状况、自身定位以及银行规模,将存款客户进行细分,制定比现在更加合理或具有差异化的存款利率水平,在竞争中改善经营模式,主动进行创新,谋求新的利润增长方式,以更具特色、更有灵活性的策略获取更大的利润,以这样的方式满足客户多样化的需求,在产品类型中提升竞争力,此外在很大程度上也降低了金融资产的风险,进而降低银行的经营风险。

表 1-1　商业银行实际利差均值

单位:%

年　份	全样本	国有银行	股份制银行	城市商业银行	农村商业银行
2010	2.177	2.204	2.464	2.057	2.157
2011	2.348	2.325	2.252	2.344	2.619
2012	2.343	2.359	2.219	2.309	2.824
2013	2.363	2.340	2.180	2.393	2.654
2014	2.370	2.391	2.162	2.403	2.665
2015	2.223	2.240	2.136	2.200	2.551
2016	1.952	1.855	1.905	1.972	2.052

数据来源:bankscope 数据库数据。

　　贷款利率市场化后,商业银行为了能够吸引更多的各项贷款,争取更多的市场份额,会降低各项贷款的利率水平。长此以往,规模较小的商业银行的利差收入会逐渐减小,并在竞争过程中,中小商业银行为了获取更多利润,往往会以更低的贷款利率接受更高风险的贷款客户,使我国中小商业银行处于高风险的境地,如果经营不善还可能会面临倒闭危险。我国 51 家主要商业银行 2010—2016 年的实际利差变动见表 1-1。从表 1-1 可以看出,四类不同规模商业银行的平均利差在逐年缩小,其中,从 2010—2016 年,国有银行平均利差为 2.245,股份制银行为 2.188,城市商业银行为 2.239。可以看出,随着金融深化,我国银行实际利差是缩窄的。

　　(4)互联网金融异军突起,对商业银行各项业务发展产生了深远的影响。

　　互联网金融已形成了互联网支付、互联网理财和网络借贷三大类。截至 2019 年 6 月,我国的互联网理财用户规模已经高达 1.7 亿多人,互联网理财市场的资金规模也达到了 6.57 万亿元,其中的货币基金类理财产品规模为 3.50 万亿元,占比超过了一半,达到了 53.2%,其他类型的互联网理财产品规模为 3.07 万亿元,占比为 46.8%。互联网支付发展迅猛,截至 2019

年 6 月,在我国已经有超过 6.33 亿户的网络支付用户,而其中移动支付的用户规模超过 6.21 亿户,在移动支付方面已形成支付宝和微信两强竞争的局面,2019 年支付宝支付市场份额已达53.21％。网络借贷也发展迅猛,我国 P2P 网贷企业数量呈现爆发式增长,小额贷款为我国中小企业的发展以及在三农经济方面都起着至关重要的作用,能够有效地提高资金利用率和丰富充实国内目前的金融体系。截至 2019 年 6 月,国内小额贷款机构公司数已达 7 797 家,借款总额已达 9 241 亿元。2016 年我国小额贷款机构发展迅速,贷款金额也持续增长。在 2016 年以后,为了提高小额贷款的资产质量,避免无效投资和不良贷款增加,国家对于小额贷款公司的监管日益严格,小额贷款公司数量因此也在不断减少。由表 1-2 可知,2012 年到 2016 年,我国小额贷款公司由 6 158 家增加到 9 901 家,2016 年以后,小额贷款公司数量减少到 2018 年的 8 471 家。我国商业银行吸纳短期存款的总量在不断减少的另一原因就在于随着互联网的发展,出现了多样的互联网理财产品,这些产品以其高流动性、低门槛等优势,吸收了市场上的大量小额存款,进而影响了商业银行的资产负债业务的发展,这也导致了第三方互联网支付靠着自身支付结算业务种类多样、流程简便的优势与传统的商业银行支付结算等中间业务产生冲突,就此两者之间的竞争也愈演愈烈,网络信贷以及支付结算业务的繁荣发展对商业银行的主要贷款资产业务有着巨大和直接的影响。

表 1-2 我国国内小额贷款机构发展情况表

年 份	公司总数 家	就业人数 人	实际收入 亿元	借款总数 亿元	借款总额 增长速率 ％
2012	6 158	74 256	5 216.98	5 925.39	52.30
2013	7 982	95 123	7 234.29	8 290	39.20
2014	8 902	109 874	8 385.05	9 452.29	14.00
2015	9 402	123 231	9 231.01	12 454.78	31.76
2016	9 901	234 521	13 408.98	32 657.67	162.21
2017	8 551	103 988	8 270	9 799	−79.1
2018	8 471	101 197	8 381.57	9 629.67	−1.73

(5)巴塞尔资本新协议对商业银行资产负债管理有更高的要求。

资本作为一种稀缺资源,对商业银行的意义不仅体现在业务扩展层面,而且更重要的是银行能够利用资本进行风险的覆盖。在全球银行业统一资本监管协议《巴塞尔协议》框架愈发成熟的趋势下,经济资本管理经营理念也在中国银行业中更加深入渗透。完善全面的经济资本管理体系不仅能够增加银行的真实经济利润,而且能够提高银行的风险管理能力。资本管理仅仅依靠外部监管机构设置资本充足率标准来降低银行挤兑风险发生的可能性是远远不够的,外部监管对于银行风险信息获取的有限性致使银行利用资本充足率指标进行资本管理时缺乏针对性。现阶段各银行应该从内部出发,加强经济资本管理建设才是提高风险管理能力与资金配置效率的利器。经济资本管理框架包括了经济资本计量、经济资本配置、基于风险调整的经济资本回报率在银行绩效方面的应用、利用经济增加值衡量企业真实经济利润等方面的内容,从经济资本建设的思维角度来看,还包括了运用经济资本管理理念与经济资本管理体系在企业经营决策、资产配置、调整业务结构、绩效评价等各方面的应用。

科斯提出产权与效率之间关联密切,企业最优的产权结构是在产权明晰的前提下实现外部性内部化、经营主体财产责任化、激励约束机制不断优化,使得企业的经营效率得到有效的提高。商业银行作为经营货币的特殊企业,产权改革对其经营效果的重要性不言而喻。银行是国家重要的金融机构,健康有序的发展是国民经济持续稳定发展的基石。因此,研究改进商业银行产权结构,优化业务模式,创新产品来提高商业银行的效率是很有必要的。

此外,就我国基本国情而言,制度背景关系着企业能否做出正确的决策。金融制度的不断完善是为了更好地利用金融资源,利率市场化使得我国商业银行可以进行对利率自主定价,拥有这一项权利之后,可以使得有限的资金资源得到更有效、更合理的配置,但银行自身对于资金的配置也会因为市场利率频繁的波动而受到影响。当前,利率市场化的全面放开使得利率实现自主定价,大量P2P平台以及为实现经济"脱虚向实"所倡导的租赁产业迅速成长,商业银行在资金的借贷方面并不具有优势。理论上,利率市场化会造成银行存贷利差缩小,从而促使商业银行改变资金运用方向,更为关注业务的创新和新盈利产品的研发,进而帮助商业银行完成转型,提高效率。然而,现实情况是随着商业银行改革的深化,我国以国有银行为主的银行体系近几年来盈利能力虽然有所提高,但其效率仍然较为低下,这不仅不利于为实体经济服务,也无法支撑经济转型。同时,中国金融市场的二元结构导致非国有企业难以获得资金,即使利率自由化也难以跨越结构上的障碍并有效发挥资金配置的作用。有学者认为,只有在国有商业银行实现产权制度改革的前提下,利率市场化改革才是行之有效的。因此,在我国利率市场化改革初步完成的关键时期,调整银行产权结构以便提高资金配置效率和降低金融体系系统性风险,是我国金融领域改革迫切需要解决的问题,也是加快我国经济可持续发展的核心问题。可以看到,利率市场化对我国商业银行来说不仅仅是能够抓得住的发展机会,也是前所未有的挑战。

1.1.2　研究意义

银行业是金融业的支柱,银行业效率的高低对整个经济市场的影响是深刻的,金融资源是否得到了有效的使用以及社会资源是否得到有效的配置问题都会受到银行业效率的影响。我国现在处于经济快速发展的阶段,但仍面临产能、杠杆、库存都较高的现状。商业银行可以借助去杠杆式金融的支持,解决"三高"问题,刺激经济的发展。同时,我国银行业变革和利率市场化的开展,将对我国商业银行产权结构和资金配置效率都有重要的影响。资产业务是商业银行的核心,资产的分配效率水平直接影响到银行的效用、净利润和竞争力,也间接影响金融市场体系的稳定和我国经济的整体运行。本研究具有理论和现实两个层面上的意义。

(1)理论意义。本研究在新巴塞尔协议经济资本管理基础上,探讨在利率市场化条件下产权结构变动对资金配置效率内在的影响机理,选用欧拉指数函数等构建利率市场化综合指数,运用两阶段数据包络分析(Data Envelopment Analysis,DEA)和随机前沿分析法(Stochastic Frontier Analysis,SFA)方法测算商业银行各阶段效率,选取不同产权结构的商业银行作为样本,量化分析在利差波动下产权结构变动对银行资金配置效率的影响,研究不同产权结构的商业银行受影响的效应。本研究的意义在于探讨我国经济发展中亟待解决的实际问题,通过研究利率市场化下商业银行产权结构变动对资金配置效率的影响程度,提出优化银行产权结构,提高银行风险管理基础上资产配置的有效性,为银行如何应对利率市场化提供依据。本课题拓宽了银行效率研究的领域,对我国利率市场化下银行资金配置效率提高提供有效的指导。

(2)现实意义。商业银行作为向企业提供资金的金融中介机构,面临着国有银行主导我国金融体系造成资金配置效率低下的局面,不仅不利于为实体经济服务,也无法支撑经济转型。在利率市场化改革的关键时期,调整银行产权结构以便提高资金配置效率,是我国金融领域改革迫切需要解决的问题,也是加快我国经济可持续发展的核心问题。提升效率是增加商业银行盈利能力和竞争力,实现商业银行价值最大化经营目标的重要途径。只有提升商业银行效率和盈利能力,才能使股东和投资者的投资得到回报并有效抵御相关风险,确保中国银行业安全、健康、持续发展。我国银行业在金融资源配置中占主体地位,而金融体系的脆弱性与银行的不稳定性同样存在,加之银行不良贷款的增加致使金融不稳定加剧,只有采取稳健的银行经营策略,防范银行风险,合理配置银行资产,才能维护银行体系的稳健发展。通过提高商业银行风险基础上的资产配置效率,可以促进经济的快速增长。

1.2 国内外文献评述

1.2.1 国外文献研究

1.银行配置效率及其影响因素方面的研究

国外初始阶段对于银行配置效率问题的研究主要分为两大主流,分别是分析通过扩大生产规模而引起经济效益增加的现象即规模经济对所研究效率的影响以及范围经济对银行效率的影响。随着效率含义的不断细化以及计量方法的不断优化,对效率问题的研究越来越深入和全面,近年来逐步出现了对技术效率、成本效率以及 X 效率等各方面的研究。

(1)银行 X 效率研究。进入 20 世纪 90 年代以来,各个国家对于本国银行业的管理不断加强,期望能够提高本国银行的竞争力,这样才能在经济全球化的浪潮中得以生存。因此,对于银行效率的研究也逐步从最早的规模效率研究和范围效率研究转变到了一种全新而且更加有效的效率研究上,也就是学术界众所周知的 X 效率。所谓的 X 效率,其实是在不断加强银行管理的过程中所研究出来的对于银行内部的控制成本以及生产收益的管理能力的一种效率,能够更好地解释银行的经营效率。而 X 效率主要从哪几个方面进行研究这个问题,截至目前的所有研究成果仍然没能得出一个广泛认可的答案,已有研究主要是从含义、测度和影响这三个方面进行分析。1966 年,最早提出 X 无效率理论的是美国著名的经济学家 Leibenstein。他在研究非技术关系使得企业经营失效的问题时,因新古典经济学无法对此有一个合理的解释,由此才提出了这一理论,并且在他的研究中认为 X 效率是排除规模与范围效率之外的其他剩余部分。Frei(2000)的研究中对于 X 效率的界定则直接表示其指的是在避免规模与范围对效率产生的作用后,受到其他所有技术以及资源分配方面的作用效率。X 效率一经提出,对这一问题进行研究的学者大多都是在分析影响银行经营活动的影响因素时从成本以及利润等方面对 X 效率的因素进行分析,如 Jamal(2013)在对美国银行的银行效率进行的研究中,跟大多数同期研究方法相近,都是运用了 X 效率,而他对 X 效率的测算则是通过对利润效率的分析。银行的经营管理中是否真的存在 X 无效率,关于这一问题,在目前的研究中,大多数学者都持有肯定意见,并且认为 X 无效率远远大于早期所研究的规模和范围无效率的研究,这也是目前的主流观点。但是在 X 效率研究方面存在较多争议的问题大多集中于 X 无效率以及影响因素的分析,具体是对于银行的横向以及纵向分析过程中所呈现的效率和差异变化的影响因素如何解释。Berger 和 Humphrey(1994)的研究就肯定了 X 无效率远远大于早期所研究的规模和范围无效率的这一观点,X 无效率的影响对于银行来说更加深远。Berger 和 Mester(1997)为了分析银行业的 X 效率在美国的表现情况,从各个方面的不同概念进行了更为深刻的分析后,认为在银行业效率中,成本与利率所造成的影响范围更大、程度更深。Altunbas(2001)等人在研究 X 效率和规模效率对银行效率的作用效果如何时,为了使得研究结论具有普遍性,因此选取的样本范围非常大,将整个欧洲 1.98 万家银行 1989—1997 年的数据作为研究对象,通过带傅里叶三角项的超越对数成本函数的测算分析,结果显示 X 无效率对成本所产生的作用强度要比规模所产生的作用强度大得多。Clark 和 Siems(2002)的研究则是针对银行的各项业务活动是否与 X 效率有所关联,在该研究所选取的主要活动中,资产负债表的表内、表外业务不显著,信贷方面的贷款担保、信用承诺以及信用额度等项目则表现出高度的积极作用,与 X 效率之间呈现负相关的只有衍生品活动,与其有所不同的是 Kwan(2006)的研究却表明资产负债表的表外业务与 X 效率呈现正向影响关系。Fu 和 Heffernan(2007)对中国商业银行银行效率进行研究,并且对股份制银行和国有银行进行比对,为使得研究更有说服力选取中国商业银行 1985—2002 年长达 17 年的期间信息进行实证分析,发现股份制的银行其 X 效率相较于其他性质的商业银行来说呈现更高的水平,并且应该鼓励银行进行改革。Jamal(2013)对施行并购的银行的经营效率进行了分析,研究样本选取美国银行 1992—2003 年的数据,研究结果显示若银行实施并购则 X 效率水平要远高于非并购的银行。以上这些国外研究者所得到的结论均揭示了银行 X 效率水平较低的主要原因在于银行内部控制以及内部资源配置未达到最优状态,加强银行内部各项活动的管理才是提高银行效率的重要途径。

(2)关于商业银行效率的影响因素研究。在分析影响效率的因素时,要从内部与外部同时出发探寻,即内部管理与难以把握的外部环境。从宏观层面来看,为了有效地对银行业的发展进行管理与监督,国家注重分析宏观层面的环境影响对银行效率的作用是否有利以及寻找有效的政策措施;从微观层面来看,内部的管理是否能够有效地提升效率,在于管理者的工作成果。Harker 和 Zenios(2000)的研究中,将针对金融机构的绩效影响因素分为战略策划、战略执行以及影响战略的外部环境三个层面,对于这三个层面又进行了更细致的分类,战略策划的影响因素主要涵盖了有关区位、业务多样性以及客户组合等;战略执行的影响因素包括 X 效率、劳动力、技术以及显示过程等;信息技术的掌握情况、消费者对产品组合多样化需求程度以及金融管制的严格程度都是影响绩效的外部环境层面的影响因素。Berger 和 Mester(1997)的研究主要分析了效率类型、计算、研究对象以及银行的资金总量对银行效率的不同作用,研究结果显示,在这四种影响因素中,只有银行的资金总量对效率的作用效果并非显而易见的,其他几项对于银行效率都具有程度更深的作用;此外,银行的管理结构的不同对于效率的影响研究结果也是非常多样的,难以得出统一结论,存在控股公司的和独立的商业银行之间有着明确存在但又难以厘清的差异,已有的研究无法得出统一的结论来说明哪一种的效率更高,但是普遍认同的观点有具有较高效率的商业银行一般情况下都具有较高的资本化程度以及较低的不良贷款率。Frei 和 Harker（2000）在分析能够促进银行效率水平提高的影响因素的研究中，不仅涵盖了已有研究中所分析的人力资源管理、信息技术管理以及过程管理等因素，还分析得出这些因素对于银行的服务质量、成本以及便利程度的影响，并进而对于提高银行效率水平具有极大的促进作用。Maudcos，Pastor，Perez 和 Quesada（1998）在对西方地区银行效率的影响因素进行分析时，对于不同经济总量、不同专业化程度和所处的外部环境不相同的银行分类进行了更深一步的分析，结果发现效率较高的银行往往并不是规模较大的银行，专业化程度及类型不相同的银行，其效率反而差异不大，也就说明专业化这一因素的影响并不显著，此外还得出效率比较高的银行普遍贷款率也较高而且较高的市场集中度也正向促进了银行利润效率水平的提高。Dhawan.R 和 P.Jochuzen（2002）以数十个正处在经济变革的国家的银行业作为分析样本，度量了 1995 年至 1998 年的效率，此外对于能够对效率产生作用的变量做了讨论，认为资金是否宽裕、面临的市场是否集中以及 GDP 的增长对于银行效率起到了积极的促进。James E.kolan（2005）将德国和美国大型商业银行效率的表现状态进行了相较分析，发现美国的情况比德国的情况相对好一些，此外还发现能够较大程度作用于银行效率的因素是股权结构，其中若存在外资参股则对于银行效率有较大的积极促进作用。Williams（2010）讨论了能够对银行效率水平产生作用的变量，针对国内银行与外资银行的差异进行研究，发现外资银行的效率相对较高，此外银行的经济总量对于效率也有较大的作用程度。Hsiao（2010）的文章则聚焦于金融改革对我国台湾地区银行业效率的影响作用。Hall（2012）对 2000 年以后的五年内我国香港地区银行业的发展情况进行了深入的探讨，认为国民收入以及出口对银行效率的作用效果是非常深刻的。Mei-Ying Huang（2012）的研究结果显示，与已有研究普遍得出的观点一致认为银行市场集中度对于银行效率具有显著影响外，还以证券市场的情况分析了其对于银行效率的影响，结果显示证券市场换手率以及资金总量均对商业银行效率的作用强度加大。

2. 产权结构对商业银行效率的影响研究

目前主流的观点分为两类，一类是认为产权结构对银行效率的作用是深刻的即产权明显论，另一类与前一观点相反，认为产权结构对银行效率的影响并不显著即产权不明显论。Lfogelberg 和 J.M.Griffith（2002）就是支持产权明显论这一观点的，他们的研究结果显示银行绩效受到所有权的影响是显著的。Steven Fries（2001）的研究中，将产权性质不同的银行做了对比，结果显示产权对于银行效率的影响是明显的，私营银行的效率要高于其他产权性质的银行。外资所有权比例较高的银行效率较高（Akin, et al.,2011），引入外资将有助于效率的显著提高。同时，还有学者从贷款行为等"政治观"印证了这一观点，如 Thierno Barry（2015）的研究认为无论是发展中国家还是发达国家，国有银行提供了更高的信贷比例。产权不明显论与产权明显论观点相反，该观点认为产权对于银行效率的影响不明显，私营商业银行的效率比起公共储蓄银行和互助合作银行的效率水平不一定高，而且私营银行在成本效率以及利润效率上相较其他银行存在一定的劣势（Yener Altunbas,2001）。Bonin（2005）在研究国有产权的银行是否效率明显低于私有银行的问题时，选取了多个国家的银行数据作为样本，结果显示国有产权对于部分银行效率具有积极的促进作用。

3. 商业银行效率与产权结构的实证研究

国外银行产权结构对银行效率影响的实证研究比较多，大量的研究证明国有银行较非国有银行效率低下(Berger,2005;Mian,2006;Micco,et al.,2004)。如 Allen N. Berger(2009)在研究中国银行效率时重点研究了成本效率以及利润效率,研究发现四大国有银行的效率比起私营银行的效率反而更底,而在私营银行中那些拥有外资支持的银行效率也更高。Steven Fries 和 Anita Taci(2005)对东欧 15 个国家的数百家银行进行了成本效率的度量,发现产权性质的不同对于效率水平的高低有显著的影响,私有制效率更高,存在外资股权的银行效率也相对较高。Micco 等(2004)研究了 119 个国家的银行所有制与效率之间的关系,发现在发展中国家国有银行较其他国内银行盈利能力较低、成本较高、雇员比率更高和资产质量更差。

4. 利率市场化对商业银行效率及产权结构的影响研究

国外由于一直处于金融自由化的状态,并不存在一个利率逐渐开放的过程对商业银行效率和产权结构造成影响,所以国外关于利率市场化下产权结构与银行效率的研究很少。其中大多数学者仅从商业银行微观模型思想研究了商业银行利差影响因素、利率市场化对商业银行的风险影响等相关问题。利率市场化是利率由金融市场供求所决定的机制。根据 R. I. Mckinnon 和 E. Shaw(1973)提出的"金融抑制理论"和"金融深化理论",政府所实施的利率管制政策会导致利率远远偏离市场均衡水平,无法合理配置资源,造成了资源配置扭曲,最终会阻碍经济发展。最初的研究多集中于探讨其与宏观经济发展之间的关系,Odhiambo(2009)通过研究肯尼亚的利率改革措施对本国金融深化和经济增长的影响,发现利率自由化对金融深化具有积极作用,能够成功促进经济增长。但这种自由化要充分发挥其优势也需具备一定的条件,Daniel 和 Kim(1996)认为只有在市场完全竞争、信息完备、制度健全的前提下,金融自由化才具有福利效应,此时放松利率管制可以发挥更大的作用,从而助力于经济发展。这表明利率市场化的实施要依赖于市场和经济制度的完善,否则在实施过程中可能会带来负面效应。Demrguckent 和 Detragiache(1998)通过对 1980—1995 年期间全球 53 个国家的相关数据进行分析,发现若利率能够远离国家管控实现市场自由定价,则银行发生危机的概率大大提升,不过需要明确的是利率实现自由化这是经济发展过程中所必需的,因此要尽可能降低银行危机发生的可能性就要不断提高金融系统的风险承担能力。随着研究的进一步深入,越来越多的学者开始从企业微观层面探讨利率市场化对经济发展所产生的具体影响。Ameer(2003)发现一国的金融自由化程度与该国企业的资本结构成正相关关系,当金融自由化水平越高时,企业的资本结构就越趋向于最优水平,能够进一步减少外债并提高经济效率。由此可看出金融自由化的作用在于放松对企业的财务约束,提高投资资金的分配效率(Galindo et al.,2007;Guermazi 和 Amira,2014)。Bekaert 等(2005)经过实证研究发现利率市场化能够更好地满足实体经济的融资需求,进而使本国的平均经济增速提升 1~2 个百分点。Du Kai 等(2018)同样认为利率市场化会对银行效率产生积极影响,有助于促进金融体系的有序稳定发展。在银行利差影响因素方面,Wong(1997)利用银行微观模型思想发现影响利差因素不仅包括核心资本、存款保险制度、资本金规模和违约风险等,而且包括运营成本、市场占有率、利率风险和信用风险等。Lisa Rya 和 Ganweck(2005)通过构建动态的银行模型来研究商业银行利差的决定因素,实验结果表明业务多元化程度、银行资产规模和信用风险程度都与商业银行利差呈显著的正向变动关系,期限结构和利率风险对利差的影响不显著。Kasman,Timc,Vardar,Okan(2010)采用欧盟 29 个国家 1 431 家银行 1995—2006 年的数据,研究发现 2001—2006 年间的数据实证表明,资金的宽裕与否与银行净利差高低之间存在反向关系,比如 GDP 等宏观层面上的影响因素对于银行净利差的作用并不深刻,原因可能在于银行所处的环境有所差异从而导致了影响因素难以统一。

在利率市场化对商业银行风险研究方面,Daniel 和 Jones(2001)采用动态模型对金融自由化与银行风险的作用机制进行分析,结果显示,在模拟金融自由化的初期,商业银行的风险呈现不断降低随后迅速上升的变化趋势。Choudhry 和 Jakob(2008)采用 1981—2014 年发达国家和发展中国家数据,对其进行深入的分析之后发现系统的银行风险管理水平,在一定程度上会使得系统风险有部分增加,同时引发金融业非系统金融风险的概率也大幅提高。Angkinand 等(2010)的研究也同样认为金融自由化的程度与银行风险之间的关系是一种跨越一定值后又出现下降的情形,也就是倒 U 形的关系。

1.2.2 国内文献研究

1. 银行配置效率及其影响因素方面的研究

我国对于银行效率的研究自 20 世纪 90 年代中期开始,研究初期主要集中于宏观效率的评价,主要通过财务指标法对银行成本、收益及资产质量等宏观层面的指标进行分析并据此对银行的宏观效率进行评价,但是宏观效率对于解释银行投入产出效率以及资源配置情况程度不够翔实,仅能做出一个大概的次序,因此无法反映出我国商业银行经营中所存在的真实问题,不能够满足银行提高效率水平的理论需求,所以从宏观层面出发的研究越来越少。近年来,从微观层面对银行效率进行的研究逐步成为主流,研究方法采用前沿函数法中的非参数法和参数法。

(1)非参数法。使用非参数法对我国商业银行效率进行深度分析的文献相对较多,悉数这些文章所采用的实证方法,其中被广泛使用的是 DEA 方法。对已有文献进行梳理发现,目前在银行效率问题的研究上,主要有两种研究目的,一种是选取我国发展较好的、具有代表性的十几家商业银行为研究样本进行对比研究,研究我国产权性质不同的银行之间存在的差异以及原因;另一种则是仅仅对我国国有银行效率进行分析,从而提出政策建议。魏煜和王丽(2000)通过 DEA 方法,将我国 12 家商业银行作为实证样本,对其效率进行了科学、准确的度量,在进一步分析中对不同的产权性质的银行进行了对比分析,并分析了效率水平低下的影响因素,结果显示国有银行的效率反而较低。赵旭和凌亢(2000)以我国商业银行 1983—1998 年的数据作为实证对象,采用 DEA 数据包络分析法对我国商业银行效率进行了较为科学的度量,并且对影响因素进行了更深层次的讨论。张健华(2003)为分析我国商业银行效率水平处在什么样的位置,以及是否存在 X 效率,采用了 DEA 方法对样本数据进行了统计分析与效率度量,他发现我国银行中股份制银行的效率明显高于其他银行,而且大概率存在 X 效率。朱南等(2004)通过 DEA 超效率模型,对我国在全国范围内规模较大的 14 家商业银行的效率表现做出了一份较为客观的排名,这份排名所展现的情况与主流观点一致,那就是我国四大国有商业银行所表现出来的效率水平跟股份制银行相比相差甚远,对影响效率的因素进行深度分析之后发现其中一个变量对于效率的影响至关重要,那就是员工数量,呈现了显著的负向作用。刘汉涛(2004)为对我国商业银行效率进行计算,并且欲分析出使得股份制银行和国有银行存在较大差异以及效率水平低下的重要解释变量为何。他采用了 DEA 方法,研究结果表明股份制银行的效率表现情况更好,至于效率较低主要是由技术无效率引起的,究其原因,规模效率低逐步成为导致技术无效的主要原因。杨大强和张爱武(2007)的研究主要针对我国商业银行的成本及利润效率分析,研究这两项效率是否在不同产权性质的银行具有不同的表现,文章通过 DEA 方法以我国商业银行 1996—2005 年的数据作为研究样本,对效率进行了科学的计算,从得出的数据来看,这两种效率在国有银行中表现更好,但是效率的增长速度明显比股份制银行缓慢。周逢民等(2010)在对银行效率的影响因素进行分析时,选择了两阶段 DEA 模型,分别对我国 1 五家商业银行总体效率以及两阶段效率进行了更为全面、科学的测量,结果同样符合主流观点,认为股份制银行的效率更高,效率较低的原因主要在于两阶段中的资金经营阶段,在该阶段的经营无效是造成效率水平较低的根本原因。丁忠明等(2011)为研究我国银行业的发展情况和国外银行业是否存在差距以及这种差距要如何弥补的问题,研究方法采用非参数方法 DEA 法,研究对象为包含国内银行和外国银行在内的 1 五家商业银行。曾薇等(2016)首次将两阶段 DEA 用来度量我国银行业的创新效率,这里的两阶段是将银行的理财产品研发以及后续的推出市场分开,分别对效率进行测算以分析两阶段不同的表现情况以及影响效率的因素,研究结果符合预期假设,初期的创新效率越高,后期产品上市后的业绩就越好,并且从外部环境来看,对银行理财产品的管制力度越强,产品的市场表现情况就越好。李锦生等(2016)运用了 DEA 窗口分析法,对我国五大国有商业银行以及七大股份制商业银行的运营效率进行测算,并得出结论:我国股份制银行效率略微高于国有商业银行,并分析影响银行效率的主要因素在于业务结构不当和存款过剩以及劳动力成本较高。陈建勋、吴卫星等(2017)在研究商业银行进行跨国并购之后银行效率的变化情况时运用了 DEA 超效率模型对效率进行测度,并且结合了 Tobit 模型检验了收购股权比例等一系列因素对银行效率的影响。陈一洪(2018)通过三阶段 DEA 模型对我国的城市商业银行的发展效率做出了更深刻的衡量与分析讨论,并得出我国城市商业银行效率主要因为规模效应的提升而得到增长,在没有技术进步的改善情况下,银行效率也随着规模效率递减而呈下降的趋势。冯方昱和姜薇(2018)也同样选择三阶段 DEA-Tobit 作为实证方法对我国数十家已经上市的商业银行效率做出了计算,此外依据实证得出的结果分析了其受到互联网金融的作用强度如何。卢金钟、王晶等(2019)的研究认为使用三阶段 DEA 方法在研究商业银行效率时会更加准确,能够更加准确有效地帮助银行提升自身效率。夏琼、杨峰等(2019)运用 SBM-DEA 模型以我国 17 家商业银行的相关数据作为研究样本,在进行效率计算时,与其他研究不同的是,该文章对于银行的经济效率做出了计算,对于银行业所处的环境以及社会的效率也进行了深刻的刻画以及度量,并分为国有银行、股份制银行以及城商银行进行分析,发现三种银行在经济、社会及环境效率上表现各不相同。周少甫和谭磊(2020)对我国 16 家上市银行的效率水平通过 RAM 网络 DEA 模型进行评价,发现其中国有银行效率整体表现不如股份制商业银行效率,但是两者之间的差距逐渐缩小,并分析国有银行效率偏低的主要原因在于过低的非利息收入和过高的不良贷款。

(2)参数法。近年来,参数法在银行效率方面的研究也越来越多,采用的方法主要是 SFA 和自由分布法(Distribution Free Approach,DFA)。徐传谌等(2002)的研究目的在于对我国银行业现存问题提出切实可行的解决方案,为此在他的研究中采用了参数方法 SFA,以我国商业银行 1994—2000 年的数据为基础对各银行的经营效率做出了度量,并对产权性质不同的银行做了对比分析,结果表明,为提升我国银行业整体的经营情况,排除对国有银行及民营银行的"区别对待"是最关键的问题所在。刘琛和宋蔚兰(2004)采用 SFA,以我国 14 家商业银行 5 年的相关数据为研究对象,为了对我国商业银行的经营情况有详细全面的分析,不仅对规模效率进行了测度,而且对涵盖内容更加全面的 X 效率也进行了测度,将样本商业银行分为上市银行与未上市银行,对国有制银行与股份制银行分别做出了对比分析,从分析后得出的数据可以得知上市银行的经营效率明显高于其他银行。姚树洁等(2004)为研究我国商业银行的经营情况和解决效率水平较低的可行方法,使用 SFA 并且在柯布-道格拉斯生产函数的基础上对我国商业银行的贷款、利润的单项产出技术效率做出了科学的计算分析,结果显示我国商业银行效率整体处于较低的水平,若能对银行业的所有制开展创新,并对银行预算进行严格控制,这将在很大程度上促进效率水平。迟国泰等(2005)利用超越对数成本函数模型对我国 14 家商业银行的成本效率做出了科学计算,并对计算得出的数据进行一番分析之后,发现我国商业银行的成本效率处于中等水平并且逐年提升,在众多影响因素中银行的贷款产出质量是造成效率低下的主要原因。张超等(2005)使用参数法 SFA 为实证方法,聚焦于银行的利润效率以及成本效率,对这两项内容进行了计算,计算结果显示国有银行效率在整个银行业的效率表现中处于下游位置。刘玲玲和李西新(2006)对我国商业银行的收益效率以及战略投资者的收益能力进行了分析,文章采用的研究方法为随机边界利润函数,研究结果显示国有银行与股份制银行效率存在差距,但是整体呈现上升趋势,战略投资者的利润效率变化出现收敛。陈敬学(2007)通过 SFA 以我国商业银行 8 年的相关数据为实证的样本,注重分析规模经济所引发的一系列情况,结果显示得到国家支持的国有银行反而出现了规模不经济的现象,股份制银行的表现更好。吴栋和周建平(2007)为了分析我国商业银行股权结构的选择是否会对经营效率产生影响以及作用的机制如何,选取我国 14 家商业银行 1998—2005 年的信息为研究对象,选择参数方法 SFA 对其效率做出了科学计量。徐传谌和齐树天(2007)的文章对我国银行业成本/利润效率的表现情况以及整体的增长或下降的发展情况进行了深度讨论,采用了参数方法,研究样本选取了我国 14 家商业银行 7 年间的各项数据,研究发现,在这七年间对银行效率有显著促进作用的是银行业的所有制改革,且在政府支持下国有银行成本效率也在不断提高,就我国银行业整体来看其成本效率要优于利润效率。王聪和谭政勋(2007)的研究对我国商业银行的各项效率进行了测度,根据测度的数据,对效率在研究期内的变化趋势情况,以及哪些变量能够对效率产生较为明显的作用进行了深入的讨论,在前人的研究之上,对内部产权的结构以及外部的市场状态也进行了深刻的分析,分析其对于银行业的作用机制如何,采用的研究方法为参数法 SFA,样本选取了我国商业银行长达 13 年的数据,使得文章的结果更具有科学性与普遍性。张金清和吴有红(2010)研究了我国商业银行效率是否在外资银行进入后发生显著变化,受到的这种影响是积极的还是不利的。为研究这一问题,首先通过参数法 SFA 对银行效率做出了科学的计量,在此基础之上又计算了外资银行进入以后的银行效率,根据测度得到的数据分析可知外资的进入在一定程度上对国内银行效率会产生积极的促进作用,而且这种影响在我国银行业是普遍的。王婧(2014)的研究对我国银行业的整体演变趋势进行了分析,并且在此基础上重点分析了外资银行、国有银行以及农村银行的效率水平,文章采用超越对数生产函数形式的 SFA 研究方法,样本选取了 22 家商业银行 7 年的数据,首先对整体的效率进行测度,发现近年来我国银行业的发展状况逐步见好,整体效率水平不断攀升,这其中效率最高的是外资银行,国有银行次之,农村银行效率最低。黄勃等(2018)运用 SFA 测算了样本商业银行 9 年间的成本效率和盈利效率,并在此基础上利用 Tobit 回归分析得出若银行大力发展同业之间的业务则会对效率有一定的促进作用,但是这种作用根据时间以及性质的不同会有所区别。钟世和、何英华等(2018)利用改进的 SFA 方法,即使用了较多的潜在变量对 16 家上市商业银行效率进行测算,同时还与运用了传统的 SFA 方法进行测算的效率值进行了对比分析。张大永和张志伟(2019)为研究银行业间竞争与银行效率的关系,采用 SFA 测算出我国区域性城市商业银行的效率水平,通过分析得出,如果存在的竞争太激励甚至出现恶性事件则会对区域性商业银行效率产生较为严重的不良作用。周晶、陶士贵(2019)在研究结构性货币政策是否会对我国商业银行效率造成影响以及怎样的影响时,通过 SFA 模型对我国 16 家已经上市的银行其成本以及利润的效率进行了科学的估算。宋爱华(2019)在对我国商业银行效率是否存在区域性差异以及分析引起差异的主要因素时,通过 SFA 对各地区的商业银行效率做出了科学计算,为了实证结果更加准确,还选择了 Tobit 模型进行深度检验。郭晔、黄振等(2020)运用了 SFA,在分析方程式上选择了超越对数生产函数,这使得文章实证部分更加严谨科学,从而对我国数百家城市商业银行的效率做出了科学、客观的衡量。

在效率研究的文献中采取 DFA 自由分布法的例子少之又少,笔者对目前已有的文章进行了严谨的梳理之后,发现仅有两篇文章的内容较为全面、客观。刘志新和刘琛(2004)在研究中选择了参数法 DFA,通过这种模型对样本银行的效率做出了科学的测算,并对产权性质不同的银行做出了对比分析。谭政勋(2005)主要针对我国银行业的 X 成本效率做出了科学的计算,并对能够作用于效率的变量进行了深刻讨论。文章选择 DFA 方法首先对我国商业银行的 X 成本效率做出了科学的计量,其次从内部结构和外部环境出发分析存在的影响因素,结果显示商业银行产权制度的差异造成了国有银行与股份制银行效率的结构性差距,从外部环境来看,银行业市场竞争程度对于银行效率也具有显著的影响。

(3)同时使用参数法和非参数法。在国内已有的文献中,实证部分选择将参数法与非参数法结合的文章较少。林炳文(2004)将 SFA 与 DEA 相结合,以我国台湾地区的银行为分析对象,对银行效率做出了深度测算;孙兆斌(2005)对我国四大国有银行的银行效率进行了深度的对比分析,将 DEA 与 SFA 纳入实证研究,以得到的效率水平为对象开展对比讨论;许晓雯和时鹏将(2006)重点研究了银行效率的两种计算方法在测度结果上是否会存在偏差,为此,运用了这两种方法对我国商业银行的效率分别进行了测度,结果发现两者测度得到的结果在排序上基本无偏差,但是在数值表现上差异性较大。胡支军等(2010)的研究也是集中于分析两种研究方法 DEA 和 DFA 在对银行效率进行测度时的差异,首先选取了我国 14 家商业银行的数据作为样本,运用两种方法分别进行测度,将研究结果进行对比,结果显示排序无偏差,但是数据差异较大。李鸣迪(2014)对我国商业银行和股份制银行效率的差异进行了深度研究,为避免因方法选用引起的误差,选择了 DEA 和 DFA 两种实证方法对我国 1 五家商业银行效率分别做出了更加科学的测度以及基于结果做出了深刻的分析讨论。

(4)关于商业银行效率决定性因素的分析。笔者在对我国已有的文献进行仔细梳理之后得出学术界就商业银行效率的决定性因素主要提出了两种观点。赵旭和凌亢(2000)指出劳动力、产权以及银行所在的外部环境都能够以较大的程度作用于银行的效率水平;刘伟(2002)的文章则明确地指出产权结构有着很重要的作用强度,如果结果存在较为单一的情况,则会大大加强对银行效率的负向影响,市场竞争的影响并不显著,因此只有国有银行进行产权的改革才能有效提高效率水平,产权改革才是促进金融业发展的重要步骤;王聪、邹朋飞(2004)对银行效率做出了非常客观科学的研究,并且根据计算得出的结果深刻讨论了能够以较强程度作用于效率的变量都有哪些,研究认为产权制度的不同造成了国有银行和股份制银行的效率差异,但是从外部环境分析,市场竞争的影响在股份制银行效率上是显著存在的;郭妍(2005)指出产权形式作用于我国银行效率的强度仍然是比较大的,是不可忽视的,所以"超产权论"或许在我国的银行业发展中是不存在或者微不足道的;郑录军和曹廷求(2005)将产权性质不同的商业银行做出了分组讨论,并且讨论了各变量作用于效率水平的高低,讨论分析之后认为作用强度较大的并非产权而是股权的集中度以及内部的治理情况;谢朝华和陈学彬(2005)在对影响我国银行效率的因素进行分析时,不仅考虑到了产权和市场竞争,还将功能结构以及管制结构引入研究之中,研究结果认为只有从这四个方面进行全面的优化,才能有效地促进我国银行业效率水平的提升。谢晓霞(2008)分析了影响我国商业银行效率的因素,在考虑影响因素时从银行经营内部出发运用多元回归分析方法进行检验,研究结果显示对银行效率影响最为显著的是产权结构。吴晨(2011)在文章中重点讨论了会左右银行效率大小的变量,在做出了较为客观的数据检验之后,指出不能够忽视的影响变量主要有资本总量、市场发展情况、不良贷款、存贷款比以及非利息收入的规模。王玲(2013)等在研究影响我国农业商业银行创新效率的因素时,首先用 DEA 方法测算了我国 13 家农村商业银行的综合效率,根据测算得到的结果分析可能的影响因素,其中包括银行的创新能力以及经营管理和股权集中度、资产规模等一系列的影响因素,通过多元回归进行实证后,结果显示提高创新能力和经营管理能力是促进农村商业银行效率最有效的途径。李小胜(2015)选择通过 SBM 模型,以我国已经上市的银行为实证样本,对于其效率做出了精确科学的评估,并对实证结果做出了深刻的讨论,认为每一研究样本都出现了非效率的情况,且非效率大小呈现倒"U"形的关系。在分析影响银行效率的因素时从内部和外部讨论,引入内部产权结构、经营能力等因素以及外部市场竞争、消费价格指数等因素探究其对银行效率是否存在较强的作用,在进行了深刻研究之后发现作用强度较大的有市场和产权两方面的变量,其中银行所处的市场中若存在较为激烈的竞争,则能够对银行产生积极作用,产权结构对银行效率产生不利影响。申创和赵胜民(2017)的研究主要集中于市场竞争度是否对银行效率造成不利影响以及影响机制如何这一问题,在该研究中发现市场的竞争对银行的效率是负向的,市场竞争越强反而越不利于商业银行的发展。张大永和张志伟(2019)通过采用我国农村及城市商业银行的发展情况对银行效率进行了测度,并构建了科学、全面的区域竞争指数,分析了该指数对银行效率的作用是否是举足轻重的,从而得出银行业竞争与银行效率间是非线性关系,竞争过度反而会降低银行效率水平。封思贤和郭仁静(2019)认为银行间的竞争在作为数字金融和银行效率之间的传导途径时会加强数字金融对银行效率的影响程度,并且是对银行效率的负向影响,在作为独立影响因素时,银行间的竞争则会打破国有银行的垄断地位从而降低国有银行的效率。

2. 产权结构对商业银行效率的影响研究

国内学术界关于商业银行效率产权决定论支持的观点是指目前我国的商业银行普遍存在效率低下的情况,很大程度上是因为产权结构的不合理,重点把握商业银行的产权结构改革是提高效率的主要方式(刘伟、黄桂田,2002;朱南、卓贤和董屹,2004)。绝大多数学者在进行了分析讨论之后指出国有银行和股份制银行的效率存在结构性差别,这种产权性质造成的差异使得国有银行的效率反而存在较低的情况。王宪明(2007)选取 DEA 方法并且为了分析得更加严谨,还结合交叉评价法来度量商业银行的效率表现情况,根据得到的数据情况指出更具商业化特征的股份制商业银行的效率水平相对较高,并进一步分析出这是由产权结构变革造成的显著影响。杜莉、张鑫(2014)在研究产权结构是否显著影响银行效率这一问题时,在原有的研究基础上进一步选取了财务指标分析与 DEA 相结合的实证方法,对于国有商业银行在进行产权改革前与改革后的效率分别做出了相同衡量方法下的准确评估,依据得到的数据结果在做出深刻的讨论之后指出产权改革的确对我国商业银行效率的提升有非常显著的作用。同时,也有一些学者从不同角度出发对于产权结构是否能够以较强的程度作用于银行效率做出了深刻全面的探讨,如祝继高(2012)以已经上市的银行作为分析对象,指出第一股东的持股比例以较大强度反向作用于银行效率。刘尚鑫、顾海英(2010)则另辟蹊径,从产权集中的视角来对这一问题进行了深入的分析探讨,得出商业银行产权集中度与效率呈现"Ⅱ"形关系。郭俊(2013)选取股权性质、股权集中度以及股权制衡三个指标来分析探讨股权结构与商业银行效率水平之间是否有所联系以及这种联系的机制如何,得出外资持股与银行效率呈正相关关系,国有持股与商业银行效率呈负相关关系,而后两者则与商业银行效率呈"Ⅱ"形关系。除此之外,俞乔(2009)在研究国有银行效率问题时发现在政府控制下的国有银行不良资产将不断累积,而收到的来自政府的财政补贴将通过增加税收或通货膨胀的方式转而由社会公众承担。

产权不明显论者提出私人经营的商业银行并无明显的优势。目前在我国持有产权不明显论的学者主流的两种观点为市场结构论和超产权理论。市场结构论认为,我国银行业效率水平普遍较为低下的一大重点问题就是因为我国银行业的市场准入标准非常高,因此只有对我国银行业的市场结构进行改进,才能够有效地促进效率水平的提高,低准入标准和有效的竞争机制是改进的重点,并且鼓励金融机构呈现多元化发展(于良春、鞠源,1999;林毅夫、孙希芳,2005;易纲、赵先信,2001)。而超产权理论将上述两个概念相融合,倾向于将市场竞争机制的合理性视为产权改革的激励机制发挥真正作用的首要条件,并且达到提高效率的目的(黄宪、王方宏,2003)。丁志杰、王秀山、白钦先(2002)通过研究发现产权结构是否对银行效率产生影响要关注的中介因素是国民收入水平以及市场竞争程度。经济发达的国家,银行业市场竞争程度较大,从而导致银行效率受到的市场影响力度要显著强于产权结构的影响,而经济落后的国家则截然相反,银行受到产权结构的影响更加显著。刘冰、孙若宁等(2017)对产权结构的研究进一步深化,指出想要让我国银行效率水平有明显的增长就应该对产权以及市场结构进行彻底的革新,这两项改革是缺一不可的。李群和刘俊峰(2018)在进行银行产权结构与银行的经营绩效两者之间的相关性如何的研究中指出国有法人持股比例高时会造成股权结构的相关作用难以发挥出来,进而阻碍了银行效率的提高。朱宁、梁林等(2018)研究认为,我国国有商业银行的银行效率在发展前期要显著高于股份制银行的效率,而在发展后期两者趋于一致,股份制银行效率较低的原因在于不良贷款对银行效率的制约作用。曹玉平和徐宏亮(2019)通过研究发现,国有银行的国有资本持股比例高,股权集中于国有法人,从而导致了商业银行的非利息业务的发展受阻进而影响了银行效率的提高。

3. 利率市场化对商业银行效率及产权影响研究

随着 20 世纪 90 年代我国正式启动利率改革的相关政策,关于利率市场化改革的研究逐渐成为国内学术界讨论的热点。在此之前,我国的金融体系长期处于严格管制下,此时的商业银行无法通过利率水平的高低来识别风险不同的贷款人,收益与风险的不对称造成了资源浪费,降低了投资效率并阻碍了经济增长,因此实行利率市场化改革的重要性不言而喻(黄金老,2001)。王国松(2001)认为我国的经济体制从计划经济发展到社会主义市场经济这样的一个转变是在较长的时间内进行的,是一步一步实现的,那么同理可得,利率改革也应当是一个逐渐深入的过程,并指出如果一个国家达到了这样的一个情况即利率的高低完全由市场来决定,则说明在该已经实现了利率市场化。因此结合我国国情来看,国内学者普遍认为利率市场化改革是一个较为漫长的过程,需要完善健全的金融环境与之相匹配,同时对改革内容提出了许多具体有效的建议。易纲(2009)将利率市场化改革分为浅层次与深层次两个阶段,在浅层次应当寻求并培育市场基准利率,而在深层次方面要尽快形成产权明晰化、竞争自由化、退出机制完善化的金融市场,不可过于急躁地推进市场化改革。纪洋(2015)提出中国的利率市场化改革应当从价格和数量两方面同步入手,在减少市场上存在的价格扭曲的同时,辅之以数量改革,才能发挥市场化改革的真正作用。郑联盛(2019)认为提升信贷、货币、债券市场的利率关联度,使利率传导机制顺畅化是发挥金融资源配置核心功能的关键。因此,疏通利率传导机制、加快推进利率并轨工作可被称为我国利率市场化改革的"最后一跃"(胡月晓,2019)。

随着国内利率市场化的进程逐渐深入,研究在利率市场化的背景下产权结构如何影响银行效率这一问题逐渐成为学者们研究的热点。目前,主流的观点有以下两种:①认为利率市场化对提高银行效率有积极作用;②认为会产生负面作用。章月明等(2013)的研究支持第一种观点,认为利率市场化会通过产权以及市场的竞争使得银行效率水平提高。纪洋等(2015)研究我国利率市场化基于利率双规模型所产生的影响,研究显示仅有利率市场化的大背景,才能使得商业银行提升自身在国际市场中的价格优势。安辉、张芳(2017)选取了 DEA 对我国 14 家商业银行的效率做出了科学的评估,指出在我国利率市场化的逐步推进,能够以一种高强度的积极效果作用于银行效率水平的推高,但是其中国有银行的效率水平所受到的推高作用却低于平均水平,不甚显著。李成、刘生福(2015)为解答利率市场化是否会使得我国商业银行面临更大的风险这一问题进行了实证研究,通过对我国 49 家商业银行 6 年数据的研究分析,表示商业银行不会由于市场利率的改革而面临更多风险。胡志九和楚啸原(2018)认为利率市场化会使得银行间为争取优质存款而竞争激烈,但同时也能以此倒逼商业银行改善自身服务质量与创新能力,提高自身竞争能力从而促进商业银行效率水平提高。吴成颂和张树含等(2019)选取 SFA 评估出我国 14 家已经上市的商业银行该时期的效率水平发展情况,并通过更深层次的分析发现利率市场化会促进我国商业银行效率。

另外一部分学者则将利率市场化列为影响商业银行效率提升的负面作用因子。李斌、黄治国、彭星(2015)重点分析了存款利率市场化以及贷款利率市场化分别对商业银行效率的作用强度如何,因此其研究方法选择了完全修正最小二乘法这种能够更加科学刻画真实情况的方法,以我国数十家城市商业银行的发展数据作为研究的样本,在进行研究探讨之后指出存款利率市场化对城市商业银行融资有负面作用,贷款利率市场化则会加快其资产证券化的进程。

王道平(2016)通过整理统计了全球化的大量数据来进行文章的实证检验,使得得出的结果能够具有非常强的普遍性与科学性,提高了文章的可信度。研究指出,利率市场化对于银行的影响是不利的,会造成银行道德风险的上升以及银行系统性危机发生的概率。由此可见,利率市场化带来的影响有利有弊,其有利之处在于能够增加银行一定的贷款定价权,除此之外也能够使得市场上的竞争更加激烈,弊在于使得银行的道德风险上升。刘莉亚等(2017)在文章中明确地指出了利率市场化的双向作用,一方面能够促进银行市场的竞争力度,另一方面却影响了信贷以及资源的有效分配。同时,曾小春(2018)等的研究集中于分析利率市场化对银行效率的影响机制,分析得出利率市场化主要以缩窄存贷利差、加剧竞争、增加风险这几个途径来向效率做出较强的作用效果,据此提出在商业银行内部如果能够建立起多元化的经营模式,这将是有效地提高银行回避风险能力的有效途径。

我国自1996年实施利率市场化改革以来,国内对于分析探讨利率市场化是否对商业银行产权结构产生较强的作用效果的文章相对较少,而探讨商业银行产权结构的改革是否有成效并且成效如何的研究更是少之又少。赵薇薇(2015)指出商业银行在面对利率市场化市场环境迅速变化的趋势下应尽快转型、完善自身制度体系,从而达到快速的发展。安辉等(2017)也认为随着利率市场化改革的不断深入,对于国有商业银行综合效率的提升,应从改革产权和治理结构两方面入手,不断提高内部管理水平,加快金融创新。

4. 利率市场化对商业银行利差的影响研究

大多数学者认为,目前商业银行利息收入仍然占据银行利润的核心主导地位,因此研究银行利差的影响因素可以有针对性地优化,调整银行的资产和信贷结构,从而提高商业银行的经营效率和核心竞争力,提高利润水平,避免在市场竞争中被淘汰。但是探究利率市场化与商业银行利差的关系,是逐渐增大还是缩窄,我国学者存在不同的观点。巴曙松等(2012)的研究主要集中于分析存贷利差随着利率市场化的发展如何变化,其研究以我国台湾地区和发达国家的商业银行利差为对象进行比较分析,结果发现随着利率市场化的不断加深,商业银行利差呈现缩小到稳定再到扩大的变化趋势。武佳琪(2018)在文章中也明确地指出利率市场化进程对商业银行净利差能够产生作用程度较为深刻的积极促进作用,这种促进作用在股份制以及城市商业银行中的效果更加可观。而有的学者则持有不同的观点,该部分学者指出银行利差缩小是正常的发展状态,利率是否自由化对其的作用其实并不太重要。其中有对国外商业银行利差的分析,肖欣荣和伍永刚(2011)将美国商业银行作为研究对象,张建华(2012)将国际上多家国家商业银行作为研究对象,发现1980—1985年美国商业银行平均存贷利差为2.17,1986—1990年为1.63,减少近24.88%。同样,有学者将国内商业银行作为研究对象,也得出同样的结论。邢光远等(2014)通过研究得出随着放松对贷款利率的管制,银行间的市场竞争会更加强烈,融资企业和个人会有更多选择,导致商业银行自主议价能力降低,银行利差会有减小趋势。目前,大多数学者普遍认可商业银行利差的的确确是受到了利率市场化对其施加的强烈作用,这两个变量之间的关系在进行实证分析后会呈现出一种倒"U"形的关系。如彭建刚等(2016)为研究利率市场化与银行利差的关系进行了实证分析,结果显示在这一发展过程中利差呈现先扩大后缩小的变化趋势。与此不同的是王轶和刘璐(2017)的研究结果显示我国商业银行净息差在不断缩小。顾海峰和朱莉莉(2019)在文章中明确地指出利率市场化与银行利差收入两者的关系是非线性关系,而是一种倒"U"形的关系,不仅如此,利率市场化对商业银行利差的作用强度在不同产权下有不同的强度,利率市场化对股份制银行利差收入的影响相比于国有银行和城商银行会更大。

1.2.3 国内外文献评述

综观国内外研究文献,对于产权结构对商业银行效率影响的研究可谓浩如烟海,从商业银行的类型到效率测算方法的不同,涉及甚多,完善了产权决定理论框架,同时也有利于后续研究。此外,随着利率市场化改革的深入,相关研究层出不穷。比如,在利率市场化测度方面,张孝岩、梁琪(2010)选取贷款利率的浮动范围为研究所需的指标,以该指标在与相应的基准利率的积为所需的另一个指标,通过这些指标的选取构建出能够科学地衡量利率市场化水平的衡量体系。王舒军、彭建刚(2014)通过构建起来涵盖多方面影响的衡量体系来刻画利率市场化水平。然而,少有文献在研究产权结构对于商业银行资金配置效率时,考虑利率市场化的影响因素。总结现有研究文献的不足之处:①定量衡量利率市场化水平的文献甚少;②对于利率市场化通过怎样的机理作用于商业银行产权结构影响其效率的过程暂不明晰;③现有利率市场化对商业银行产权结构影响的研究,忽略了不同产权结构所对应的影响效果不同。

综上所述,国外关于产权不明显论均是基于发达国家的研究得出的结论,而发展中国家由于竞争机制的不完善,产权结构对银行效率的影响会变得明显。同时,无论是从银行效率的比较分析,还是银行不良资产形成分析,大量的实证研究均表明,在我国国有银行仍占据主要地位的情况下,产权结构的改革越来越重要。本书在前人研究的基础上拟从下述三个方面进行深化研究:

(1)我国利率市场化改革已基本结束,存贷款利率的放开将深刻地影响商业银行资金配置效率。因此,本书拟在利差波动加大情况下,研究银行产权结构变化对效率的影响机理,并探讨优化银行产权结构的策略。

(2)商业银行管理的核心就是风险管理,目前有关银行效率的研究往往缺乏或简化风险影响因素,而风险因素将会严重影响效率的评价结果。本书在商业银行经济资本管理现状下,分析风险基础上的商业银行资金配置效率。

(3)由于商业银行投入产出较难界定,导致目前研究指标选择不够严谨,标准各异,影响了结论的可信度和有效度。本书在全面分析的基础上,确定出合理的投入产出指标,并在前沿效率方法的对比分析基础上,构建银行资金配置效率评价体系。

1.3 研究思路和方法

1.3.1 研究思路

本书以产业组织理论和商业银行资产管理的经验为依据,采用计量经济学分析方法,按照存贷利差变动—风险资产变化—配置效率变动—产权结构调整的思路,在目前利率市场化改革关键时期,深入研究在利率市场化下的银行产权结构对资金配置效率的影响问题,探索在利率市场化下的商业银行产权改革的策略。

1.3.2　研究方法

本书以经济学和现代金融学理论为基础,运用统计学、计量经济学和运筹学的有关方法及专业软件深入研究利率市场化下的商业银行产权结构对资金配置效率的影响。本书的研究以实证研究为主,采用计量分析能够使得研究结果更加科学准确,更具说服力。此外,还采用了规范研究与实证研究相结合的方法,定量分析与定性分析并存的研究方法。针对研究内容和关键问题,其方法主要有以下几种。

(1)本书通过对商业银行总体发展状况从规模和结构进行了分析,从负债业务、资产业务、中间业务和商业银行盈利模式分析我国商业银行发展状况,对我国商业银行资金运用和管理进行分析,从各项贷款、债券投资和存款准备金三方面分析了资金配置状况。研究的商业银行可以按照研究所需和数据可得性分为三类,即国有商业银行、股份制商业银行和城市商业银行。

(2)利率的确定由市场来决定,通过市场机制的调节作用来优化资金等资源的分配,这是我国进行利率市场化改革的主要目的。目前利率采用赋值法确定,该方法虽然简单,但是处理过于粗糙,忽略了指标个体间差异,该计量方法不足以准确反映我国利率市场化水平,本书采用利率市场化综合指数来测算我国利率市场化程度,即构建欧拉数指数函数用以衡量,以利率变动范围与幅度、利率自主化决定指数及存款利率指数三项指标为基础数据计算利率市场化综合指数。

(3)从产权结构的内涵与发展过程、现状、特征、存在问题四个方面系统地对我国商业银行的产权结构进行深入分析的基础上,对我国国有商业银行、股份制商业银行和城市商业银行产权结构对资金配置效率的影响进行定性与定量分析,从大股东持国有股、民营股和外资股占比,以及股权集中度分析了商业银行的股权结构影响。

(4)风险收益指标采用经济利润衡量,新巴塞尔协议的颁布和经济资本管理的实施使经济利润逐渐成为衡量我国商业银行真实经营的核心指标,国内银行已经开始引入经济利润理念和方法对绩效进行考评,经济利润可以实现银行风险与收益相匹配的原则,不仅考察银行创造长期价值的能力,而且全面衡量了银行抵御风险的能力。经济资本采用风险调整收益模型(Risk-Adjusted Return on Capital,RAROC)在不同业务类型上的表现进行实证分析

(5)在资金配置效率评价体系中,前沿效率函数采用 DEA 和 SFA,SFA 中的生产函数类型拟选择超越对数生产函数,两种方法分别采用 DEAP 和 Frontier 软件测算。投入产出指标的选择采用生产法和中介法比较确定。

(6)利差波动下银行产权结构对资金配置效率影响分别采用两阶段 SFA 和 DEA 效率测算值,采用 Tobit 回归模型进行实证检验与影响因素分析,从利率市场化和产权结构两方面定量分析了其对商业银行的影响,并采用计量模型替代法进行稳健性检验。

1.4　特色和创新

1.4.1　研究特色

(1)研究与银行资金管理契合度高。本书结合目前商业银行在新巴塞尔协议下经济资本管理现状和现代计量经济学成果,结合银监会、银行加权风险资产管理办法和效率评价方法,使选择的指标更具科学性,更符合作为自主经营的银行资金配置现状和管理实际,在效率评价体系基础上分析利差变动下银行产权调整策略,对于商业银行调整产权结构以提升核心竞争力具有很强的实践指导作用。

(2)引入了新的分析方法。本书在效率评价方面,在关键的投入产出指标选择上采用了和以往研究不同的时间序列分析方法,采用 RAROC 测算经济资本,并计算风险收益指标经济利润,通过银行经济资本管理来设定合理的投入产出指标,这些方法应用于利率市场化下的产权对配置效率影响研究,具有创新性。

1.4.2　研究创新

(1)本书结合商业银行新巴塞尔协议下经济资本管理现状和现代计量经济学方法,在风险收益指标经济利润,在经济资本资产管理基础上构建了银行资金效率配置评价模型,可以更加有效地反映银行资金风险收益状况,建立了比较完整的、系统的银行资金配置效率分析框架。

(2)在对商业银行产权结构和资金配置特征及资金配置效率评价体系基础上,分析利率市场化条件下产权结构变动对资金配置效率内在的影响机理,研究利率市场化下不同银行产权结构变动对资金配置效率的影响程度,为商业银行应对利率市场化提供依据,为商业银行产权结构的变革和企业融资效率改进提供借鉴。

1.5　研究内容和框架结构

1.5.1　研究内容

本书主要阐述以下几个问题:

(1)对商业银行产权结构和资金配置特征进行研究。在系统分析国内外银行产权结构和资金配置状况的基础上,根据目前我国银行产权结构的特点,对当前银行产权结构和资金配置状况进行分类,研究银行产权结构和资金配置环境,以及不同发展阶段产权结构变化状况,从而系统地揭示银行产权结构和资金配置状况和特征。

(2)对经济资本管理下商业银行资金配置效率评价体系进行研究。对商业银行总体发展状况从规模和结构进行了分析,从商业银行负债业务、资产业务、中间业务和商业银行盈利模式四个方面分析我国商业银行发展状况,以及各项业务存在的问题。对我国商业银行资金运用和管理进行分析,从各项贷款、债券投资和存款准备金三方面分析了资金配置状况,并对经营管理的基础和核心内容经济资本管理进行了分析。配置效率主要是衡量利润效率,评价采用前沿效率两阶段 DEA 和 SFA,并进行配对样本的 T 检验,确定合理的评价方法。风险收益指标的分析选择按照新巴塞尔协议经济资本管理方法,选择经济利润为风险收益指标。投入产出指标的分析选择:在产出指标选择方面,选择经济利润为单一产出指标,在投入指标的选择上对可能量化的指标进行分析和筛选,从而确定合理的投入指标。

(3)利差波动下银行产权结构对资金配置效率影响研究。本研究采用 Tobit 模型,在资金配置效率评价体系基础上,主要分析利率市场化条件下产权结构变动对资金配置效率内在的影响机理,量化分析存贷款利差波动下商业银行产权结构对资金配置效率影响,以及不同产权结构下银行配置效率。

(4)对利率市场化下银行产权结构调整以提高资金配置效率策略研究。在前面分析基础上,通过国际比较与借鉴,以及利率市场化进程中的经验与教训,从民营资本的适当引入和降低国有产权比例等多方面提出中国银行业产权结构的优化与调整策略。

1.5.2 框架结构

本书的研究内容及结构框图如图 1-2 所示。

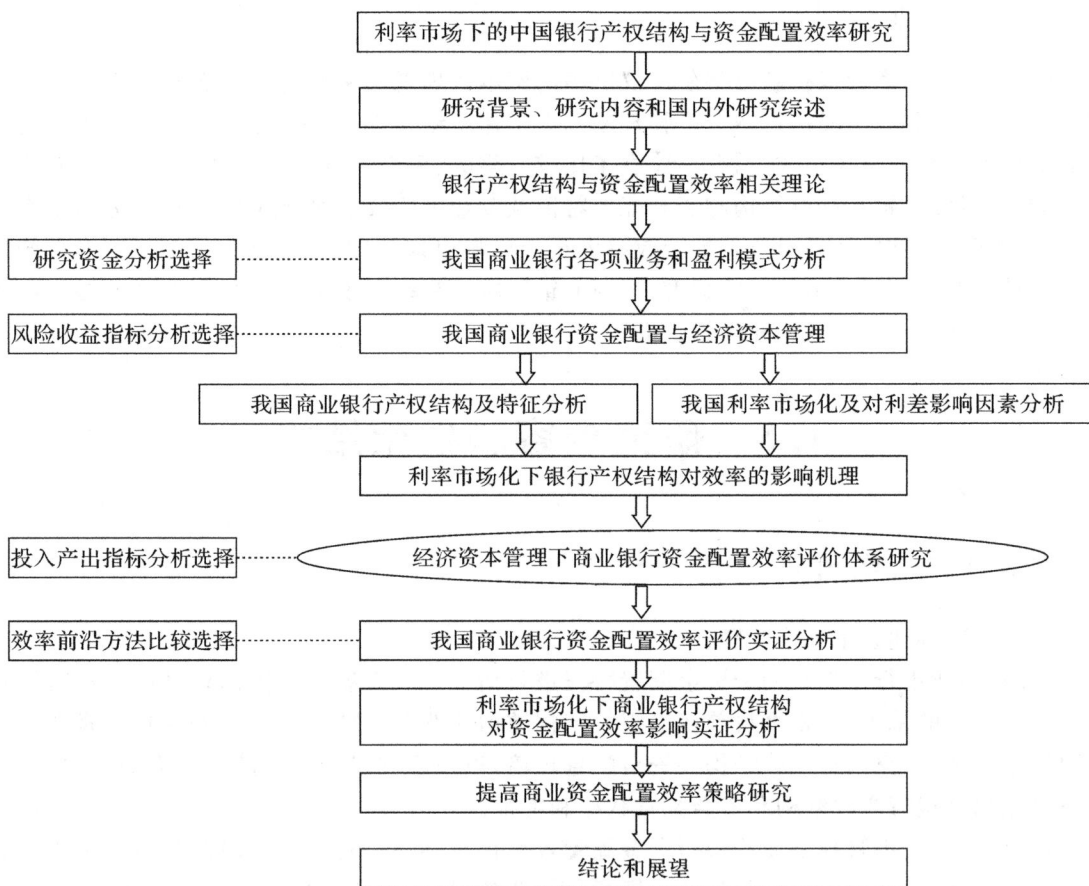

图 1-2 框架结构图

第2章 银行产权结构与资金配置
效率相关理论

本章首先对核心概念银行效率、产权结构、利率市场化和经济资本进行了界定,然后对商业银行产权和效率理论进行了阐述,产权理论包括产权决定论、市场结构论和超产权理论,效率理论为 Farrel 和 X 效率理论。接着对商业银行效率评价方法进行了分析,尤其是前沿分析方法,并对其投入产出指标的选择进行深入分析。最后,对风险调整的经济资本衡量方法进行了对比分析。

2.1 相关概念界定

2.1.1 银行效率

银行效率的实际含义为银行在开展各项业务经营活动中,经营成本与利润收益两者之间的比值或者是所投入的各项资源与实际各种产出的成果之间的比较关系,体现出了商业银行在所有经营业务活动中的产出效率高低。其中包括了商业银行财务报表里面所能够表现出的企业经营情况是否良好,同时,银行效率也能够较好地反映出一些披露的财务报表难以得出的信息,也能够很好地展现出商业银行的各项投入和产出能力能否达到有效水平。此外,资源的配置问题一直是经济学关注的焦点之一,而经济效率则能够较好地解答这一问题,反应了经济体各方面是否优秀。

萨缪尔森的研究成果指出,生产或者运营是否是有效率的可以观察其是否能够出现以下情形:当不暂停 A 的产出时就无法增加 B 的产出,也就是说每一项资源都被充分利用,这就能够说明这样的活动是有效率的。从宏观角度来看,有限资源之间的合理配置就是实现最大效用。微观上的效率是指企业投入各种资源后能够实现最大的产出。其实效率与效益是两个比较容易混淆的概念,效益更加强调货币化、静态的企业活动成果,但是效率不同的是其在投入产出上面,不仅仅要考虑资本,还涵盖了劳动力、运作周期等,而产出上除了货币形式的利润产出,还包括非货币形式的商誉或者可持续竞争力、品牌价值等。效率描述的其实是帕累托最优状态。银行在进行资金管理时,应该在保证盈利性、安全性与流动性的基础之上,实现资源的有效利用,使产出最大化。

拥有普遍稀缺性社会资源的所有者必须能够对其进行合理有效的配置,因此,资源配置是经济学研究的核心内容之一。余永定等(1997)认为资源配置效率的研究包括两方面,经济制度效率和资源使用效率,两者效率相互影响,后者的有效评价标准是遵照帕累托有效原则,以不损害他人利益为前提,每个人的处境不会再得到改善。判断标准依据平衡时的状态即投入等于产出时效率状态。

商业银行的效率若依据不同的分类标准进行细化,可以有非常多不同的效率存在。第一类,依据获得收益的方式不同能够将其划分为技术效率和经济效率。第二类,按照研究对象的生产目的进行划分,可以分为从内部考虑的效率和从外部考虑的效率,即内部效率和外部效率。第三类,依据运行中所投入的资源进行划分,资源的投入主要包括人力、资本以及其他各种,因此也可据此分为人力效率、资本效率和资源效率等。相较国内研究者,国外的研究者对于该问题的分析一般从规模和范围以及除此之外的 X 效率展开研究讨论。

如今效率已经成为现代经济学研究的核心范式,其与公平问题成为经济学研究中的两大核心命题。基于以上学者的理论研究,本书将银行视为特殊的企业,以研究商业银行效率。

2.1.2 产权结构

根据经济学原理,产权结构的定义是企业所有权在各类型出资者中的集中程度和分布状况。产权结构有宏微观之说,宏观层面是指企业有差异的产权主体间以及各个主体内部之间的联系;微观层面指的是企业各类股东的属性和出资量多少的比例关系。

产权结构理论是市场竞争理论的针对性批判。这种论点明确指出,在民营企业中,企业的剩余利润究竟要如何管理以及如何分配是完全由所有者决定的,在利益的驱动下,其管理者更愿意努力工作、积极地为改善经营效益而努力,这也就是为什么普遍情况下民营企业的效率水平较高的原因所在。完整的产权具有可分解性、排他性、可让渡性的基本特征。产权具有可分解性,包含很多的权利,如占有权、支配权和使用权等,可以使产权所有者在拥有和行使这些权利时实行专业分工,从而不断提高经济活动所带来的效益。产权具有排他性,意味着产权的拥有者能够以自己的意愿来决定使用方式,但是若其对于产权的处置方式不当造成了损失等也均由其自身承受。产权的可让渡性是指产权可以从一个主体手中转移至他人手中,这样的行为能够有效地促进有限的资源得到充分的利用,满足各方的需要。科斯的理论指出,若一项权利没有受到限制的话,从另一方面来说这项权利也不能够被认为是一项权利,而产权就能够有效地对一项权利施加适当应有的抑制作用,产权所能够体现出来的关于行为与众不同的点在于有权争取自己想要的好处,但同时也是受到自己不拥有的权利抑制的。

产权结构理论的研究者们普遍明确地指出,能够以较大程度作用于银行效率的变量是产权结构,银行产权私有化有助于加强激励约束机制,进而提升银行绩效,即"产权结构—行为—绩效"。本书讨论的主体是商业银行,商业银行是以经营个人、企业存贷款业务为主,结合金融创新环境下衍生的各类中间业务为辅来赚得尽可能多的收益的专门从事货币交易的公司。根据定义,在另一种层面上可以认为商业银行就是一种专门经营货币的企业,因此我们也可以得出其产权与普通的制造业企业的产权不同,而是股权。

股权实际上是一种权利,其可以决定企业的财产如何处置,这一种权利在股份制的公司涵盖了股东能够拥有的一切权利,是体现在产权中的一项权利,所以股权也可以被认为是在银行产权中一种作为基石的存在。通过上述描述,我们同样可以认为股权结构是产权结构的一种衍生物。股权结构包含两部分内容:一是指股权性质(股权属性),二是指股权集中度。

2.1.3　利率市场化

利率市场化的定义是一国政府将对利率的控制权交出,利率的高低则完全交由市场来进行调节。利率市场化的实现在于提高金融机构的自主定价权,市场将在对利率定价时采取和商品一样的定价方式,也就是通过平衡货币的供求关系从而定制出一个合理的利率,那么政府将完全无法对货币进行管理吗? 当然不是,政府也会通过一系列的政策措施对市场需求进行适当的调节,进一步达到合理配置资源、促进经济增长的目的。利率市场化的研究,主要是从形成机制、动态调整以及宏观调控和政府监管等角度进行。在探讨利率究竟是以何种途径机理完成的这一问题上,学者们的研究普遍指出这也正是市场指定的利率与官方利率之间最显著的差异。那么究竟是由市场上对于货币的需求和流通的货币量及资金稀缺来自主决定资金的价格,还是由资金借贷双方之外的管理当局根据经济形势和政策意图制定相应的利率水平来确定? 从利率市场化在整个推进的道路中,利率无时无刻不在发生着变动,学者指出利率市场化是一个逐步深化的演变过程,在此期间由市场掌控决定权之后,市场利率对社会经济发展的影响程度不断加深,反观官方利率对于经济发展的影响不再是举足轻重的而是越来越轻,在经历了时时刻刻控制与调节之后,在整个国家经济发展中,由市场利率决定的方面越来越多并逐步涵盖了所有方面。从国家层面出发对利率市场化这一巨大的经济改革做出了全面的解答,明确了利率市场化这一改革对于政府来说就是逐步放宽市场上对于利率的定价,政府通过对重要的利率调节渠道即再贴现率等的调整以及重要的货币政策来使得利率在市场的定价之下还能处在被国家管控的状态,但是这种管控并非是直接的,而是通过这些政策措施一步步传导至市场上的,减少了由于政府干预对经济市场造成的冲击,如图 2-1 所示。

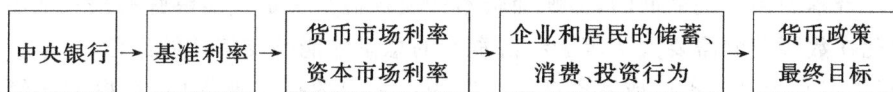

图 2-1　货币政策的利率传导机制

综上所述,利率市场化的内涵为货币当局将对货币即利率的决定权交由市场来进行控制调节,以市场供求关系为准对利率进行定价,而政府的作用则是在市场需要的时候通过一些间接的方式如调整再贴现率等一系列政策措施步步传导,从而对利率进行适当调节与管控。利率市场化并不意味着货币当局完全放开对利率的管制,而是通过如公开市场操作、制定利率政策、确定基准利率等手段对利率进行宏观的间接调控。

利率市场化改革是我国金融制度的变迁,其核心内容是改革资金定价的机制。利率市场化首先体现了国家通过市场的力量构建起多层次、多品种,满足金融创新要求并仍受中央银行监控的市场利率体系。其次,通过构建市场化的利率体系使得资金发挥其趋利性从而达到优化资源配置、迅速发展经济的目的。以其他国家利率市场化改革经验为参考,总结出利率市场化改革的统一路径是政府对利率进行完全的管制、到政府放松对于利率的监管并逐步交由市场定价、再到市场据供求关系决定市场利率。最后在市场的定价与政府的调节之下形成了合理的市场利率。利率市场化改革的不断推进,使得有限的资金资源得到了合理有效的使用,同时可以不断提高我国商业银行效率。经济在金融结构改善和资金效率提升的带动下得到长效、稳定的增长,逐渐趋于金融改革不断深化的状态。

2.1.4　经济资本

资本不仅是商业银行进行正常经营与业务拓展所需,而且还承担着抵御风险、保护存款人利益、进行流动性风险管理的重要作用。对于商业银行来说,资本分为三类:监管资本、账面资本与经济资本。监管资本就是根据巴塞尔协议由外部监管部门利用资本充足率等指标对于商业银行进行风险监管。监管资本包括核心资本与非核心资本,也就是附属的资产项目。账面资本则主要体现在商业银行的财务报表当中,是银行财务报表中的资本净额。经济资本是巴塞尔新资本协议"全面风险覆盖性监管"方面的资本理论,这一种资本值得一提的是为其确认的站脚点是风险;是商业银行进行风险管理,抵御非预期损失而真正应该需要的资本量,其在数量上和各类资产或资产组合的非预期损失相等。

监管、经济和账面上所体现的资本之间的关系是复杂的,有共性但是又各有特点。首先我们可以确认的是何为监管资本,其指的是在运营过程中有一部分的资本是处于政府或者是有关的监管部门强制要求的,是一个不能主观决定的额度,而其他两种则完全相反,主要是通过一段时间的运营后根据一定的方法计量得出的。监管资本能够反映出的是经营单位的运营情况究竟能不能够满足监管部门对其所划出的发展底线,众所周知账面资本一般能够明确地反映权益的多少,经济资本则是指经营单位所能够应对意外损失有能力拿出来弥补的资产。其次,由其定义我们就可以得知监管资本相比与其他两种具有的特性就是可以一定程度上降低风险带来的损失,但是这种监管资本的多少是由监管部门在经济单位运营一段时间后根据其经营成果所决定的,与其不同的是经济资本则是根据发生在运营期之前的一种预测来决定的。账面资本不具有管理风险的作用。最后,从数量上看,由于监管资本是对银行的一种最低要求,所以该项资本的额度是最低的,而账面资本代表权益其一定是能够弥补损失或者大于额外支出的,因此在数额上就需要大于等于经济资本的总量才能够支持持续经营。

经济资本定义为风险资产或者资产组合行为在一定的持有期间内,在提前已经约定好的置信水平下经过严密步骤评估得出的有一定可能会发生的无法预测的经济损失。那么经济资本的评估、分配与以风险为评判标准进行适当调节的这种对于效率的评价组成了经济资本框架的核心内容。其内在的含义指的是为了在无法提前得知的风险来临时对银行所造成的那一部分损失能够有一定的资金去应对与处理,而不至于导致银行资金不够用的情况出现的这种在一段经营期开始之前经过预测而提取的资本。那么究竟留多少资金合适呢?这就要利用一定的计量算法使用资产的风险因子与损失标准差的乘积对经济资本进行衡量。一般来说经济资本管理的理念是围绕着风险管理计量指标的优化与风险管理模式的不断进步而展开的。经济资本管理的内涵主要就是经济资本的计量与配置问题,再进一步就是利用经济资本管理进行银行的绩效评价。

银行的风险管理是一个复杂的进程,从银行追求利润的这一目标来看,不断进行产品创新导致利润增加的同时,风险也在积聚。一般将银行风险带来的损失分为预期损失、未预期损失和异常损失 3 种,3 种风险之间最显著的差异表现为发生损失的概率大小有所差异。各类型风险的交叉作用使得银行需要从外部监管资本与内部经济资本两头抓起,进行有效的风险联动管理。

从各国资本管理的状况来看,监管当局把经济资本看作是能够达成其进行符合规范要求,进行督察的一个重要的组成方面,在商业银行的发展过程中作为风险管理的一个重要途径就是要筑牢抓紧经济资本管理。在对多个国家的实证信息进行整理与分析后发现,不论是从政府的监督上还是从银行业的实际经营管理方面去探究,都能够明确的表明商业银行经济资本管理与监管资本管理融合已逐渐成为资本管理的主流趋势,监管资本逐渐转向经济资本监管。

2.2　商业银行产权理论

2.2.1　产权决定论

产权理论所解答的最主要内容就是以何种途径,何种方式方法能够有效地减免交易支出来达到有效地分配有限的经济资源,使得整个市场中的生产以及资源流通达到最有效的状态。产权决定论的含义主要是以产权为讨论的重点,指出企业的产权是否明晰,即产权结构是否保持较优的状态以及产权的持有者是否明确,这一点在对企业绩效的影响方面是举足轻重的。因此,又将其分为产权归属决定论与产权结构决定论。其中产权归属决定论的理论重点就是对产权的归属情况与企业绩效这两者之间的关系进行深刻的研究探讨。这种理论指出产权是具有独占性的,能够自主决定对应的资产如何使用以及剩余资产的拥有,但同时若因为其决定使得企业遭受了损失,那么产权所有者应承担相关责任,产权是否明晰也就是产权的归属问题是否得到很好的解决,这一点对于企业的绩效的影响是举足轻重的。产权结构决定论则不相同,该理论在进行研究探讨时所使用的方法是根据契约关系展开研究,研究的侧重点也有所不同,主要是站在权利的角度来对产权进行概括,明确指出产权是剩余控制权形式的资产使用权利,该项权利能够决定企业的剩余资产究竟以何种方式进行处理分配等,产权结构的优化配置是决定企业绩效的关键。

产权论中最重要的观点是指出产权对于效率的影响是非常深刻的,能够起到决定效率的作用。影响机制大致可以概括为三点,这也是使得产权论点能够得到学界认可的重要组成部分:①剩余利润占有理论,指的是剩余利润对于银行产权拥有者具有的吸引力是强大的,所有者会为了尽可能多的剩余利润更加努力工作以期获利,从而也就使得银行效率水平有所上升。人都是理性的,会为了自身的利益而采取各种手段,对于管理者来说如果能够获得自身所期望的收益,则就有更大的积极性去促进银行效率的增长。②资产拥有理论,这一理论的建立正是以产权的特性为起始点的,产权的独占性能够有效确保所有者的利益;③私有化理论,这一理论究其内涵实则是为了有关产权的制度能够顺利进行改革。

产权决定论坚持可通过优化银行产权结构来提高商业银行效率,其方式分为下述 3 种:

(1)通过外部性内部化的方式来达到有效分配并使用有限资源的状态,即制定科学、明晰的产权关系使得这一方式可以成功实现,因而资源能够得到有效配置,避免在使用过程中造成损失,这是产权的首要功能。

(2)明确的产权关系可以将经济活动主体所承担的财产责任化,从而对其生产活动有激励作用,通过构建良好的激励约束机制来有效地改善资源配置效率。

(3)银行的经济行为有许多不确定性和突发性,产权关系的明确和清晰可有效改善这一状况,从而提高其资源配置效率。

产权决定论者主张我国商业银行效率不高的重要原因在于国有产权主体是国家,管理者却是其他被委托人,由此导致了产权虚置、设置不明晰,经营目的最大化目标不一致等诸多问题。所以对商业银行进行产权改革是提高其效率的关键一步。

2.2.2 市场结构论

依据产业组织理论的内在含义,所谓的市场结构实则除了反映市场中每一种重要的要素之间的内在关系和相应的不同点之外,还刻画出了供给与供给、需求与需求、供给与需求的内在联系。简而言之,市场结构评估的重点在于特定市场中的竞争与垄断这两种状态的发展情况如何,凭借评估市场结构中一些具有代表性的变量,不仅能够得到当前市场结构的不同之处,而且还能够在做出决策时提供所需的理论基础。市场结构论依托于产业组织论,即认为市场的结构决定了银行的行为,从而会进一步影响银行的经济绩效。该理论以"市场力量假说"与"效率结构假说"为主,两者均认为市场结构与银行效率水平之间呈现出积极的相互促进作用。市场力量假说理论如图 2-2 所示。

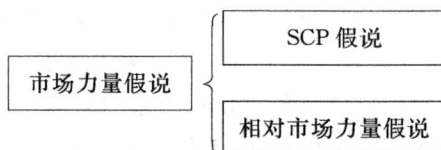

图 2-2 市场力量假说理论

赞同市场力量假说这一方的研究者们认为:行业的市场集中程度越高,该行业的总体效益水平相对来说也都处于较高的水平。行业中的主体所选择的经营活动会被该行业的市场结构所影响,同时经营绩效的水平会受到主体活动区别的影响。倘若行业的市场集中度处于一个较高的水平,证实有个别主体的规模以及影响力相较其他主体要大,能够起到支配和浸染市场的作用,然后就容易组成合谋而掠夺垄断收益。市场力量假说又可分为 SCP 假说和相对市场力量假说,其中 SCP 指出银行能够在市场的势力影响下凭借制定损害消费者利益的利率结构从中攫取超额的利润。而市场力量假说则指出在市场的占有率很高的背景下,早已能够做出具有区别性的产品和服务的银行才有能力凭借市场的力量拥有定价决定权,并有能力谋取高额利润。

效率结构假说指出企业的效率差异会引起其盈利能力和市场影响力的较大差异。经营活动所能够得到的成效和市场结构两者当中的相互作用是不真实、虚无的,管理能力和生产技术先进度愈高的银行,其效率水平表现愈好,相应的企业所需要的成本也就愈少,能够得到的收益就愈多,企业因此也容易在行业中争取到较大的市场份额,这也就使得行业的市场集中程度有所加深。即假使有一家银行的效率水平显著超过了其他银行的效率均值,那么该银行较大概率将选择减少自身的成本支出,从而能够获取超额的收益,并吞更多的市场增加自己的影响力。银行效率相对较高的这一现象造成行业内有限的资源和利润出现更高程度的聚集,经营活动的成效和市场结构两者之间不存在直接的特定关系。

效率结构假说分为 X 效率假说和规模效率假说(见图 2-3),其中 X 效率假说认为由于 X效率存在于某些银行中使得其具有良好的治理水平从而降低其运营成本提高了利润,这样就获取了较高的市场份额。而后者认为国有银行的规模效率才是导致高绩效和市场集中度的原因所在。

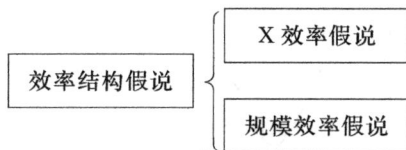

图 2 - 3　效率结构假说理论

2.2.3　超产权理论

超产权理论是英国研究学者 Marlin 和 Parker 结合产权决定理论和市场结构理论的观点,总结提出的一种较为综合的理论。特别强调了市场结构作用的重要性,坚持合理适当的市场竞争机制是产权改革发挥作用的充分条件。

超产权理论支持的观点是只有竞争市场能够在市场中得以体现,才会出现有效率的商业银行,竞争市场是其能够产生的基础要求,其有效的内部治理结构也需要有这样的一个基础之后,才能够充分地施展影响力。合理公正的市场竞争环境有助于国有商业银行经济绩效机制体系的构建。从而可进一步促进其形成适己高效的内部管理机制,抵制由于产权不明晰所造成的责任承担不明确,最大限度地避免管理者的投机行为,实现管理者与所有者的激励机制相适应以确保国有商业银行的有效性。

2.3　商业银行效率理论

2.3.1　Farrell 的效率理论

Farrell 在 1957 年提出了前沿生产函数的定义,从微观层面对前沿效率进行了阐明,将效率的总体划分为技术效率、价格效率(亦称配置效率)和总效率(亦称经济效率),并对技术效率进行了更加细致的划分,分为了纯技术效率和规模效率。技术效率(TE)能够体现出企业在提前已经被确定好的投入背景下得到尽可能多的产出的这种本领或在产出已经提前确定的情况下企业所用投入最少的实力,是投入产出效率。配置效率(Allocative Efficiency,AE)能够体现出在投入价格已经被市场决定后企业能合理有效地运用每一种要素的本领,也就是众所周知的资源配置效率。倘若将规模报酬不变的这一前提条件施予宽松的处理,那么就能够将技术效率(TE)进行更深层次的细分:纯技术效率(PTE)和规模效率(SE)。纯技术效率这一概念衡量的情形是在规模报酬能够进行变动的背景下,我们所研究的企业与生产前沿面相比较所存在的差距有多大;与此不同的是规模效率的测度对象是当假定规模报酬不会发生变动时的生产前沿与规模报酬能够发生变动符合现实情况时的生产前沿之间的差异有多大。

Farrell 将效率的总体划分为技术效率、价格效率(亦称配置效率)和总效率(亦称经济效率),并将技术效率做出了更加细致的划分,分为了纯技术效率和规模效率。其中,技术效率是企业将产出值按照实际经营和预定分类,在投入不变的前提下作比。配置效率则是以一定的价格为前提条件,评估企业合理使用资源投入的能力。两者相乘得到经济效率(即成本效率)。图 2-4 所示为 3 种效率的关系。

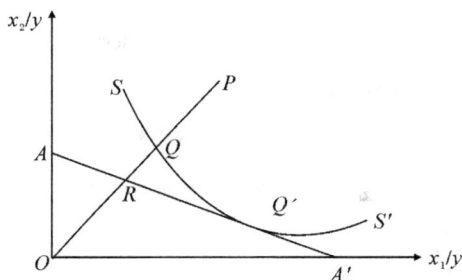

图 2-4 技术效率、配置效率与经济效率

如图 2-4 所示,x_1,x_2 是企业在生产时的两种投入,y 是企业的产出。假定规模报酬不变,SS′表示完全效率(线上各点等技术效率且效率值为 1),SS′曲线右侧代表技术无效率,AA′是最小的成本线。当 P 点投入单位组合产品时,QP 表示该企业是技术无效率,当投入数量从 P 成比例降至 Q 点时,产量并不发生改变,所以 QP/OP 表示了企业投入资源的数量在逐步缩减的情况,技术效率(TE)的公式为

$$TE = \frac{OQ}{OP} = 1 - \frac{QP}{OP}$$

由此,P 点的配置效率(AE)的定义为

$$AE = OR/OQ$$

Farrell 定义的总体经济效率为

$$OE = \frac{OQ}{OP} = TE \times AE$$

Coelli(1996)基于 Farrell 的研究将技术效率划分为纯技术效率和规模效率两部分,三者数量关系可表示为

$$TE = PTE \times SE$$

2.3.2 X 效率理论

近年来,随着全球的商业银行之间的竞争程度越来越大,提高竞争力成为每一个国家的商业银行经营与生存发展的首要手段。在经济学研究领域,银行效率的分析探讨也逐渐地变化到讨论商业银行经营管理以及银行本身所拥有的要素分配方面,因此关于商业银行的 X 效率的研究也日益增多。

X 效率产生于 20 世纪 60 年代中叶,该理论所支持的论点是与新古典理论反其道而行之的理论,新古典理论将企业视为"黑箱",提出倘若企业是以生产函数和成本函数为经营活动的根本而开展生产的,则企业的最终目标是达成利润最大化。新古典理论所提出的这种假定情况,实际上能够避免企业内部出现低效率的概率发生。1966 年,Leibenstein 发表了《配置效率与"X 效率"》的文章,对于企业在非竞争情况下产生的无效率进行深刻分析时,对 X 效率的内涵进行了科学准确的定义,这在当时的研究领域给人们带来了新的热点问题,其看法是所谓的前沿效率就指的是 X 效率。X 效率的内涵是"因为存在一些缘故,导致组织以及个人在规定的生产期间处于效率低下的工作状态。当竞争所带来的压力较小时,多数员工会凭借着无效

或者效率低下的一种'假装'的努力工作状态来取得不合适的薪水,除此之外还能够以这种假装的努力换取更悠闲的环境和更舒适的人际关系的效用水平。"但是 X 的无效率或者低效率相较于前人所分析得出的结果是完全不同的,因此 Leibenstein 给其赋予了新名即未知的效率理论——X 效率理论。X 效率的提出对于商业银行效率的分析探讨都是不可忽视的,自此以后的研究者们也多采用 X 效率评估前沿效率值,并依据评估结果对研究对象的效率展开了深刻的探讨。Leibenstein 在 1975 年以前发表了一系列相关文章,对 X 效率的评估、企业的内部运行、通货膨胀(以下简称"通胀")和 X 效率对经济增长所产生的作用等一系列的疑难问题展开了全面系统的分析,建立了 X 效率理论的基本分析框架。X 效率体系于 20 世纪 70 年代后期逐渐形成,Leibenstein 在 1976 年出版的《超越经济人》一书中更加全面系统地提出了 X 效率理论体系。随后以 Leibenstein 的《莱宾斯坦论文集》这一书为代表,昭示着 X 效率理论已经近乎达到完善。X 效率理论将 X 效率的内涵作为其核心的经济理论,在审视个体活动的过程中,Leibenstein 又创立了选择理性理论、全权委托偏好理论和个人努力均衡理论。当以个人、企业和家庭的活动方式为主要研究对象展开了分析讨论之后,Leibenstein 对整个国民经济的行为进行了观察,创建了标新立异的就业理论、经济增长理论和通货膨胀理论。

1990 年后,金融领域开始采取 X 效率对商业银行的效率展开应用研究,不仅如此,在进行实证检验的过程中也开始采取效率对商业银行中存在的技术无效率以及配置效率进行了分析。在这些研究中,绝大多数研究者所展开的探索均是事先将一组具有最优产出组合的商业银行作为研究指标的基础,并且以此度量作为研究对象的样本银行的绩效值为多少,并且该数值相较于最优经营管理的商业银行的差异,也就是无效率的程度,这些研究对商业银行效率的改进具有重要的理论和实际价值。

2.4　商业银行效率评价方法

对商业银行的效率研究方法主要分为财务指标分析法和前沿分析方法两种。财务指标分析法是指根据商业银行经营的绩效、财务费用支出额的管控、各种风险管理等财务指标来探讨商业银行的效率。前沿分析法则是指采用技术方法对商业银行效率进行度量的方法,目前使用较多的衡量商业银行效率的前沿效率分析技术主要有 5 种,分为非参数法和参数法。非参数方法包括数据包络分析(Data Envelopment Analysis,DEA)和无界分析(Free Disposal Hull,FDH)。参数法依据对随机误差和低效率值分布的假定不同,可以分为随机前沿法(Stochastic Frontier Approach,SFA)、自由分布法(Distribution Free Approach,DFA)和厚边界函数法(Thick Frontier Approach,TFA)3 种。

2.4.1　财务指标法

财务指标法是前沿分析法之外的重点的分析方法,这种研究方法能够应用不同的财务指标对银行的经营效率实施衡量。这种方法的优点是操作较为简单、直接,但缺点是该方法容易受公司规模、市场价格以及外界多因素的干扰,倘若运用这一种方法来衡量银行绩效,那么所得到结果的科学性与准确性是远远不足以完整反映银行的综合和长期效率,该结果只有在短期分析中能够体现出一定的价值,且研究所采用的各项财务指标缺乏一个明确的体系框架。不仅如此,这一方法多被用来研究分析独立企业,因此在如今联营、合资等复杂的市场环境中难以体现出自己的优势,近年来在银行效率的研究领域出现了越来越多的有意义、有价值的成果,所以对于财务指标法的运用也远不如从前那么频繁。新的主流研究方法前沿分析法因更具科学性与准确性,受到了越来越多的学者的关注。

2.4.2 前沿分析法

前沿分析法在银行效率的研究领域已成为重要的一种方法,究其原因是因为这一研究方法相较于之前的方法更加全面、可观,具有较高的可信度,对研究内容的刻画也更加准确。该方法的研究步骤如下:①整理统计所需要的研究对象的相关数据;②需要根据研究对象选择出表现最好的效率水平值与其所对应的产出;③根据选出的最有效单元构建出一个标准,也就是方法名称中所说的生产前沿面;④将其他研究对象的信息与前沿做出对比,如果效率值能够符合我们提前所制定好的标准即前沿面,则认为该研究对象有效,其他则根据距离前沿面的远近来比较银行效率值。该方法测算的效率是一种相对值而非绝对值,并且不会受到市场价格等外部条件因素的影响。前沿分析法的分类如图 2-5 所示。

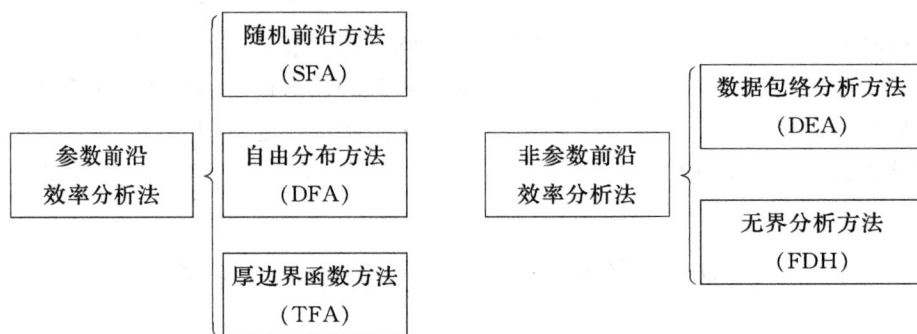

图 2-5 前沿分析法分类图示

1. 非参数法

在对效率进行研究分析时,由于研究对象一般数量较大,而且分布不规律,倘若想要对这种无法预估的分布情况进行推断,就需要应用非参数法进行测算。非参数法最常见和常用的方法就是 DEA 和 FDH。在非参数方法中解决研究对象分布不规律,难以估计其分布的形式,这种问题就不需要提前设定成本函数的具体形式,因为在此类问题上也难以做到。这种方法的提出是在研究非盈利部门和公共部门中的经营绩效时首先被提出并加以运用的,在近年来的研究历程中,随着该方法的使用越来越广泛,研究成果越来越成熟,通过该方法所进行的银行效率测度研究受到了研究者的青睐。

(1)数据包络分析方法(DEA)。非参数法在商业银行效率测度中采用的方法主要是 DEA,是由 Chaines,Cooper,Rhodes 最先提出来的,该方法利用数学的线性规划,将选择好的最优效率样本数据构造成一个效率前沿面,测算样本单位与前沿面的相对位置距离,从而得出每个样本单位的相对效率值。DEA 方法将效率划分为 4 种效率,这样有利于研究者通过多种效率值来全面分析商业银行的经营绩效情况,对商业银行的考核指标更为综合化。由上可知

DEA 方法明显的优势在于：①不预先设定函数，受到的约束相对较少；②在投入、产出指标的处理上较为简易容易；③测算出的效率值具有综合性的特点。

DEA 模型在进行效率测度时其本质就是利用研究对象的要素投入和成果产出的相关指标，通过线性规划根据所有的数据权衡出一组最具有代表性的数据，并以此作为标准量，而其余的研究对象则只需计算出其相关的数据与这一标准之间的差距有多大即可，从而就可以测度得出每一研究对象的效率水平，并且以数值的形式体现，数值的大小一般处于 0~1 之间，如果能达到 1 则说明该研究对象的投入产出是有效的，没有产生冗余。DEA 模型在学者们的不断应用中得到了充实与改进，其中大家所熟知的 CCR 模型就是在 20 世纪 70 年代后期由 Chames、Cooper 和 Rhodes 三人联合创建的 DEA 模型，在这之后越来越多的学者受到启发，从实证方法出发的研究成果也层出不穷，对于这一方法的改进与研究也越来越深刻、越来越全面。

1）CCR 模型。CCR 模型初始采用的 DEA 模型，因此也为后续其他的改进模型起到了深远的影响。CCR 模型为：假定在研究范围内存在 n 家研究样银行，这些银行在运营过程中使用 m 种投入要素，经营活动所带来的产出成果有 s 种。X_{ik} 是第 k 家银行的第 i 个输入变量，Y_{jk} 表示第 k 家银行的第 j 个输出变量，则第 k 家银行的相对效率 E_K 最优化问题，完全可以转换为以下线性规划问题来进行求解，即

$$E_K = \sum_{j=1}^{s} V_{jk} Y_{jk}$$

$$\text{s.t.} \sum_{i=1}^{m} U_{ik} X_{ik} = 1$$

$$\sum_{i=1}^{s} V_{jk} Y_{jk} - \sum_{j=1}^{m} U_{ik} X_{ik} \leqslant 0$$

$$U_{ik} \geqslant 0,\ i = 1,2,\cdots,m; V_{jk} \geqslant 0,\ j = 1,2,\cdots,s$$

式中：V_{jk}，U_{ik} 分别代表第 k 家银行的第 j 个输出变量和第 i 个输入变量所占权重。

2）超效率 DEA 模型。如果实证中采用 DEA 的 CCR 又或者是 BBC，结果能够得出每一个研究对象的效率值，并且这些结果的值均介于 0~1 之间，数值为 0 说明投入产出是无效的，如果等于 1 则说明是有效的。但是往往效率值等于 1 的研究对象有多个，依据测度结果只能确定的是这些研究对象投入产出有效，但是有效的程度如何，有效的决策单元当中谁的效率又是最好的，这一问题非参数法 DEA 无法给出准确的回答。但是通常在一些现实中就需要对这一问题进行解释，因此为了改善 DEA 方法中的这一问题，学者们在研究中不停的寻找更有科学性的改进方法。1993 年，学者 Andersen 和 Petersen 就解决了这一难点，他们创立了一个新的模型即超效率模型，这一模型的问世，解决了多个决策单元的有效问题，在效率值"1"当中也能排出更准确的次序。这个模型为什么能够解决其他两个模型无法解决的问题呢？从其研究的基本思路中可知，其不同点之处就在于跟 CCR 或 BCC 不一样的是该模型在选择前沿面后，将这一前沿面所对应的研究对象置于参考集合之外。

如图 2-6 所示，C 点处在由四家商业银行 A、B、C、D 构成的生产前沿面上，用 CCR 模型计算得出的商业银行 C 的效率值为 1，按照超效率 DEA 模型的思路，在测算商业银行 C 的效率值时，C 点应该在商业银行的参考集合之外排除，于是生产前沿面就由 $ABCD$ 组合变为了

ABD 组合,那么此时 C 点的效率值 $\theta=\mathrm{OC}'/\mathrm{OC}>1$。对于 CCR 模型中无效率的商业银行 E 来说,其在超效率 DEA 模型中生产前沿面仍然是 $ABCD$ 组合,效率值与 CCR 模型的测算结果一致,仍然是 $\theta=\mathrm{OE}'/\mathrm{OE}<1$。简而言之,超效率 DEA 模型的研究步骤当中,研究对象投入产出无效的话不论选择哪一种模型它始终是无效的测度结果,但是在前两种模型中那些得出效率水平能够达到 1 的研究对象,在超效率模型中也是依然处于有效的状态,而且对于有效的研究对象我们能够得出更详细的结果。

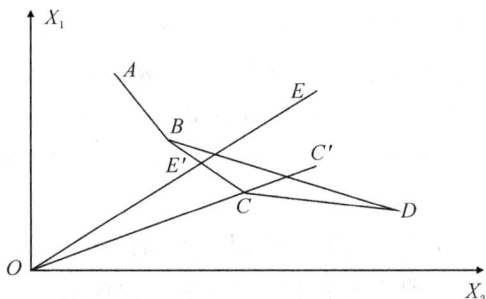

图 2-6 超效率 DEA 模型的原理

(2)无界分析法(FDH)。非参数法除却 DEA 方法之外还有一种也被学者们广泛使用的实证方法,即无界分析法 FDH,这一方法与 DEA 不同但是又有一定程度的联系,是 DEA 模型的一个特例。FDH 在确定前沿面也就是标准单元时,选用的并非是图 2-6 所示的 A,B,C,D 所决定的那个面,但是它的前沿面就在 DEA 前沿面之内,是由面内的那些随机的点所共同构成的,这也就是为什么在实证方法选取 FDH 之后测度得到的那些效率水平普遍较低的原因。这是两者之间存在差异的方面,但是与 DEA 同样,由于这两种方法归属于非参数法,所以都不需要在检测开始前设置固定的分布函数,对于研究对象的投入产出无规律的情况有极大的包容度,而且被视作是标准的前沿面上的研究对象也 100% 处于有效的状态。

非参数方法也有明显的缺陷:真正有随机误差的情况下,测算效率值可能会与随机效率值的偏差较大;检验结果的显著性不易于检测;得出的效率值普遍较低且离散;非参数方法不重视价格对配置效率的影响,更为关注技术最优。

2. 参数法

参数法与非参数法有很大不同,参数法是在研究对象的分布状况依据分析可以得知分布存在一定规律性情况下所采用的一种线性规划方法,而非参数法是基于研究对象分布无规律而进行的一种投入产出研究方法。因此与非参数法不同的是参数法需要在进行检验之前要先设定好能够确认的总体分布函数以及未知的干扰项,未知干扰项指的是在所有的研究样本中其概率分布情况不符合总体分布,或者由于一些外部因素或者无法设定的变量引起的干扰项。参数方法在前沿效率研究历程中也经历了不断的改进,分为随机前沿法(SFA)、厚边界函数法(TFA)以及自由分布法(DFA)。

参数法使用计量经济模型,需要预先设定银行的目标函数和随机干扰项才能进行评估,随机干扰项包括代表无法控制的白噪声误差和无效率部分。随机前沿法需要事先规定成本函数,利润函数或是生产函数的具体函数形式,并且采用极大似然估计方法或最小二乘法对函数的相关参数进行估计。另外,自由分布法与厚边界函数法都是在随机前沿法的基础上发展起来的。

（1）随机前沿法（SFA）。在所有的参数法中得到广泛应用的是 SFA 方法，这一方法凭借科学全面的数据结构受到了大多研究者的青睐，而另外两种方法也是基于 SFA 方法所衍生出来的方法，因此 SFA 是这三种方法中应用最为广泛的。SFA 的实证过程是非常严谨周密的，其在计量经济模型的基础上根据研究对象的信息判断其分布的规律并且由此建立起目标函数，包括生产、利润和成本等方面的函数，除此之外在模型中设置低效率值和随机误差项，随机误差项是研究过程中一些无法判断是何变量造成的影响，把这些影响归于随机干扰项，因为该部分信息是不符合前面所提到的那种分布规律的。低效率值服从非对称分布，随机误差项服从对称分布，且两者与函数中的其他关键变量相关性为零。由此可知该方法的优点是考虑了随机误差项。然而，函数和随机干扰项本身是由研究者自行主观设定的，一旦设定的函数和误差项本身有误，则测算出来的效率值自然没有说服力。Aigner、Lovell 和 Schmidt（1977）最早将 SFA 方法用于效率的测度分析方面，并且此后学者们在分析银行效率时应用 SFA 方法，使得效率领域的研究成果百花齐放，如 Berger 和 DeYoung（1996），Mester（1993）等。SFA 方法在建立目标函数时，要考虑不受控制的变量带来的影响以及那些与分布规律不同的信息，通常将这一部分成为随机干扰项的两大重要组成部分，在对这些干扰进行考察时，对于那一部分分布无序的信息要展开多层次、多阶段的考虑，该部分的分布常见的可以有以下几种考虑：半正态分布、截断正态分布、指数分布和伽玛（gamma）分布等。

本书研究的主要对象是我国商业银行的效率水平，那么运用 SFA 方法具体的步骤是：第一步，依据样本数据的情况，发现其分布的大致规律，建立前沿的分布函数。第二步，依据所建立的分布函数对于其各项参数进行准确科学的衡量。第三步，也是最重要的一步即将研究对象的各项指标代入函数中进行测算，并依据测算得出的银行的成本效率、利润效率等这些数值与前沿水平的差距，以此便可以得出想要的结果，在这里选择以成本效率的测度为例来说明 SFA 的运作机理。

银行是一种特殊的企业，以经营货币为主，在整个经营活动中所产生的成本大多也来源于货币，主要有银行的利息支出、手续费支出以及固定资产的折旧等一系列的项目。在讨论银行的成本效率时，就要尽可能地考虑到每一项成本支出，效率就是考察最小与实际成本的比值如何，那么需要建立一组投入产出指标体系，指标体系是否全面科学是能否准确衡量效率的关键，倘若共有 m 种要素投入，在其构成的最小成本体系中，第 i 项最小投入量的表达式为

$$X_i = g_i(Y, W) \tag{2-1}$$

式中：X_i 为第 i 项的投入要素；$g_i(Y, W)$ 为第 i 项投入的最小化函数。Y 为含有 n 项产出的产出向量，$Y = (y_1, y_2, \cdots, y_n)$。$W$ 为投入价格向量，$W = (w_1, w_2, \cdots, w_m)$，$w_i$ 为第 i 项投入的价格。那么理论最小总成本为各项投入最小成本之和，即

$$C = \sum_{i=1}^{m} w_i \times x_i = w_i g_i(Y, W) = C(Y, W) \tag{2-2}$$

式中：C 为理论最小成本；$C(Y, W)$ 为理论成本函数，由公式（2-2）可得到理论最小成本是投入要素价格与产出量的函数。但由于非效率因素的存在，实际成本 RC 可以表示为

$$RC = C \times U = C(Y, W) \times U \tag{2-3}$$

式中:U 体现出的是所研究的成本效率的倒数,从结构上可以得知 U 等于理论成本占实际成本比重的倒数,这一变量能够为揭示出的含义是研究对象在经营过程中所产生的浪费情况,也就是无效投入。除此之外考虑到函数还受到了随机误差的影响,因此在实际成本与理论最小成本的函数中引入随机误差因子,这样能确保结果更加科学严谨。在加入随机误差因子后,公式(2-3)的自然对数形式为

$$\ln(RC) = \ln(C,U,V) = \ln(Y,P) + \varepsilon + u \tag{2-4}$$

式中:V 代表测量随机误差;ε 等于 $\ln V$,服从标准正态分布 $N(0,\sigma_\varepsilon^2)$;$u$ 等于 $\ln U$,由 $U \in [1,\infty)$ 得 $u \in (0,\infty)$,u 也称为成本非效率项。

随机干扰项的分布方式有很多种,但是选择一种最合适的方式需要根据选用好的参数方法是哪一种来决定。在选定好的成本函数形式下,依据成本非效率项的分布形式,可利用极大似然法来确定成本函数中的各个参数值。然后,将样本数据代入到成本函数中去,测算理论最小成本值。最终通过理论最小成本与实际成本的比值来确定研究对象的成本效率(Berger,1993),即

$$CE_i = \exp(-u_i) \tag{2-5}$$

依照 Battese 和 Coelli(1992)方法,SFA 对非效率项 u 是否存在的统计检验为变差率 γ 的零假设检验,$\gamma = \dfrac{\sigma_u^2}{\sigma_v^2 + \sigma_u^2}$,$\sigma_v^2$ 和 σ_u^2 分别是随机误差 v 和成本非效率项 u 的方差。

变差率 γ 的取值区间为 $(0,1)$,当 γ 趋近于 1 时,说明成本偏差主要由成本非效率项 u 决定;当 γ 趋近于 0 时,说明偏差主要由随即误差 v 决定;当 γ 在 0 与 1 之间时,说明偏差由随机误差 v 和成本非效率项 u 共同决定。SFA 法中,如果拒绝变差率 γ 的零假设,那就意味着存在成本非效率项。通过对成本函数的单边似然比检验统计量 LR 的显著性检验来实现对 γ 的零假设检验,LR 的表达式为

$$LR = -2\ln\lambda = -2\left[\frac{\ln(\theta_0)}{\ln(\theta_1)}\right] = 2[\ln(\theta_1) - \ln(\theta)] \tag{2-6}$$

在 SFA 中,单边似然比检验统计量 LR 按照自由度为 n、显著性概率为 5% 的 mixed$-\chi^2$ 分布进行检验。LR 如果大于 mixed$-\chi^2$ 分布的临界值,就可说明前沿成本函数具备足够的解释力度,证明成本非效率项客观存在。

(2)自由分布法(DFA)。DFA 是参数法中一个重要的模型,这一理论模型的提出,极大地充实了效率研究时所采取的实证方法体系,这一方法是由著名经济学家 Berger 在 1993 年提出的,该方法的创立是在面板数据理论基础之上展开的。这一方法与 SFA 方法都归属于参数法,因此两者之间存在一定的共性,都需要在进行实证之前对研究对象的分布函数进行估计与建立,也同样假定无效率项和随机误差项的存在,会导致研究对象与效率前沿对象之间的偏离。但是两者之间也存在区别,其中一个区别就是关于随机干扰项的分布,在 SFA 中认为一般情况下这些未知的变量以及无序的分布会相互抵消,但是 DFA 则是将随机干扰项的表现放在整个研究观测期内考虑,认为其是一个常数,而随机误差项在整个考察期间内各因素之间发生相互抵消,其均值等于零。将该方法运用到对银行效率的评估方面上的学者有 Hunter、Timme、Berger、Mester 以及 DeYoung 等。

假定商业银行的成本函数具有对数形式：

$$\text{X-EFF}_i(T) = \exp[\text{dfe}_{\min}(T) - \text{dfe}_i(T)] \ln C_{it} = \ln f(\boldsymbol{Y}_{it}, \boldsymbol{W}_{it}) + \ln x_i + \ln v_{it} \qquad (2-7)$$

式中：C_{it} 为第 i 家银行在第 t 时期的总成本；$f(\cdot)$ 表示的就是商业银行的成本函数，在成本函数当中 $\boldsymbol{Y}$ 为产出的向量，$\boldsymbol{W}$ 为投入要素价格向量，其中投入和产出要素都有哪些，这是在进行实证以前需要认真考虑的，因为科学准确的指标体系是得出准确结果的前提条件。此外公式中 x_i 指 i 银行在观测期内所表现出来的 X 非效率因素，v_{it} 则表示 i 银行在第 t 时期的随机误差，并且在 DFA 模型中随机误差项通常都是一个常数。

DFA 模型在对效率进行测算时有一很大的优势也是与别的模型最大区别的一点是，SFA 方法是根据数据的分布规律设定一个函数，与此不同的是 DFA 模型是根据研究数据对于每一期的数据分别估计一个成本函数，以 5 年的面板数据为例，SFA 模型会设定出一个函数，而 DFA 则会设定出 5 个函数，正是因为每一年的函数都有所不同，那么当年若发生政策性的改革或者是技术方面有所创新的话，所受到的影响都会体现在当年的函数中。不仅如此，在进行实证评估的是过程中需要将 X 的非效率项和随机干扰项融合起来对其进行考察，因此可以将误差项改为 $\ln e_{it} = \ln x_i + \ln v_{it}$，由于随机误差项在 t 时期内的均值为零，可以得到这一融合部分的均值，其代表的是 X 的非效率值。根据上述的分析，可以据其将自由分布函数的内涵用公式定义为

$$\text{dfe}_i(T) = \frac{1}{T}\sum_{t=1}^{T} \ln e_{it} = \ln \hat{X}_i \qquad (2-8)$$

式中：T 变量代表的是样本中的观测期共有几期；X 就是在众多的银行中投入产出最优的银行所表现出来的效率值，该数值是一个相对值，则有

$$\text{X-EFF}_i(T) = \exp[\text{dfe}_{\min}(T) - \text{dfe}_i(T)] \qquad (2-9)$$

$\text{X-EFF}_i(T)$ 就是银行 i 的效率水平，其取值范围是 $0 < \text{X-EFF}_i(T) \leqslant 1$，其中，$\text{dfe}_{\min}(T)$ 与 X 相对，指的是在所研究的众多银行当中非效率项中的最小值，而 X 效率则表现为受到了成本效率的正向影响，成本效率越高，X 效率也随之有所上升。

（3）厚边界函数法（TFA）。该方法也属于参数法的一种，用来研究那些可以观测到分布规律的实际问题，因此与前两种方法相似，在进行实证之前应该对于能够观测到的分布规律建立一个具有代表性的函数公式，并且后续的展开都是在此函数的基础上进行的。该模型的厚就体现在分析前沿时并非对于随机干扰项进行非常细致的处理和考量，而是在所建立的函数中忽视位置变量的影响以及无序信息的干扰，这就导致模型得到的结果与实际情况有很"厚"的一部分都难以精准匹配，那么如何将随机干扰项的影响区分开来呢？在该方法中将研究对象的投入产出结果进行了四分位的排序分组，其中分出投入产出表现最优的组别和投入产出效果最劣的组别，并且可以认为组间差异是由那些无序信息即无效率导致的，而组内差异就是由于未知变量的影响而导致的。

3. 参数和非参数前沿函数的比较

参数法与非参数法在学术界运用都是相当广泛的，研究成果也都具有实际意义和应用价值，那么这两种方法在什么时候选用哪一种，得出的结果更加科学有效呢？关于这一问题，对于两种方法进行全方位的比较之后，非参数法在运用过程中相较于参数法所体现出来的优势

在于：首先，非参数法在估计过程中对样本、数据等要求较低，主要原因在于非参数法的估计只需要将所有的样本数据导入即可，不需要提前设立分布函数，这就解决了在现实中有大量的研究对象其数据的分布都存在不规律的情况。其次，由于不需设定分布函数，所以能够较为简单地对研究对象存在多项投入和产出的问题进行解决，非参数法能够在结果中展现出每种要素的投入是否产生了不足或者冗余。最后，评估结果的综合性和全面性，效率水平数值能够更全面、更客观地分析评判研究对象的投入产出状况以及优势与劣势。

非参数法的优势能够观测到更加科学准确的结果，但是凡事总有利弊两面，在使用非参数法的过程中与参数法相比有下述不利之处：①误差导致的影响难以避免；②异常值的出现将会以极高的概率影响测度结果的准确性；③探讨显著性的时候缺乏直观性，且步骤繁杂；④投入要素的价格固定，不符合现实情况的需要。

参数法的使用在学术界也是非常广泛的，其主要优势为：①对随机干扰项进行了科学的处理，从而能够得到更加严谨的评判依据；②不会出现多个有效值为 1 的情况，而是会将所有的 1 即投入产出有效的研究对象进行排序，使得结果更加的细致。

2.4.3　投入产出指标的选择

在对商业银行的效率进行衡量时，投入产出的指标体系是否全面科学是评价的关键因素，那么所选择的指标是否合理呢？如何对其进行评判呢？主要方法有以下几种。

（1）生产法（Production Approach）。生产法强调生产，该方法更适合于生产制造类的企业。这种方法运用于银行指标的选取时将银行看作是一家生产企业，作为一家生产特殊商品即资金服务的生产企业。这种评价方法的是由 Benston、Bell 和 Murphy 提出的，根据银行的经营性质即可判断出，在进行银行效率的测度时，能够作为投入指标的是商业银行需要净支出的项目如劳动力成本、固定资产以及利息支出等，相应的做出产出项目的是银行的盈利项目。

（2）中介法（Intermediary Approach）。中介法也同样是将商业银行视同为一家中介企业，是充当资金流动过程中的中介，通过吸纳居民的存款之后，再将存款贷出给投资人使用，从而向贷款者收取使用资金的成本费用，再向存款者支付资金的使用费用，而银行作为中介赚取资金使用费的差价。这种投入产出指标评价法最早在 1977 年被提出，是著名的经济学家 Sealey 和 Lindley 提出并由 Benston、Hanweck 和 Humphrey 进行了进一步研究和发展。该方法的支出项包括银行的投入要素即人力、物力、财力等各项支出，而产出项则为贷款资金和投资等相关业务，包括各类贷款、投资资产。

（3）资产法（Asset Approach）。资产法是以银行的资产负债表作为指标体系建立的基础，这种方法的创立其实是根据中介法而来的，从商业银行的资产负债表中可以得出能够作为投入产出指标体系中的投入指标的项目，主要有商业银行所吸纳的各项存款等，产出指标主要有贷款以及投资等。

（4）对投入产出方法的评价。本部分对于各个投入产出指标体系评价方法进行一些客观评价，其中生产法的原理就是将银行作为特殊的生产企业来进行各指标的确认，在对每一个指标进行定义时都将选取一定经营期内的投入产出的额度，以这样的方式展开指标的定义就可以避免繁琐的利息计算以及剔除通胀的影响,直接以投入产出的数量来进行效率测算能够让得出的结果更加具有综合性,这是生产法所具有的显著优势。但是生产法仍具有一些劣势,比如没有考虑到各项业务的展开都具有差异性。中介法与生产法相比具有一定的优势,在对产出指标进行定义的时候并没有将数量作为评判的依据,而是以金额作为统计的依据,投入指标上也考虑到市场的竞争以及通胀的影响而引入利息费用作为其中一项投入,这就使得整个指标体系更加科学和严谨,中介法所具有的缺点就是没有关注风险的作用。

在国内外的大多文献中,由于投入产出指标的选择直接影响银行效率的计算结果,因此投入与产出指标的选择始终是争论的焦点。多数研究文献都采用不同的投入和产出指标。表2-1是近年来我国发表的银行效率文章投入产出指标选择情况,根据统计得到的数据可以直观的看到,多数文章对于投入产出的理解不同,指标的选取也有很大的不同。由于指标体系的准确科学与否对于最终的实证结果有至关重要的作用,所以一旦出现一个指标的变化就会牵一发而动全身,最终测算得到的结果往往会产生非常大的变动甚至是与原来的结果背道而驰。由表2-1中的文献可得,银行存款这一重要的变量的变动情况,倘若存款变量有所上升,有些学者如张健华(2003)和郑录军、曹廷求(2005)的模型就会出现同样的增加。与此截然不同的就是有相当一部分的研究结果反而出现了效率降低,比如秦宛顺、欧阳俊(2001)和朱南(2004)等的研究结果,不仅如此还存在一部分结果无明显变化的研究如魏煜、王丽(2000)和刘汉涛(2004)的研究,牵一发而动全身的"动"各不相同,使得难以明确地评判哪种变化才是准确的,导致我国在银行效率方面的研究难以进行对比分析。

表 2-1　我国银行业效率研究投入产出变量选择情况

作者	研究方法	样本容量	研究期间	投入变量	产出变量
魏煜和王丽(2000)	DEA	12	1997	劳动力人数、固定资产净值和可贷资金	利息收入和非利息收入
赵旭和凌亢(2001)	DEA	19	1983—1998	贷款额和利息支出	运营费用和利息支出
秦宛顺和欧阳俊(2001)	DEA	16	1997—1999	劳动力、自有资本和各类存款	利税总额
张健华(2003)	DEA	37	1997—2001	股本、固定资产净值和各项支出	各项存款、各项贷款和税前利润
刘汉涛(2004)	DEA	15	2000—2002	固定资产净值、员工人数和各项支出	利息收入和非利息收入
朱南(2004)	DEA	14	2000—2001	存款总额和员工人数	税前利润和净贷款
姚树洁等(2004)	SFA	22	1995—2001	固定资产、存款和权益	税前利润
刘琛和宋蔚兰(2004)	SFA	14	1996—2001	劳动力人数、固定资产净值和可贷资金	利息收入和非利息收入
刘志新和刘琛(2004)	DFA	14	1996—2002	劳动力成本、实物资本成本和存借款成本	存款总额、贷款总额和利税总额

续表

作　者	研究方法	样本容量	研究期间	投入变量	产出变量
迟国泰等（2005）	SFA	14	1998—2003	可贷资金和营业投入	贷款、投资与证券、非利息收入
郑录军和曹廷求（2005）	DEA	25	—	固定资产净值和运营费用	存款、贷款和利税
许晓雯和时鹏将（2005）	DEA SFA	14	1997—2001	劳动力、实物资本和可贷资金	利息收入与非利息收入
邱兆祥和张磊（2007）	DEA	14	1997—2005	资金价格	贷款净额、投资净额和非利息收入
杨大强和张爱武（2007）	DEA	14	1996—2005	存款、各项支出费用、固定资产	贷款、存款总额
王聪和谭政勋（2007）	SFA	14	1990—2003	营业收入、平均贷款总额、投资	税前利润总额、平均总资产
张金清、吴有红（2010）	SFA	14	2001—2008	劳动力、可贷资金和固定资产	营业收入
周逢民、张会元（2010）	DEA	15	2003—2007	平均人数、固定资产净额	利息收入与非利息收入
张建华、王鹏（2011）	SFA	153	2004—2008	利息支出、非利息支出	净利息收入、非利息收入
毛洪涛、何熙琼和张福华（2013）	SFA	79	1999—2010	劳动力成本、资金成本和净投入	总存款、总贷款、其他盈利资产
刘孟飞、张晓岚（2013）	SFA	45	2002—2011	资金投入、劳动力投入、资本投入	营业收入
向小东、赵子燎（2017）	DEA	16	2010—2014	应付职工薪酬、营业支出、固定资产等	利息净收入、手续费及佣金收入、净利润等
申创、赵胜民（2017）	SFA	101	2005—2015	总利息费用/总存款及短期资金、非利息费/固定资产	银行总资产
郭晔、黄振、姚若琪（2020）	SFA	113	2008—2016	可贷资金、营业投入	款余额、投资与证券、非利息收入

资料来源：根据中国期刊网整理。

2.5 风险调整的经济资本衡量方法

金融产业的发展在近年来得到了极大的关注,金融投资已经成为不论是金融企业还是实体企业用来积累财富的途径之一,因此如何有效地投入使得投资的产出得到最大是近年来研究的热点问题之一,关于风险的规避与投入的配置问题在越来越多的学者研究成果中得以体现,研究方法也不断得到改进。

2.5.1 风险测度方法

1. 均值-方差模型

风险如何规避是人类发展史上一直广受关注的问题,在金融领域人们对于风险更是关切。如何能让自己的资产在最小的风险下获得最大的收益,如何对风险进行科学性的测度在整个经济学史上都是热点问题,测度方法更是层出不穷。最早的测度方法便是 1952 年经济学家 Markowitz 所创立的均值-方差投资组合模型,该方法是最早能够让人们在风险与利润中权衡以获取自己的最优决策,其实质就是确定了收益固定时风险最小以及风险固定时收益最大来确定投资的有效边界,从而使用者便可以根据指标进行决策选择出最优的投资方案。Makrowzti 建立的均值方差模型为

$$\min \sum_{i=1}^{n} \sum_{j=1}^{n} x_i x_j \sigma_{ij}$$

$$\text{s.t.} \begin{cases} E(r_p) = \boldsymbol{X}^{\mathrm{T}} \boldsymbol{R} = R_0 \\ X_T I = 1 \\ x_i \geqslant 0 \end{cases}$$

式中:σ_{ij} 为两种金融资产 i 和资产 j 之间的协方差;$\boldsymbol{X} = (x_1, x_2, \cdots, x_n)^{\mathrm{T}}$ 为金融投资组合中各资产所占的比例;R_0 为投资者的期望收益率;σ_0 为投资者所预期的组合风险;$\boldsymbol{R} = (R_1, R_2, \cdots, R_n)$ 为组合中各资产收益率的均值;$E(r_p)$ 为金融投资组合收益率的均值。

在上述的均值-方差模型中,用来衡量金融投资风险的是方差,正是因为这一点使得该方法在实际应用时产生了相当大的误差性,方差代表的是各种收益的分散程度,如果分散程度较大则方差越大,但是值得注意的是方差在计算时对于差值进行了平方,这使得无论正负,只要差值的绝对值较大,就会导致方差的增大。但是在实际投资活动中,如果收益能够远远的大于期望收益,投资者就会对此趋之若鹜,认为高收益的机会已经出现,但是在均值-方差的计算中却忽视了这一点,使得该方法得出的结果与投资者的需求产生较大的偏差。除此之外,该方法的另一个缺陷就在于使用方差对风险进行衡量时无法对操作风险等这样的可能性较低的事件进行分析,这就导致在实际投资中可能会产生相当大的损失,并且均值-方差模型的分析实质与期望效用理论的实质是有所不同的,由于投资收益的分布往往与预期中的不相似,所以在应用该模型的时候结果并不是最优的,从而可能导致投资失败。

2. 均值-半方差模型

在认识到均值-方差模型通过方差对风险进行衡量可能导致投资机会的损失这一问题之

后，Makrwozti 在其后续的研究中对该方法进行了改进，提出了均值-半方差模型，但是此时的模型还只是针对解决个别问题有效，随着研究方法的不断创新，均值-半方差模型也得到了进一步的完善，对于原来所使用的方差进行了更换，使得该方法能够运用到更多的领域，能够解决更多的问题。半方差模型定义如下：

$$\overline{\sigma_x} = E\left[\max(\mu_x - X, 0)\right]^2 = \int_{-\infty}^{\mu_x} (\mu_x - \zeta)^2 f_x(\zeta)\mathrm{d}\zeta \qquad (2-10)$$

式中：μ_x 为 X 的数学期望。标准半方差 $\overline{\sigma_x}$ 为 $\overline{\sigma_x}^2$ 的平方根。

运用半方差就是为了避免出现方差结果与实际收益分布偏离的现象，即运用半方差就能够很好地衡量下行风险，对于大于期望收益的机会不会让投资者白白丧失，但是倘若出现收益率呈对称分布的情况，半方差就失去了原来的意义，不仅如此，这两种方法均没能考虑到理性人的假设即风险厌恶，因此在解决实际问题时仍然存在一定程度的片面性。

表 2-2　风险度量方法的比较

风险度量	一致风险测度
标准差	不满足单调性和平移不变性
MAD	不满足单调性和平移不变性
基尼均差	不是一致风险测度，但基尼均差与均值的差是一致风险度量
半方差	标准半方差满足正齐次性和子可加性，但不满足平移不变性
绝对半离差	不满足单调性和平移不变性
LPM	LPM 通常不满足子可加性、平移不变性和正齐次性；标准化形式的 LPM 满足正齐次性、单调性和子可加性，但不满足平移不变性
VaR	通常不满足子可加性，但在椭圆分布假定下满足子可加性
CVaR	满足一致风险测度的 4 个公理

资料来源：根据中国期刊网有关资料整理。

根据表 2-2 的风险度量方法比较可以看出，几乎所有的对于风险的度量方法可以分为两类，一类是考察双边风险，也就是高于预期值收益的风险与低于预期值收益的风险，具体有标准差、基尼均差等。另一种就是单边风险，这里的单边一般指收益低于预期收益的风险也就是常说的下行风险，下行风险更符合投资的投资需求，因为收益的下降也即产生损失，这对于投资者来说是风险必须要予以更多的关注和规避，包括半方差、绝对半离差等方法，由于下行风险度量的方法更符合市场需要，所以在近年来的学界中被频繁地使用和研究。

3. 条件方差方法

方差的应用并不能够对操作风险等小概率的风险进行准确的评估，因此有可能会导致投资者出现投资失误的情况，而且方差的另一缺陷就在于无法很好地刻画实际情况中的收益分布状态，与正态分布不同，实际中的收益分布常常会出现两边概率分布不对称的情况以及尖峰状态以及厚尾的情况，那么如何解决这一问题从而更准确更客观地对风险进行评估呢？条件方差模型能够很好解决该问题。

（1）GARCH 模型。GARCH 模型由 Bollerslev(1986)提出，模型为

$$\sigma_t^2 = \omega + \alpha_1 \varepsilon_{t-1}^2 + \cdots + \alpha_P \varepsilon_{t-P}^2 + \beta_1 \sigma_{t-1}^2 + \cdots + \beta_q \sigma_q^2 \qquad (2-11)$$

（2）TARCH 模型。GARCH 模型虽然有助于模拟金融数据分布的宽尾特征，却不能解释

金融市场上存在的杠杆效应,即条件方差对正的价格变化反应弱而对负的价格变化反应强这一现象。因此 Zakoian(1990)提出了门限条件异方差模型(TARCH),TARCH 条件方差形式为

$$\sigma_t{}^2 = \omega + \sum_{i=1}^{p} \alpha_i \varepsilon_{t-i}^2 + \gamma \varepsilon_{t-1}^2 d_{t-1} + \sum_{j=1}^{q} \beta_j \sigma_{t-j}^2 \qquad (2-12)$$

式中

$$d_t = \begin{cases} 0, & \varepsilon_t \geqslant 0 \\ 1, & \varepsilon_t < 0 \end{cases}$$

在上述的表达式中若出现 $\varepsilon_t > 0$,则表示将出现利好消息,投资者应该抓住投资机会;倘若出现 $\varepsilon_t < 0$,则代表的是利坏消息,即该时刻可能会出现投资损失。对于 TARCH 模型来说,利好消息和利坏消息对条件方差的影响程度是完全不一样的。当出现利好消息时,波动的平方项的系数是 α。当出现利坏消息时,波动的平方项的系数是 $\alpha + \gamma$。当 $\gamma = 0$ 时,表示条件方差对冲击的反应是对称的。当 $\gamma \neq 0$ 时,条件方差对冲击的反应是非对称,这即为杠杆作用(leverage effect)。

(3)EGARCH 模型。Nelson 为更好地对风险进行评估创立了指数条件异方差模型,EGARCH 模型中的条件方差函数表达式为

$$\log \sigma_t{}^2 = \omega + \sum_{i=1}^{q} \alpha_i \left[\frac{\varepsilon_{t-i}}{\sigma_{t-i}} \right] + \sum_{i=1}^{q} \gamma_i \left| \frac{\varepsilon_{t-i}}{\sigma_{t-i}} \right| + \sum_{j=1}^{p} \beta_j \ln(\sigma_{t-j}{}^2) \qquad (2-13)$$

式中:γ_i 为价格冲击的不对称效应参数,当 $\gamma = 0$ 时,说明信息作用非对称,当 $\gamma < 0$ 时,杠杆效应显著。

4. VaR 方法

VaR(Value-at-Risk)是 J. P. 摩根于 1994 年提出的,该方法是用来衡量风险下的价值,也就是某一项投资在一定期间内,可能产生的最大价值的损失是多少,从而对风险的大小进行评估,帮助投资者做出正确的投资决策。目前,该方法已经被广泛使用,不仅在金融机构中就连政府也通过使用该方法对未来的风险进行预测管理。VaR 可表示为

$$\mathrm{prob}(\Delta p \leqslant \mathrm{VaR}) = 1 - c \qquad (2-14)$$

上述公式中,该方法主要以未来证券投资组合收益的分布特征、置信度水平和持有期间三个变量来进行计算,其中的 prob(.)为概率,可以表示证券投资组合在持有期内损失的概率,c 为置信度。

(1)VaR 计算方法。VaR 方法得到了广泛的应用,相关的研究也是层出不穷,因此其评估的方法也是丰富多彩,随着研究的不断深入,学者们对于这些计算方法也不断地进行革新与改进,目前衡量方法大致被分为参数法、历史模拟法和蒙特卡罗模拟法。

1)参数法。参数法中应用最广泛的是方差和协方差分析方法,该方法最大的一个特点就是提出正确的假设是成功分析风险的关键,一旦出现假设错误,那么结果会有较大误差。参数法的运用中一个经常应用的假设就是收益分布属于正态分布,但是这一点与实际情况往往是大不相同,并且金融资产收益率还具有尖峰厚尾的特性,其波动具有聚集性和时变性以及杠杆效应,因此得的结果具有一定程度的偏差。参数法下的 VaR 的计算可用公式表示为

$$\mathrm{VaR}_{t+1} = V_t \sigma_{t+1} Z_c \qquad (2-15)$$

式中:V_t 为某资产期初的价值;σ_{t+1} 为由模型估计得到的方差;Z_c 为下分位数,根据收益率分布

决定。

2)历史模拟法。作为非参数法之一的历史模拟法在对风险进行衡量时,收益分布究竟呈何种状态在这一方法下并没有严格的要求,并且能够解决非正态收益分布问题。该方法的应用就是通过对收益在一段历史时期内的波动情况进行分析并对未来的状况进行预测,因此该方法推断得出的结果完全取决于过去的发展情况,一旦在过去发生过较大的外部性影响导致变动,则会对预测结果产生很大的影响,而且往往对于研究样本的市场要求较高,需要较长的研究期间,而且历史时间中每一时点对未来的情况产生作用的程度通常是不一样,这一点在该方法中并没能得到足够的考察,所以得出的结果可信度与准确性不高。

3)蒙特卡罗模拟法。蒙特卡罗法也是非参数法的一种,常被用来计算 VaR,该方法主要被应用在大样本容量的研究中,但是这也使得该方法的最大劣势之一就在于计算量巨大。该方法步骤也较为繁琐,首先需要对收益分布进行假设并且从中进行抽样,后续的计算都要以设定好的随机模型作为依据,所以该方法的另一个劣势就在于一旦出现随机模型的不准确将会导致得出的结果失去意义,如何能够设定准确的模型这就是主观的行为,依赖于风险管理者的选择,但是该方法为什么能够被广泛应用的一个重要原因就在于该方法对于 VaR 的测度相较于其他方法是最有效的,考虑风险更加具有全面性和综合性。

(2)VaR 方法优缺点。VaR 方法是有效的评估风险的一种方法,其运用规范的统计能够得到科学准确的计算,具有非常重要的实际意义,该方法的重点是分析损失与发生损失的概率,这迎合了投资者期望规避风险的心态,满足了市场的需要,为投资者与管理者带来了极大的便利。决策层仅仅通过一个 VaR 指标值就可以明确的看出风险有多大,损失将会有多少,这一指标使得投资者可以更好地规避风险。在宏观层面上还能有助于监管部门对金融市场的风险加以管理与调节,并且与其他的方法进行比较可以看出该方法能够极大地改善风险管理不足的现状,因为该方法可以在事件发生以前对风险进行预测并及时做好应对的准备工作。

VaR 也存在一定的瑕疵,比如在运用该方法对风险进行度量的时候,收益分布的两端也就是尾部并不能得到很好的刻画,那么很可能会导致投资者丧失投资机会亦或是投资失败,在对于投资组合进行风险测量时,极大可能会出现难以将风险进行分散的情况。除此之外在操作上,VaR 模型难以实现有效点的唯一性,也就是说可能会存在多个极值干扰决策的实施,VaR 的瑕疵之处就使得在应用该方法的时候一定要有所取舍,全面综合的对风险进行度量,实现决策的准确性。

5. CVaR 方法

VaR 的缺陷使得研究得出的结果有失准确性,为了解决其存在的问题,学者们在后续的研究中不断进行改进。在 21 世纪初,由著名学者 Rockafeller R. T. 与 S. Uryasev 在 VaR 的基础上创建了 CVaR 风险测量方法,表示投资损失超过 VaR 的条件均值,反映了损失超过 VaR 时所有可能值的平均水平,从而能够比 VaR 方法更加全面地刻画出风险水平。CVaR 定义为

$$CVaR = \frac{1}{1-\alpha} \int_{-\infty}^{-VaR_\alpha} f(x)x dx \qquad (2-16)$$

根据 CVaR 的定义,计算公式写为

$$CVaR = E[P_{t-1}x\sigma_t > P_{t-1}Z_a\sigma_t] = P_{t-1}\sigma_t E[x \mid x > Z_\alpha]$$

$$= P_{t-1}\sigma_t E[-x \mid -x < -Z_a] = P_{t-1}\sigma_t \frac{\int_{-\infty}^{-Z_a} -xf(x)\mathrm{d}x}{\int_{-\infty}^{-Z_a} f(x)\mathrm{d}x} \quad (2-17)$$

式中：P_{t-1} 为某资产期初的价值；σ_t 为时变方差；α 为置信水平；VaR_a 为置信水平 α 下的风险值；Z_a 为某一置信水平下的分位数，根据收益率分布决定；x 为资产或资产组合的价值，$f(x)$ 为收益率序列服从分布的密度函数。

2.5.2　经济资本衡量

资本对于银行的意义不仅是业务扩张、提供银行运转所需资金，更重要的是为了进行风险的覆盖。作为一种稀缺资源，有效地利用资本、合理的配置不仅能够在占用资本抵御风险的同时进行业务的适度扩张，还能够实现股东价值最大化的现代企业经营目标。

银行的风险主要分为三类：预期风险、非预期风险与异常风险。外部监管机构对银行监管资本的约束主要通过资本充足率指标标准来衡量，而外部监管其实是抵御预期风险的，但是监管资本的这种外部被动管理属性与一刀切的资本充足率要求水平使得对于银行的资本监管并未达到风险覆盖的作用，一些资本充足率达标的银行在金融环境复杂化的今天也有可能面临各种类型的风险。事实上，各银行的风险特征是各异的，风险控制的要求应该是差异化的。而与监管资本、账面资本（会计报表上的所有者权益）不同，经济资本管理这种相对较新的管理经营模式是一种主动的管理方式，它能够实现银行根据对其自身风险特征的了解而进行存量与增量上动态化、差异化的资本管理。经济资本实质上并不被认为是确实的资本量，而是一种事前预测出来的资本量，目的是为了应对未来可能发生的风险与损失，像这样具有前瞻性的管理理念，是银行内部一种很好进行资产配置和资金运用、充分考虑风险-收益平衡的管理方式。一旦经济资本接近或者超过了监管资本或账面资本，企业就要格外警惕是否目前的经营计划或者业务分配现状处于一个风险较高的水平，应该及时对资产组合进行重新分配。经济资本管理在我国的发展最初是由中国建设银行与 2002 年从国外引入并投入到自身的日常经营之中，由于对银行抗风险能力有了很大的提升以及促进银行的发展成效较好，后续中国银行、工商银行等我国的五大行以此引入并逐渐建立起了适应自身经营情况的经济资本管理系统。该系统不仅在五大行中得到了有效的运用，股份制银行以及城市银行等也效仿五大行积极地展开了经济资本管理，以期得到更好的发展。

1. EVA

EVA 源自于 20 世纪 90 年代，由经济学家 Merton Milier 和 Franco Medisliani 提出。所谓的 EVA 其内涵就是经济增加值，该指标在考察企业价值的时候不仅考虑到了账面的实际成本，对于那些潜在的机会成本也予以考虑，使得关于企业价值的考量更加周到全面，这就与传统的会计利润指标不同，认为企业价值的实现是在税后净利扣除掉所有资本成本之后还有盈余的情况之下发生的。而且相比于未考虑资本成本的会计利润指标，EVA 对于市值的解释程度是更高的。对于在资本市场上活跃的上市企业来说，更加倾向于股东价值最大化企业经营目标，只有在投资回报率高于综合资本成本时，企业才是为股东带来价值的。

经济利润这一指标的内在原理是基于委托代理理论、剩余价值理论以及管理大师彼得·德鲁克提出的目标导向管理理论。现代企业出现了职业经理人这一管理角色，真正经营企业的人与投资者利益的不一致很容易造成管理者追逐短期效益的情况。如果企业建立以 EVA 为核心的业绩评价体系,将会弱化管理者与所有者之间因委托代理理论造成的矛盾。这个指标能够很好地将股东权益、管理者利益与企业价值联系起来,并让这三者关系平衡高效地发展。EVA 的定义就是在剩余价值理论的基础之上产生的,企业经营效果不能看利润是否为正这一硬指标,有效的利润是在扣除债务人与所有者的投入资本成本之后得到的。EVA 计算公式中需要用到的指标主要是资本净额、税后净利润以及根据 CAPM 模型计算出的加权平均资本成本率。资本净额与资本成本率的乘积可以得出资本成本的值,用税后净利润减去资本成本就是 EVA 的值。EVA 的值可以为正、负或者零,当 EVA 为负时说明投入资本的成本太高,没法覆盖投资回报率,不能为股东带来价值。EVA 在现代企业中用处很广泛,不仅能够作为业绩评价指标、决策指标,还能够成为代替原先以薪酬为激励的传统激励指标。企业可以通过选择 EVA 更大的业务线进行投资,利用企业人员创造的 EVA 值多少来和其薪酬挂钩,进行激励。

与现有的一些未考虑时间价值和风险的绩效考核指标 EPS、ROA、ROE 等相比,EVA 指标能够充分反映企业的真实利润。而经风险调整的经济资本回报率的计算公式近似等价于 EVA 与 EC(Economic Capital)相除得到的结果。那么 EVA 与 RAROC 这两个指标的配合使用其实可以充分地反应在考虑风险之后,银行的实际经营绩效状况。

2. RAROC

经济资本的计量、根据各业务线风险状况进行经济资本的配置以及经风险调整的经济资本回报率这三个方面的内容构成了整个经济资本管理的大框架。RAROC(Risk Adjusted Return on Capital)指标在经济资本管理体系中占据最高的地位,该指标也是近些年银行将风险与股东回报都考虑在内的一个良好的绩效评价指标。各银行应该寻求经济资本占用少,但是 RAROC 指标值较高的业务进行发展。商业银行在进行资源配置的时候,基于信贷资源数量是有限的,一旦某客户占用了这项资源,其他客户就可能没法享受该资源的使用。因此无论如何资源的分配也达不到最优,不管进行怎样的改进都只能退而求其次,让有限的资源尽可能地分配到更合适的位置,以此得到最有效的产出。即在考虑多种影响信贷资源配置的因素下,寻求资源的有效配置,实现最大的经营效率。

2.6　小　　结

本章详细介绍了有关商业银行资产配置效率的每一种实证理论及其方法、特征,此外还详细介绍了风险计量的集中方法与方法间的比较,将 Farrell 和 X 理论在商业银行中的应用进行了详细介绍,对银行效率评估方法的种类、概念、原理以及优缺点也进行了详细的探讨,除此之外对进行效率测算以前如何建立科学全面的指标体系和目前存在的问题进行了分析。回顾了风险测度理论的发展进程以及主要风险测度方法的优劣,比较了 VaR 方法和 CVaR 方法,分析了经济资本衡量方法 EVA 和 RAROC。

第3章 我国商业银行各项业务发展状况和盈利模式分析

本章首先对商业银行总体发展状况从规模和结构上进行了分析,并从商业银行三大主营业务,即负债业务、资产业务、中间业务和商业银行盈利模式四个方面分析了我国商业银行资产、负债、中间业务以及盈利能力方面存在的问题。然后介绍了利率市场化推行过程中,商业银行的各项业务转变和经营收入方面的变化情况。

3.1 商业银行的总体发展状况

3.1.1 商业银行的发展规模分析

改革开放以来,伴随着我国经济的快速发展,银行业的发展也势如破竹。商业银行的数量近年来不断增长,银行资产和负债规模快速增加,随之而来的还有各种问题,为了解决银行业经营、治理等方面的问题,国家对于整个金融银行业的监管体系也日渐完善,逐渐构建起了以国有商业银行为主、多种性质商业银行共同发展的银行体系。鼓励我国商业银行进行改革,如财务重组、引进外资以及上市等手段不断完善银行治理。1999 年我国成立了四大资产管理公司,目的是剥离国有商业银行的不良资产。不良资产的剥离改善了国有银行的资产负债结构,国有商业银行通过引进外资并改制,从 2005 年交通银行和建设银行上市,到 2010 年中国农业银行成功在香港和上海 A 股上市,至此我国五大国有商业银行已经全部完成股份制改造并上市,银行治理手段也不断完善,资产规模不断扩大。除了上文所提到的对国有商业银行进行了改革之外,政策性银行作为我国金融体系中的一个重要组成部分,其发展也备受国家关注,为了能够提高政策性银行的经营以及风险管理水平,对其也进行了程度更深、范围更广的改革。与规模较大、经营范围较广的商业银行相比,规模较小的城市信用社早期是为了适应改革开放时期我国所进行的经济体制改革而设立的,但是近年来随着我国金融行业的不断发展,城市信用社为了寻求新的发展进行了具有现实意义的合并重组等举措,不断向城市商业银行转型发展。农村金融机构作为金融业的重要组成部分关系到农村经济的发展问题,所以其发展情况也备受关注。近年来农村金融机构多元化、经营业务种类多样化,为农村发展过程中的资本需求提供了及时、有效的支持。随着各项改革的推进以及市场经济体系的形成,跨区域股权投资近年来也得到了长足的发展,对于解决、避免不良贷款这一问题近年来也积累了许多具有现实意义的经验及办法。

我国银行业整体来看是以国有商业银行为主导,多元性质的银行共同发展的体系。为了让研究更加具有条理性,按照目前主流的认知将我国商业银行分为五类:①大型国有商业银行,这是我国金融体系最主要的组成部分以及行业的引领者。②股份制商业银行,因发展速度相当快,如今已经成为国民经济发展中相当重要的组成部分之一。③城市商业银行,是我国金融体系中的一部分特殊银行,其经营范围较小且主要为促进地方经济发展提供金融支持。④农村金融机构,主要为促进农村发展,按照有关规定我国农村金融机构的分类按照机构的性质与组织形式可以分为以下几种,主要有农村商业银行,这是一种主要由农村法人或组织成立的一种股份制的金融机构;农村信用社,主要为合作社的社员提供融资服务的一种特殊的金融机构;新型农村金融机构以及其他。⑤其他类金融机构,指除去前面四类商业银行及金融机构之外的不同性质或不同组织形式的银行及机构,由于数量较少且规模相对较小所以归为一类,其中主要包括了政策性银行,其经营目标是践行国家经济政策;民营银行,由于这一类银行所有的资本都来源于市场,所以有着非常强烈的盈利动机;外资银行,在本国境内的一些由国外资本所创立起来的银行;以及非银行金融机构和资产管理公司,这一类机构所展开的业务一般都不会创造信用。

目前我国银行业发展的状况如果按照资产规模划分,商业银行的数量呈现出"金字塔"的格局,也就是不同组织形式以及规模大小不同的银行将其数量进行对比时能够发现存在非常大的差异。以中国银监会发布的统计信息进行整理可以得知,截至 2019 年底,在我国金融市场上金融机构总数达到了 4 607 家,其中包括由国务院直接进行领导的政策性银行国家开发银行 1 家,其主要经营目标是为了践行国家经济政策。此外政策性银行 2 家以及规模较大的商业银行共 6 家。作为国民经济发展的重要组成部分之一的全国股份制商业银行目前已经有12 家,数量较为庞大且主要为地方经济发展提供金融支持的城市商业银行在已经达到 134家。主要由农村法人或组织成立的股份制金融机构农村商业银行的数量更为庞大,共有 1 478家。除此之外还存在非常多种类的金融机构,可以看出我国金融业的发展百花齐放,多样化的金融机构并存为国民经济发展起到了极大的促进作用。

根据中国银保监会和中国银行业协会发布的数据可以看出,我国商业银行发展情况良好,规模不断扩大,银行业整体发展势头迅猛。到 2019 年年底,就总资产来说比 2018 年增长了近10%,达到了 290 万亿元,资产规模相当庞大。我国银行业中的主要组成部分商业银行的总资产就贡献了整个银行业总资产的 82.58%,较 2018 年同期增长了 9.12%,而且增长速度也不断上升。对其进行更细致的分析探讨可以得出,我国不同类型银行业的基本构成,截至 2019年,大型商业银行的资产规模占比达到了 40.27%,占到了近乎一半的比重,可见大型商业银行对我国国民经济发展起到的作用是非常深远的。除此之外还有股份制商业银行,其资产占比达到了 17.86%,城市商业银行总资产占比 12.85%,农村金融机构总资产占比 12.82%,可见随着全国经济发展,我国农村经济也取得了长足进步。图 3-1 所示为我国 2013—2019 年商业银行总资产占整个银行业当年总资产的比例情况,可以直观看出 2013 年—2019 年我国银行业总资产规模在稳步提升,其中商业银行总资产规模也在逐年快速上升,并且比重已经占到银行业金融机构总资产的 3/4 以上,是银行业金融机构的最重要的组成部分。

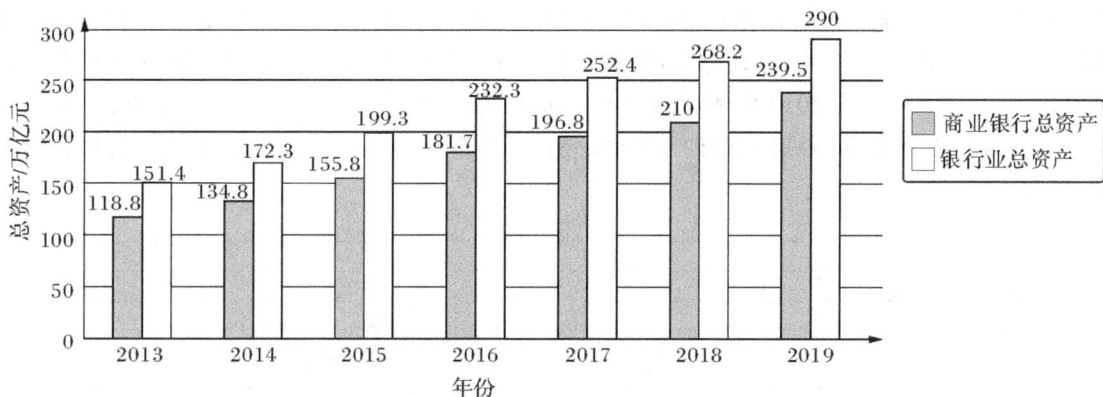

图 3-1　2013—2019 年我国商业银行总资产和银行业总资产

3.1.2　商业银行资产结构变化

近年来,国家不断加强对银行业的监管力度,针对我国银行及金融机构的改革不断深入,不仅在大型商业银行,而且在政策性银行以及邮储银行内部的改革也在持续推进并且涉及多个方面。我国前五家大型国有商业银行已经全部上市,其中交通银行和中国建设银行于 2005年 6 月和 10 月在香港联合交易所上市,于 2007 年 5 月和 9 月在上海证券交易所挂牌上市。中国农业银行于 2010 年 7 月在上海证券交易所和香港联交所成功挂牌上市,至此我国五大国有商业银行均改制上市。而中国邮政储蓄银行也于 2019 年 10 月上市。城市商业银行也有多家上市,农村信用社县市统一法人改造也基本完成。民间资本稳步进入金融市场,而且进入的渠道也在不断加宽。我国银行业各金融机构 2013—2019 年总资产情况表见表 3-1。

表 3-1　2013—2019 年我国银行业各金融机构总资产情况表

单位:亿元

年　份	银行业金融机构	大型商业银行	股份制银行	城市商业银行	农村金融机构	其他类金融机构
2013 年	1 513 547	656 005	269 361	151 778	183 481	252 922
2014 年	1 723 355	710 141	313 801	180 842	221 165	297 406
2015 年	1 993 454	781 630	369 880	226 802	256 571	358 571
2016 年	2 322 532	865 982	434 732	282 378	298 971	440 469
2017 年	2 524 041	928 145	449 620	317 217	328 208	500 851
2018 年	2 682 401	983 534	470 202	343 459	345 788	539 418
2019 年	2 900 025	1 167 770	517 818	372 750	372 157	469 530

由表 3-1 分析,截至到 2019 年年底,从数据上就可以直观地看出我国银行业金融机构在近年来的发展稳步上升,总资产达到了 290 万亿元,即将突破 300 万亿大关,其中大型商业银行占比最大,几乎占据了总资产的近一半,即银行业总资产的几乎近一半都来自于大型商业银行。大型商业银行总资产较 2013 年增加了 51.2 万亿元,增长 78.01%。股份制银行总资产为 51.8 万亿元,占比为 17.86%,较 2013 年增加了 24.8 万亿元,增长 92.24%。城市商业银行的资产总额达到了 37.3 万亿元,其比重占到了银行业总资产的 12.85%,相比于 2013 年的15.2 万亿元增长了 22.1 万亿元,增长 145.59%,近年来发展速度最快。农村金融机构的发展

稳中有升,2019 年年底占银行业总资产的比例达 12.83%,增长速度也非常之快。其他类金融机构在 2019 年的表现也较好,其总资产增长到了 46.95 万亿元,其占据整个银行业总资产的份额达到了 16.19%,与 2013 年相比有大幅度的提升,增加了 21.7 万亿元,增长 85.64%。为了进一步分析银行业金融机构总资产的增长情况,绘制了 2013—2019 年各类银行的增长情况图,如图 3-2 所示。

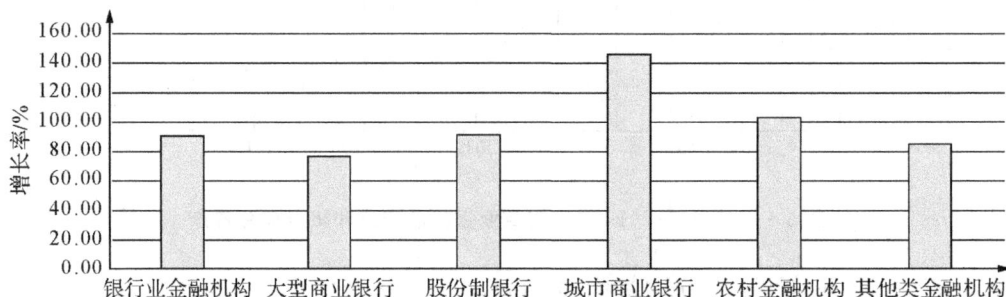

图 3-2　2013—2019 年我国银行业各金融机构总资产增长率

对 2013—2019 年我国银行业金融机构资产总额增长情况进行分析,整个银行业金融机构总资产的增长率高达 91.60%,发展较快,其中我国城市商业银行增长率为 145.59%,可见我国城市商业银行发展速度较快,增速最高。由于近年来农业农村贷款需求量逐年增加,从而促进了农村金融机构的发展,农村金融机构增长率为 102.83%,仅次于城市商业银行。股份制银行资产总额增长率为 92.24%,而大型商业银行由于资产规模过于庞大,虽然总资产增量比较多,但增长率却低于股份制商业银行等其他几类机构,增长率仅为 78.01%。

由表 3-2 可以看出,我国商业银行市场集中度在 2013—2019 年整个发展过程中从整体来看处于下降的趋势,其中大型商业银行所占份额在 2013—2018 年逐年由 43.34% 下降至 36.67%,2019 年有小幅回升,占比为 40.27%,仍低于 2013 年 3.07 个百分点。表明我国银行业大型商业银行影响力在逐渐下降。而股份制商业银行从 17.80% 增长到 2019 年的 17.86%,占比微增。城市商业银行从 10.03% 增长到 12.85%,农村金融机构从 12.12% 增长到 12.83%,其他类金融机构从 16.71% 增加到 2018 年的 20.11%,从这些数据中可以看出,近年来以城市商业银行、股份制商业银行、农村金融机构等为代表的一些中小金融机构发展迅速,明显地改变了原本靠五家大型商业银行就占据了半壁江山的局面。其中,城市商业银行市场份额上升较为显著,其他类金融机构所占市场份额上升也较为明显,即其所包括的政策性银行、民营银行、外资银行等发展状况较好,大型商业银行的市场份额相应的有所下降,但总的来说商业银行整体发展比较平稳。

表 3-2　2013—2019 年我国银行业各金融机构总资产份额情况表

年份	大型商业银行	股份制银行	城市商业银行	农村金融机构	其他类金融机构
2013 年	43.34%	17.80%	10.03%	12.12%	16.71%
2014 年	41.21%	18.21%	10.49%	12.83%	17.26%
2015 年	39.21%	18.55%	11.38%	12.87%	17.99%
2016 年	37.29%	18.72%	12.16%	12.87%	18.96%
2017 年	36.77%	17.81%	12.57%	13.00%	19.85%
2018 年	36.67%	17.53%	12.80%	12.89%	20.11%
2019 年	40.27%	17.86%	12.85%	12.83%	16.19%

3.2　商业银行的负债业务状况分析

负债业务对于商业银行来说是至关重要的,银行靠着经营负债业务获得的利息收入能够支持开展其他业务所需要的资金。负债业务起到了为银行的经营活动提供源源不断地资金这一重要作用,因此对银行的负债结构进行分析就能够解答负债的规模是否足够大、债务的来源结构是否能够保持长期稳定,从而使得银行保持健康的经营状态。在分析银行负债结构时由于银行经营活动的特殊性,可以将其负债业务总体划分以下两种:第一种是主动负债,指银行主动地进行吸纳资金的过程,主要是指一系列在市场上进行融资的活动,其中主要的融资途径有发债融资、从央行融入、从金融机构融入以及协议存款。第二种是被动负债,指鉴于银行特殊的营业形式,银行有部分负债是被动吸收的,因为银行的一项职能就是接收居民存款并支付利息,这就是形成银行被动负债的主要来源,银行吸收存款的业务类型主要有活期、储蓄和定期,这些构成了银行所有的被动负债。由于负债业务在银行的整个经营过程中起到了非常重要的作用,因此学术界对于负债的研究更多地关注存款业务的情况,因此本书主要分析我国商业银行的存款业务。

3.2.1　商业银行的各项存款业务分析

对商业银行来说,吸收存款是银行重要的资金来源之一,如果银行能够保持存款业务的稳定,就能够保证有足够的资金来支撑银行的整个业务,进而保证银行的收益稳定。但是,随着我国利率市场化的不断推进,商业银行想要不断强化自身的优势提升竞争能力就必须将吸收存款的能力作为强力依托。所以,我国商业银行应充分利用利率市场化这一宏观政策,不断丰富金融产品种类,开展具有前瞻性的存款产品创新,积极推出商业银行创新存款类型,发展传统主营业务的同时不断加强业务创新。在进行该方面的研究过程中,选用的样本数据来源于国家统计年鉴,样本数据时间维度从 2011 年到 2019 年,对这 9 年间金融机构人民币信贷资金数据进行分析,数据见表 3-3。

表 3-3　金融机构人民币信贷资金平衡表

单位:亿元

项目	2011 年	2012 年	2013 年	2014 年	2015 年	2016 年	2017 年	2018 年	2019 年
资金总量	913 226	1 024 067	1 174 666	1 323 453	1 541 204	1 759 952	1 931 934	2 109 164	2 317 003
各项存款	809 368	917 555	1 043 847	1 138 645	1 357 022	1 505 864	1 641 044	1 775 226	1 928 785
单位存款	410 912	458 821	520 826	565 249	430 247	502 178	542 405	562 976	595 365
个人存款	353 536	411 003	466 502	507 831	546 078	597 751	643 768	716 038	813 017

由表 3-3 数据显示分析,我国主要金融机构的资金总量不断攀升,从 2011 年的 91.3 万亿元增长到了 2019 年的 231 万亿元,增长势头迅猛且近年来增幅较大。在资金总量中,各项存款的贡献率最高,截至 2019 年,各项存款占资金总量的 83.24%,金融机构人民币信贷资金总量较 2011 年从 91 万亿元增加到 232 万亿元,增长幅度为 153.72%,各项存款则增长了 138.31%,从 81 万亿元增加到 193 万亿元。其中个人存款量增长速度稳定,而单位存款的额

度虽然也呈逐年增长的势头,但是期间出现了比较大的波动,2015年单位存款比2014年出现较大回落。由表分析,从2011年到2019年,我国个人存款从35.35万亿元增长到81.3万亿元,增加了45.95万亿元,增长了129.97%,而单位存款则从41.09万亿元增加到59.53万亿元,增长了44.89%,低于个人存款85.08个百分点。

对2011—2019年我国个人存款的发展状况展开剖析(见图3-3),这期间我国个人存款表现出不间断的增长,个人存款余额也从最初的35.35万亿元,发展到2019年的81.3万亿元,可见增长速度之快。与国际情况进行比较,从20世纪70年代起我国的个人存款率一直都名列前茅,并且一直保持快速的增长。

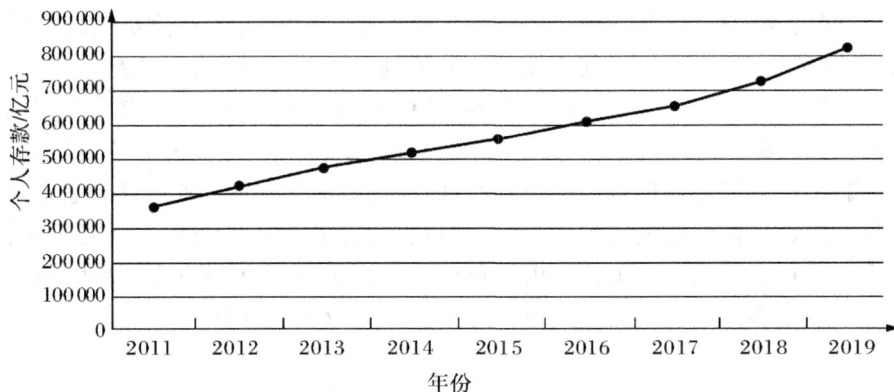

图3-3 2011—2019年我国个人存款情况

3.2.2 商业银行的负债业务特征

(1)我国商业银行的负债以存款负债为主。我国商业银行负债从总体结构上分析可见,占主体地位的是存款,原因也在于存款的利率相较其他业务比较低,因此非存款负债所占的比重就非常小。作为最重要的资金来源,大量吸纳存款使得银行的融资成本有所减轻。但同时由于存款是被动负债,在吸收存款业务上银行没有主动权,存款利率长期受中央银行管制,利率市场化以后银行在议价能力方面也处于弱势地位。存款期限则由储户随时改变,这就造成了稳定性差,可控性低。同时,我国银行各项存款中活期存款所占比重较高,就会导致流动性风险升高,倘若受到政策环境的影响居民更愿意将存款取出用于投资股票市场或者持有现金,则会使银行大额存款被集中提现,而银行难以在短期收回资金用以满足取款,从而导致经营风险有所升高。如果商业银行不能合理安排资产负债结构,则其潜在流动性风险就会暴露出来。

(2)我国商业银行的负债结构单一。商业银行的负债结构是由存款、发行的债券、同业存放等组成,其中大多数银行经营核心是在各项存款上,而其他负债所占比重较小。伴随着金融产品的创新、投资机会的增多,以及互联网金融对银行资产和负债业务的冲击,商业银行也大力拓宽负债业务的来源。虽然负债业务开始向负债多元化转化,但是与发达国家相比仍然比较单一。且随着金融市场环境的不断变化,人们更喜欢将货币投向高利率、高回报、周转率高的项目。因此,银行存款的期限在不断地缩短,流动性越来越强,这直接导致了债务波动性增加,所以在目前的市场环境中想要保持稳定的资金来源,银行必须加强自身主动负债的管理,积极进行负债结构的调整以适应我国金融市场的发展,从而增强我国商业银行的国际竞争力。

(3)商业银行的负债需求小于资产需求。从银行资产负债管理的视角来看,负债的适度原则是不仅要最大限度的实现预期收益,而且要实现债务资产的良性循环。

如图 3-4 所示,商业银行业务的主要资金来源的存款负债总量一直在增长,并且在 2015 年同比增长率甚至达到了 19.2%,各项存款总量增长与资产的趋势相符,一直处于稳步不断增长的状态。但存款余额的同比增长率从 2015 年开始逐年减缓,从 2015 年的最高增长率 19.2% 下滑到 2019 年的 8.7%。因为存款负债的需求量小于信贷的需求量,虽然存款负债存在不足的情况,但经济发展需要的贷款需求远远大于存款需求,因此超负荷负债会大幅度增加。

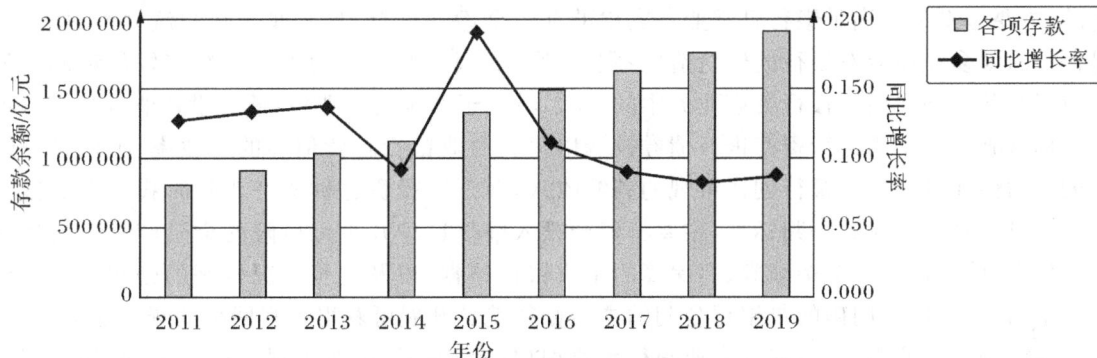

图 3-4　商业银行存款余额及同比增长率

资料来源:wind 数据库。

(4)商业银行存在虚假存款。商业银行资金回笼的方式很大程度上依赖于储户的存款,然而,在这些存款中存在许多问题,比如公款私存的问题、公款转储的问题等,此类问题使得存款中包含了一定的虚假成分。另一方面,还存在一些不正规的吸收存款现象,其中包括以贷转存、以贷养存和账面增存等。

3.3　商业银行资产业务状况

根据 2019 年中国银监会统计,中国商业银行按照规模、业务主要面向对象以及组织形式的差别可以将其划分为五类:大型商业银行,规模较大其总资产几乎占据了银行业的半壁江山;股份制商业银行,在近年来的发展中势头较好;城市商业银行,为地方经济发展提供相关的金融服务;农村商业银行,致力于促进农村金融的发展;民营银行和外资银行。每一类别的银行发展规模与存在的数量都存在较大的差异,但都是国民经济的重要组成部分,金融体系中的每一部分在整个行业的发展过程中都是至关重要的。

3.3.1　商业银行资产业务的种类

资产业务,是指商业银行运用资金的业务,该项业务属于银行的信用业务。与西方国家不同的是在我国商业银行中用以获取利润而开展的资金运用活动主要集中于发放贷款,所以吸纳存款之后要在短时间内将货币贷出从而弥补利息支出,并获取收益。通过这项业务银行能够获取相对较好的利润收入,贷款业务的收益是我国商业银行盈利中最重要的组成部分。除了发放贷款以外,银行的资产活动还包括现金业务和投资业务,但是相比于贷款,现金与投资业务带来的收益较小且不稳定,风险较大。所以为了保持稳定的收益,银行最主要开展的仍然是贷款业务。贷款业务的展开主要以收取利息为银行创造收益,贷款业务按照不同的依据可以分为多种,其中依据发放贷款的对象可以分为发放给居民的个人贷款以及发放给企业的金额较大的公司贷款;以所发放贷款的市场为依据可以分为时间较短的短期贷款以及风险较大但收益也相对较高的长期贷款;除此之外依据是否存在担保的情况可以分为无担保且仅仅关注信用的贷款以及存在担保的贷款。现金资产业务在商业银行资产业务中占据的比例是非常小的,主要包括为了满足银行日常业务支出的存于金库的现金,具有非常强的流动性,但是如果保留的太多往往会对银行的经营造成不利的影响,因为其不能为银行创造较好的利润。债券投资业务也同样属于银行资产业务中的一项,不同于现金资产业务,债券投资业务是在流动性目标基础之上运用银行资产进行债券投资以提高商业银行自营债券的收益率,不仅具有较好的流动性而且还能为银行创造可观的利润收入,在开展投资这种资产业务时我国商业银行依然以风险和收益作为评判标准,主要将资金投入国债这种几乎无风险的金融产品以及地方政府债券,此外还包括金融债券、有保障的中央银行票据,以及经营状况良好的公司债等。根据以上的介绍,可以明确的是银行盈利的主要途径就是开展可获得更多回报的资产业务,而且所包含的内容也非常广泛,我国商业银行想要加快自身发展,就要重视资产业务的展开,因为该业务能够为银行开展其他业务提供资金支持。

3.3.2 商业银行的资产业务现状

1. 银行资产总额及增速分析

我国经济增长速度的换挡时期是在 2008 年到 2012 年,因此研究商业银行的资产配置变化选择了 2010 年到 2019 的数据,数据显示我国商业银行近年来总资产逐年增加,截至 2019 年资产总额就已经达到了 231 万亿元,但是资产增长率的表现情况为逐年波动递减。五大国有银行的资产总额占商业银行资产总额的比重逐年减小。

2. 银行的各项贷款变化分析

商业银行贷款余额近几年都在上升,到 2019 年人民币贷款余额增加到 153.11 万亿元。图 3-5 所示是我国 2011—2019 年金融机构贷款余额及占总资产比重表。

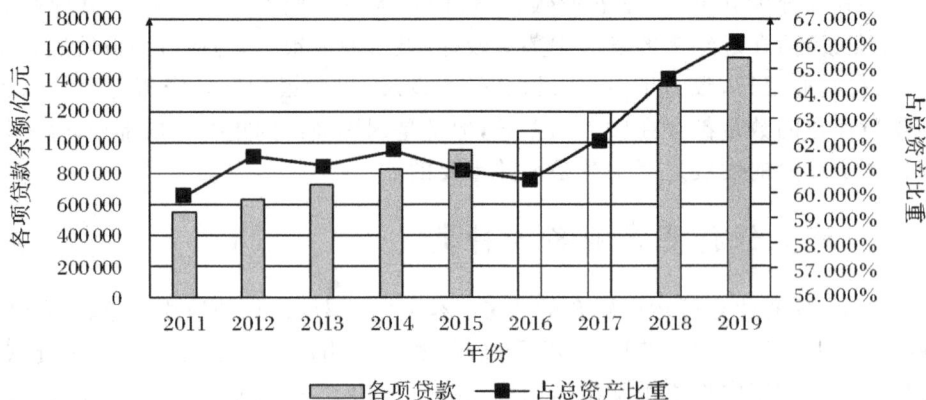

图 3-5　2011—2019 年金融机构贷款余额及占总资产比重

资料来源:wind 数据库。

由图 3-5 可以看出,2011—2019 年,贷款额度占据总资产的份额表现出波动增长,总体来看其占比仍然较高,在 2019 年贷款占总资产的比重达到了 66%。近 10 年来,央行对利率的下调动作不断,存贷款基准利率就经历了多次的调整,并放开了基准利率,基准利率的调整具有传递性,使得多方利率均有所调整。

从贷款总量来看,近年来的增长速度非常迅猛,2011 年的贷款总量为 547 947 亿元,2019 年贷款总量已经增长到 1 531 123 亿元,在不到 10 年的时间商业银行贷款总额几乎增长了两倍。从贷款结构分析,2012—2015 年,大中型企业的贷款占企业贷款总额的占比在逐年减小,从 71.4% 缩小到 68.8%。与此相反的是小微型企业的贷款总额在以非常迅猛的势头持续上升,截至 2017 年小微型企业的各项贷款在整个企业贷款中占到 33% 的比例,可见其影响力在不断攀升,不仅是额度,增长速度也在持续上升。在所有的企业贷款中非常显著,尤其是 2016 年小微型企业贷款增长较快,其贷款额的增长速度远远高于大中型企业的贷款额,但是在 2018 年,小微型企业贷款占企业贷款总额比重较以前年度有所下降,在 2019 年底,企事业单位贷款余额为 98.37 万亿元,其中小微型企业在贷款余额是 11.59 万亿元,占企业贷款总额为 12%,同比增长 23.1%,小微型企业数量也比 2018 年增加了 565 万户。农村和农业贷款增速也逐年上升,贷款余额到 2019 年增至 28.84 万亿元,同比增长 8.3%,相比于 2018 年增长了 2.35 万亿元。

房地产的贷款总额从 2008 年以来一直在不断增加,受 2008 年全球金融危机的影响,国内经济出现下行趋势,房地产贷款余额增长率一度在 2012 年跌到 12.9%,但在 2012 年以后增长率逐年增加,其中房地产开发贷款余额从 2012 年的 121 100 亿元增加到 2016 年的 266 800 亿元,房地产贷款同比增长率不断上升,2016 年达到了高位。为了抑制房价的持续上升,推动经济发展,房地产建设中的保障性住房建设贷款增量近几年也在增长,2018 年保障性住房贷款余额为 43 200 亿元,该项目的增长量是巨大的,与同期整个房产开发进行融资的贷款增长量相比甚至超出了 30%,到 2019 年底,保障性住房开发贷款的增长达到了 46 100 亿元,同比增长率为 6.7%。保障性住房开发贷款使得房地产贷款的同比增速出现回落,房地产贷款余额虽然从 2016 年的 266 800 亿元增加到 2019 年的 444 100 亿元,但增速从 2016 年的 27% 下降到 2019 年的 14.8%,下降了 12.2%(见图 3-6)。

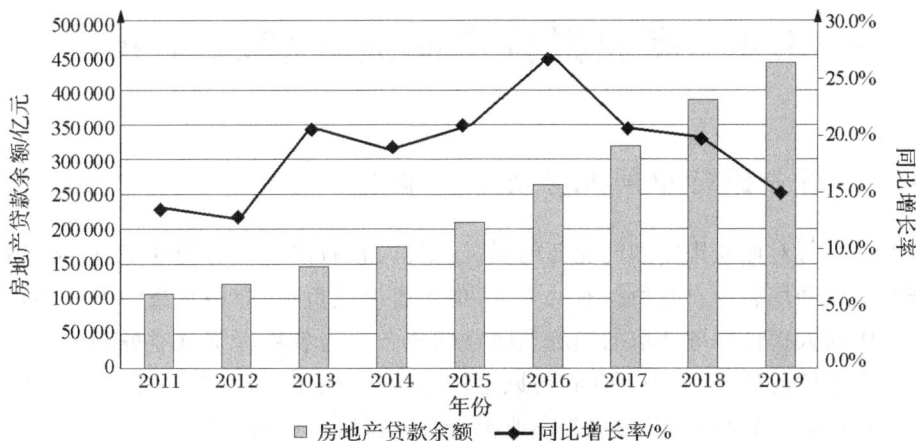

图 3-6 房地产贷款余额及同比增长率

虽然各项贷款总额占总资产的比重出现下降,但是商业银行调整了信贷结构,进行金融创新,通过主动加大绿色经济与战略性新兴产业贷款投放,限制不达标企业,并积极运用金融杠杆支持化解产能,从而发展经济环保的绿色信贷活动。根据银监会的统计数据,绿色信贷在我国银行业的发展呈现稳步健康的发展趋势。绿色信贷指的是将环境保护作为信贷的前提,这种信贷方式也迎合了目前我国大力发展绿色金融的政策。在银监会的统计结果中,我国目前21家主要的银行机构贷款规模从2013年到2017年增长了0.6倍,增长速度较快也体现了绿色信贷发展态势良好,贷款质量整体良好,不良贷款率比各项贷款不良率低1.32%。绿色信贷的展开为环境保护和发展绿色金融保驾护航,对于市场中存在的高能耗、高污染、低产出的企业产生了极大的限制作用,能够有效地将资金配置到更符合市场与环境需要的企业中,从而作用与整个社会生产效率水平的提高。

3. 银行其他类型资产变化分析

投资是商业银行一项重要的资产业务,商业银行能够通过投资提高自营债券的收益率,既具有流动性也能够为银行创造利润,而且投资是银行运用资金获取收益的主要途径,银行一般情况下在选择投资对象时与一般投资者相同,也期望能够避免高风险。近几年商业银行国内证券投资占总资产的比重在逐年上升,其中股权投资占总资产的比重也越来越大,投资余额由15万亿元增长至43万亿元。2012年以来,经济的低速发展,使得许多企业负债率越来越高,而商业银行的直接融资不仅可以增加需要的资本金,还可以提高还款能力,减少筹资成本,增加资金的使用效率,促进经济增长。除此之外,商业银行还对融资模式进行了创新,其中资产证券化是以资产未来能够产生的现金流为支持的过程,不仅能够使得我国国内金融业资源的增加,还能够使得资源的利用率得到提高,使得资产具有了流动性,减少融资成本。随着2013年资产证券化的优惠政策出台以来,中国人民银行和证监会决定,将加大资产证券化试点额度,使其超过4 000亿元。2015年上半年国务院常务委员为了促进信贷资产证券化在银行业的发展决定增加0.5万亿元信贷资产证券化试点规模。信贷资产证券化近年来在政府的各项政策支持下得到了很好的发展,2017年政府对金融市场加强了监管力度以及积极推动杠杆的治理,这很大程度上促进了信贷资产证券的发展。

3.4 商业银行中间业务状况分析

3.4.1 商业银行中间业务类别分析

中国人民银行对商业银行中间业务的涵义及其内容做出了确切的划定,广义上是指商业银行无需动用或动用较少自身所持有的资金,也无需形成负债,应用自身的专业知识与信息、资源等作为中间人提供服务获取的非利息收益的业务。与各项存贷款业务相比,中间业务由于无需动用商业银行的资金,因而面临的风险较低、成本较小,所以在银行业竞争逐渐激烈的现代金融市场中,中间业务的发展成为商业银行获取新增长点的有效途径。

我国商业银行中间业务一般可以分为两大类,一类是金融服务类业务,该业务是不会对银行形成资产亦或是负债,所需的是银行拥有的专业知识、信息以及各种资源,通过运用自身非货币的内容服务于顾客,这些服务也就是银行的中间业务,主要包括运用银行的系统为顾客办理支付或者结算类的业务,办理银行卡等相关业务,以及提供代理业务和运用自身的专业知识提供信息咨询等,通过展开这些业务从中获取相应的收益,这一部分收益并非利息收入而是手续费或者佣金。另一类中间业务较前一种最大的差别就是有一定的概率会产生银行的资产或者负债,主要包括银行提供的担保业务,因为对被担保人的信用难以做出确切的衡量,所以有可能会形成银行的负债,此外还包括银行为某项交易做出承诺的业务,以及金融衍生业务,这些业务对银行很有可能会产生潜在的负债以及资产。我国商业银行中间业务是指狭义上的中间业务,不涉及表外业务,主要是前一类的金融服务类业务。

中间业务种类繁多,一些发达国家商业银行的中间业务甚至有上千种,因此为了提高银行中间业务的明晰度与有序性和更有效的管理,我国对中间业务的种类进行了细分,主要概括为以下 7 种:

(1)支付结算类业务。其为顾客提供代理服务,进行资金的转账收支,但前提是在有正式的授权之后,该类业务中结汇、押汇、信用卡业务等主要是由商业银行以银行信用为顾客所办理的支付结算业务,这些业务都是由于债权债务关系所引起的,商业银行在这种关系中起到了资金保证与信誉保障的作用,并收取一定的佣金。

(2)银行卡类业务。其指商业银行向顾客提供的一项金融服务,主要是指银行卡的开卡以及刷卡业务,由某一银行发行的银行卡具有在本银行进行转、付、存的功能。

(3)代理类业务。其授权提供证券、保险等金融服务,费用按比例收取。

(4)担保类中间业务。其主要是在顾客自身的信用等级不足以支持交易所需时,委托银行以银行信用为顾客提供担保、承诺等业务,从而提高顾客在交易过程中的信用度。

(5)融资性中间业务。除了传统的信贷业务以外,客户往往还需要一些更加多样的金融服务,比如租赁、承诺、承兑、代理融通等业务,这一系列传统信贷以外的其他融资服务就是商业银行的融资性中间业务。

(6)管理性中间业务。该业务顾名思义就是指为顾客提供管理上的服务,商业银行仅凭借自身的管理系统为顾客提供代保管、代理财等服务。

(7)其他中间业务。多涵盖银行以自身的专业知识提供信息咨询、财务顾问等一系列的业务,该类业务的特性更符合中间业务的概念。

3.4.2 商业银行中间业务现状

随着利率市场化的发展逐渐深入,我国商业银行能够获取利息收入的传统业务经营范围在近年来不断缩小,这就使得商业银行盈利变得困难,在承受利差收窄带来的压力之下,商业银行要发展就要不断提升自身的竞争力,有效的方法就是不断进行创新,开辟其他更为有效的发展路径,只有对现有的各项资产、负债以及中间业务进行革新,创新出更加多样化,符合大众需求的产品,积极发展银行的中间业务才能在提升银行竞争力的同时也增强盈利能力,扩宽盈利路径。基于此,我国商业银行为了得到更好的发展,近年来中间业务规模不断扩大,所占营业收入的比重也在逐年增加,中间业务为银行创造的利润是不可小视的。图 3-7 所示是根据我国上市银行年报数据整理所得的 2013—2019 年中间业务平均收入情况。根据图表可以更加直观地了解中间业务的发展历程,2013—2019 年,图中的曲线持续上升就说明这 16 家已经上市的商业银行,在经营过程中对于中间业务的重视逐渐增强,中间业务平均收入从 356 亿元增加到 551 亿元,增加了 54.65%,整体收入平稳增长,尤其是 2013—2016 年收入持续增长且速度较快,在 2018—2019 年收入增长速度迅猛,而 2016—2018 年收入增长速度趋缓基本持平。

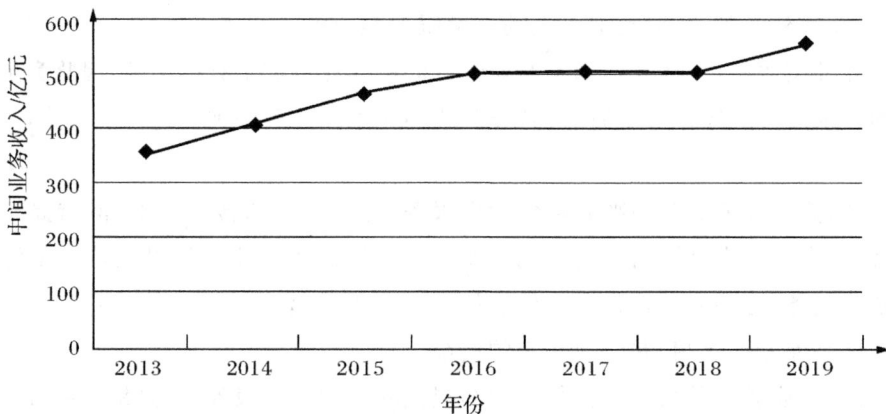

图 3-7　2013—2019 年 16 家上市银行中间业务收入状况

数据来源:根据上市银行 2013—2019 年年报数据整理所得。

表 3-4 为 16 家上市银行 2013—2019 年中间业务收入情况。由表 3-4 可知,发展最好的国有银行对中间业务的发展相较于其他商业银行是最为重视的,中间业务在国有四大行中的表现相较于所有类型的银行发展状况是最好的,为其带来的收益在所有银行中也是最高的,超出其他行的 1~4 倍。虽然工商银行 2017 年中间业务收入增速有所回落,但仍高于其他国有商业银行,达到 1 396 亿元,在 2018 年中间业务收入又恢复持续增长,2019 年工商银行中间业务收入已经达到 1 556 亿元。紧随其后的建设银行在 2019 年达到了 1 373 亿元。此外,中国银行在 2016—2018 年中间业务收入逐渐减少,2018 年之后开始增长,而农业银行中间收入在 2013—2019 年这 6 年期间出现了两次先降后升的情况。由此可知四大国有商业银行中间业务整体发展状况较好,增长速度也较快,但其中农业银行中间业务增长非常缓慢,处于上市银行中间业务增长最后一名,2019 年较 2013 年增长仅为 4.45%,其次是中国银行,其中间业务收入增长速度也较缓慢,2019 年较 2013 年增长仅为 9.14%,在 16 家上市银行中仅优于农业银行,其余两家国有大型银行(工商银行和建设银行)增长速度相对较高,分别是 27.23% 和 31.64%。其他股份银行(城市商业银行除外),2013—2016 年增长速度迅猛,其中招商银行、民生银行以及浦发银行同其他股份制银行收入相比比较突出,尤其是招商银行 2013—2019 年的增长率几乎为直线,2019 年收入达到 700 亿元以上,民生银行在 2017 年短暂出现减少之后又迅速回升,在 2019 年收入达到了 523 亿元,浦发银行中间业务收入持续增长,在 2019 年收

入达到了 512 亿元,其余银行 2019 年收入均在 100～500 亿元之间,城市商业银行收入都在 100 亿元以内。总之,中国商业银行中间业务相对股份制商业银行,我国四大国有商业银行相对发展迟缓,交通银行中间业务发展与股份制银行趋势一致,比光大、民生的年收入增长还缓慢,宁波银行、平安银行由于其 2013 年中间业务收入较少,所以增速较快。

表 3-4 2013—2019 年 16 家上市银行中间业务收入

单位:亿元

银行	2013 年	2014 年	2015 年	2016 年	2017 年	2018 年	2019 年	2019 年较 2013 年增长
工商银行	1 223	1 325	1 434	1 450	1 396	1 453	1 556	27.23%
农业银行	832	801	825	909	729	781	869	4.45%
中国银行	821	912	924	887	887	872	896	9.14%
建设银行	1 043	1 085	1 135	1 185	1 178	1 230	1 373	31.64%
交通银行	260	296	350	368	406	412	436	67.69%
光大银行	150	192	263	281	308	198	232	54.67%
华夏银行	63	87	134	147	184	178	180	185.71%
民生银行	300	382	512	523	477	481	523	74.33%
平安银行	105	174	241	279	307	313	367	249.52%
浦发银行	139	213	293	407	456	462	512	268.35%
兴业银行	238	270	322	366	387	430	497	108.82%
招商银行	292	447	530	609	640	665	715	144.86%
中信银行	168	253	357	423	469	370	464	176.19%
北京银行	40	48	71	96	106	89	74	85.00%
南京银行	12	21	33	43	35	41	46	283.33%
宁波银行	16	25	40	55	59	58	78	387.50%
平均	356	408	467	502	501	502	551	54.65%

数据来源:根据 2013—2019 年上市银行年报数据整理所得。

16 家上市商业银行中间业务 2017—2019 年的发展状况见表 3-5。可以看出不同类型商业银行由于规模和发展状况的不同,其增长率和结构不同。在五大国有商业银行中,除中国银行以外,其余银行中间业务增长率均成上升趋势,而中国银行在 2018 年甚至出现了负增长。其中股份制银行和城市商业银行的中间业务在近几年的发展速度明显较快,除了南京银行和北京银行在 2019 年中间业务收入增长率出现下降以外,其他银行的增长率均呈现上升趋势,其中宁波银行、中信银行的增长率分别达到 34.48% 和 25.41%,平安银行中间业务 2019 年增长率达到 17.25%,兴业银行中间业务增长率也达到 15.58%,增速也较快。这些商业银行增速较快的原因可能与我国商业银行通过互联网开展一些银行中间业务有一定的联系,商业银行采取了更为有效的措施来面对与其他发展迅速的金融机构在中间业务上的竞争,积极提高中间业务收入。

表 3 - 5　16 家上市商业银行中间业务 2017—2019 年增长情况

单位:亿元

银行名称	2017 年	2018 年	2019 年	2018 年增长率	2019 年增长率
工商银行	1396	1453	1556	4.08%	7.09%
农业银行	729	781	869	7.13%	11.27%
中国银行	887	872	896	−1.69%	2.75%
建设银行	1178	1230	1373	4.41%	11.63%
交通银行	406	412	436	1.48%	5.83%
光大银行	308	198	232	−35.71%	17.17%
华夏银行	184	178	180	−3.26%	1.12%
民生银行	477	481	523	0.84%	8.73%
平安银行	307	313	367	1.95%	17.25%
浦发银行	456	462	512	1.32%	10.82%
兴业银行	387	430	497	11.11%	15.58%
招商银行	640	665	715	3.91%	7.52%
中信银行	469	370	464	−21.11%	25.41%
北京银行	106	89	74	−16.04%	−16.85%
南京银行	35	41	46	17.14%	12.20%
宁波银行	59	58	78	−1.69%	34.48%

数据来源:中国人民银行网站整理所得。

3.4.3　商业银行中间业务收入分析

1.中间业务收入结构

第三方互联网支付业务的扩展,使得我国商业银行对中间业务为银行所创造的收益越发重视,中间业务的发展得到重视就意味着有更多的资源投入到中间业务中去,该业务为银行创造的收益增长速度也就更快。随着互联网在金融领域的应用,第三方互联网支付在资金规模以及业务范围上不断扩张,商业银行的柜台业务被互联网电子办理业务抢夺。例如 2019 年,中国农业银行中间业务收入中有 252.09 亿元来自电子银行业务收入,相较 2017 年增长了 55.7 亿元。但是我国商业银行中间业务的产品和服务相对于国外种类比较少,目前主要还是以服务为主,收入多集中于以下几种业务:银行卡手续费,这是银行中间业务中办理数量较多的一项业务;电子银行业务收入,随着互联网的应用不断广泛,电子银行创造的收益也不断增多;除此之外还有结算与清算手续费和银行提供的一系列代理业务获取的手续费。

中间业务的构成在不同银行间也体现出较大的差异性,如图 3 - 8 所示,以 2019 年中国农业银行中间业务收入的构成为例,电子银行业务和银行卡手续费的收入占比最高,分别占中间业务收入的 25% 和 29%,仅这两项就占据了超过一半的收入总额,其次是代理业务手续费收入占比 19%,这三项收入总共占中间收入的 73%,是银行中间业务主要的收入来源。结算与清算手续费及顾问与咨询费分别占 11% 和 10%。

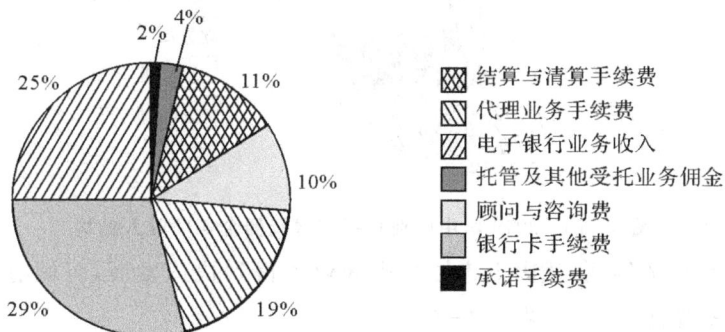

图 3-8   2019 年中国农业银行中间业务收入构成图

由从图 3-9 可见,银行卡手续费收入是中间业务收入榜首占 33%,主要得益于发卡量的增长以及消费业务的发展。其次是代理业务占 16%,结算与清算业务占 11%,综上,三大业务占据中间业务的 60%,而其他各项业务占比均比较小,其中顾问与咨询业务收入占 7%,托管及受托业务创收占比较低为 6%,担保及承诺业务带来的收益占比也相对较低为 6%,这 3 种业务占比较低且分布较为均匀。总之,我国商业银行中间业务所带来的收入对应到各项业务来看,发展并不平衡,收入主要集中于银行卡、代理业务和结算业务,其余几项业务带来的收入相对较少。

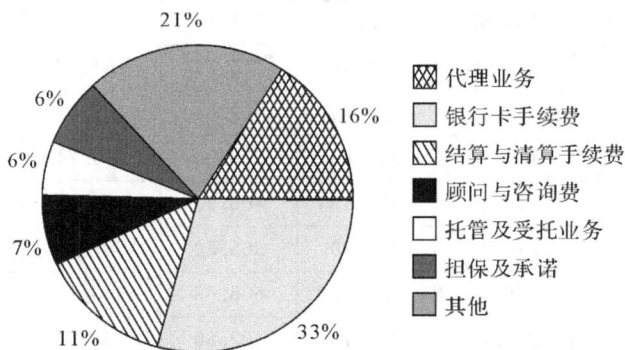

图 3-9   工、农、中、建商业银行 2019 年手续费及佣金各项收入结构图

如图 3-10 所示为 2019 年中间业务手续费及佣金各项收入结构,以我国 16 家国有和股份制上市商业银行(不包括邮储银行)中间业务创收情况进行分析。在整个银行业中,国有银行的中间业务发展情况是最好的,其展开中间业务获取的手续费和佣金的金额来看,数量之大达到了整个银行业该项收入的 58%,即占我国银行中间业务收入的半壁江山,这也说明了我国五大行的中间业务发展状况较好,在五大行中,工商银行和建设银行占比达到了 18% 和 15%,五大行中中间业务发展最好的是工商银行,在五大国有商业银行中,交通银行中间业务占比最小为 5%,而其他股份制银行的收入总共为 42%,与国有银行还有较大差距。

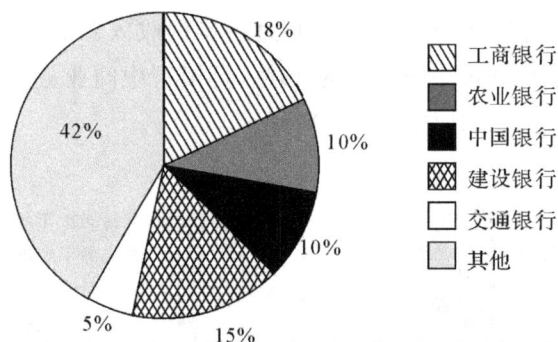

图 3-10　2019 年中间业务手续费及佣金各项收入结构

2013—2019 年这 7 年间,我国上市银行中间业务得到快速发展,将国有和股份制商业银行银行佣金和手续费收入统计,见表 3-6。

表 3-6　2013—2019 年我国上市银行佣金和手续费收入

单位:亿元

银行名称	2013 年	2014 年	2015 年	2016 年	2017 年	2018 年	2019 年
工商银行	1 223.26	1 324.97	1 433.91	1 449.7	1 396.25	1 453.01	1 556.00
农业银行	831.71	801.23	825.49	909.35	729.03	781.41	869.26
中国银行	820.92	912.40	924.10	886.64	886.91	872.08	896.12
建设银行	1 042.83	1 085.17	1 135.30	1 185.09	1 177.98	1 230.35	1 372.84
交通银行	259.68	296.04	350.27	367.95	405.51	412.37	436.25
光大银行	149.52	191.57	263.01	281.12	307.74	197.73	231.69
华夏银行	63.12	86.81	134.35	146.56	184.07	177.58	180.16
民生银行	299.56	382.39	512.05	522.61	477.42	481.31	522.95
平安银行	104.56	173.78	240.83	278.59	306.74	312.97	367.43
浦发银行	139.04	213.46	293.13	406.92	455.80	462.05	511.96
兴业银行	237.62	270.41	321.90	365.52	387.39	429.78	496.79
招商银行	291.84	446.96	530.09	608.65	640.18	664.80	714.93
中信银行	168.11	253.13	356.74	422.80	468.58	370.08	463.84
北京银行	39.51	47.80	71.20	95.99	105.79	88.79	73.86
南京银行	11.80	20.78	32.53	43.32	34.89	41.31	46.17
宁波银行	16.20	24.85	39.9	55.44	58.99	57.94	77.84

数据来源:根据 2013 年—2019 年上市银行年报数据整理所得。

从 16 家上市银行佣金和手续费收入状况来看,我国中间业务收入可以分为几个层次。第一层为国有商业银行。在这一层中,工商银行和建设银行佣金和手续费收入明显高于其他银行,截至 2019 年,工商银行和建设银行达到 1 556.00 亿元和 1 372.84 亿元,远高于其他国有银行,中国银行紧随其后,收入达到 896.12 亿元,除此之外,农业银行的创收排名也相当靠前,收入达到了 869.26 亿元,而交通银行相较其他四大国有商业银行差别较大,和其他股份制银行的营业规模几乎没有区别,仅为 436.25 亿元,约为工商银行的 1/3。从增速来看,建设银行佣金和手续费收入 2019 年较 2010 年增长 330 亿元,增长率为 31.65%,增速最快。而农业银行增加 37.55 亿元,增长率仅为 4.51%,增速最慢。第二层为全国股份制商业银行,截至 2019年,全国股份制商业银行中招商银行通过展开中间业务所获取的佣金和手续费收入突破了700 亿元,高达 714.93 亿元,在所有的股份制银行中表现最好,其次为民生银行和浦发银行,收入分别为 522.95 亿元和 511.96 亿元。民生银行、浦发银行和招商银行收入明显突出,2019年中间业务收入都超过了交通银行收入,其余的大多数收入在 500 亿元以下,但是都超过了城市商业银行收入。从增速看,浦发银行、平安银行和华夏银行增速较快,2019 年较 2013 年分别增长了 268.21%、251.41% 和 185.42%。第三层为城市商业银行。城市商业银行由于技术和人才的缺乏,中间业务发展缓慢,收入均在 100 亿元之内,宁波银行为 77.84 亿元,但增速达到了 380.49%。南京银行收入为 46.17 亿元,增速也高达 291.27%。总之,从 2019 年来看,我国商业银行中间业务增速减缓,结构分布不均匀,不同类型行业银行中间业务收入情况差异较大。

2. 我国商业银行中间业务收入占比情况

由表 3-7 可知,我国中间业务创收情况在 2013—2019 这 7 年间表现越来越好,在营业总收入中所占的份额不断扩张,表明中间业务逐渐在银行收益中占据越来越重要的地位,这一情况在股份制商业银行中的表现更加突出,中间业务占营业收入的比重从 10% 左右上升到 25%左右,其中民生、浦发、兴业和平安银行在 2019 年占比甚至达到 27% 及以上。由 2017 年数据可以得到,各大商业银行中间业务收入平均占比达到 24% 以上,在 2013 年为 18% 左右,增长了 6% 左右,而 2018 年和 2019 年各大商业银行中间业务收入平均占比开始出现负增长。这个数据表明随着央行出台的一系列政策,银行业利息收入降低,中间业务反而在不断增加,但是与利差收入相比,其所占比例仍然有限,近两年由于互联网金融机构的发展,商业银行的中间业务发展受到了强烈的冲击,但是也为商业银行寻求发展新途径指明了方向。

商业银行 7 年中间收入占营业收入比重见表 3-7。表中可见光大银行和民生银行在2016 年中间业务占比就已经达到 30% 以上,但在 2018 年占比又出现下降。城市商业银行的中间业务占比发展缓慢,除了宁波银行,在 2019 年五大国有制银行和其他两家城市商业银行收入占比均低于 20%。中间业务收入占营业收入平均比重由 2014 年的 19.44% 上升到 2017年的 24.19%,随后开始出现下降,但是中间业务收入所占比重在整体上保持着上升的趋势。

表 3-7　中间业务收入占营业收入比重

银行名称	2013 年	2014 年	2015 年	2016 年	2017 年	2018 年	2019 年
工商银行	0.21	0.20	0.21	0.21	0.19	0.21	0.18
农业银行	0.18	0.15	0.15	0.18	0.14	0.13	0.14
中国银行	0.20	0.20	0.19	0.18	0.18	0.17	0.16
建设银行	0.21	0.19	0.19	0.20	0.19	0.19	0.19

续 表

银行名称	2013 年	2014 年	2015 年	2016 年	2017 年	2018 年	2019 年
交通银行	0.16	0.17	0.18	0.19	0.21	0.19	0.19
光大银行	0.23	0.24	0.28	0.30	0.34	0.18	0.17
华夏银行	0.15	0.16	0.23	0.23	0.28	0.25	0.21
民生银行	0.26	0.28	0.33	0.34	0.33	0.31	0.29
平安银行	0.20	0.24	0.25	0.26	0.29	0.27	0.27
浦发银行	0.14	0.17	0.20	0.25	0.27	0.27	0.27
兴业银行	0.22	0.22	0.21	0.28	0.28	0.27	0.27
招商银行	0.22	0.27	0.26	0.29	0.29	0.27	0.26
中信银行	0.16	0.20	0.25	0.27	0.30	0.22	0.25
北京银行	0.13	0.13	0.16	0.20	0.21	0.16	0.12
南京银行	0.12	0.13	0.14	0.16	0.14	0.15	0.12
宁波银行	0.13	0.16	0.20	0.23	0.23	0.20	0.22

如图 3-11 所示,2013—2017 年 16 家上市商业银行手续费及佣金占营业收入比率持续增长,增长速度也较快,原因在于这几年随着互联网的快速发展股份制银行快速反应,积极推出一系列中间业务产品。到 2018 年,比率开始出现下降,2019 年平均占比为 21%,但相较于 2013 年 18% 增加了 3%,中间业务占营业收入比率长期来看发展趋势依然是增长的。

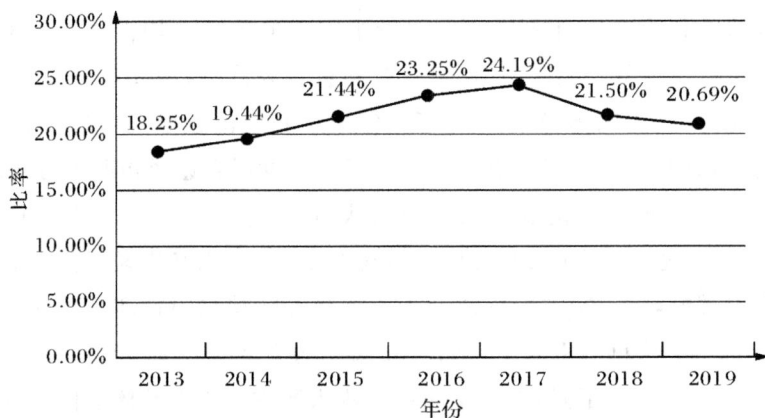

图 3-11　16 家上市商业银行手续费及佣金占营业收入比率

数据来源:根据 2013—2019 年各上市银行年报数据整理所得。

如图 3-12 所示,利息收入远大于非利息收入是一个普遍的现象,而且比非利息收入大了近乎两倍。各大银行中间业务收入发展比较类似,非利息收入增速虽然比较快,但占比仍然较小,因此,我国商业银行应该重视中间业务的发展,扩宽服务范围,提升业务多样性,以提高中间业务收入。

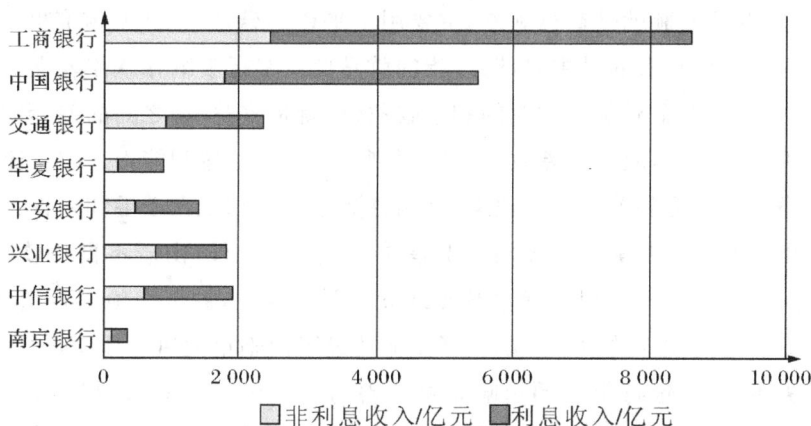

图 3-12　2019 年商业银行利息收入和非利息收入

数据来源：根据 2019 年各上市银行年报数据整理所得。

3.5　商业银行盈利模式

近年来，我国商业银行收入稳步上涨，从 2019 年的经营情况来看，净利润较前一年增长额度达到了 1 700 亿元，全年净利润突破 2 万亿元大关，而且增速也有所提升。就近几年相关数据分析来看，受外部经济金融形势和内部转型升级的影响，我国商业银行利润收入增速已经明显放缓并且出现下滑趋势，商业银行传统的盈利模式已逐渐不能满足发展需要。在这一背景下，分析银行盈利模式发现其中短板成为我国商业银行提升自身竞争力的有效途径。所谓商业银行的盈利模式指的就是银行通过制定各项业务规划、对受众的结构进行调整等措施来匹配市场环境的变化，从而产生的主导财务收支结构。目前学界对商业银行的盈利模式有多种归类方式，但是本书的研究重点在于利差收入与非利差收入之间的关系，因此划分盈利模式时是站在银行盈利渠道的视角上进行的，主要的盈利渠道就是通过存贷款行为获取利差收入，也就是利差主导型，另一盈利渠道则是通过开展中间业务由此获取收益，也叫非利差收入，因此关于盈利模式也就依据这一标准将其分为利差主导型与非利差主导型。目前在我国银行业中虽然中间业务的发展受到了越来越多的关注，但是依旧是传统的存贷业务在银行发展中占据着最主要的地位，放眼未来，金融市场的竞争将会越来越激烈，存贷业务的发展活力逐渐丧失，中间业务发展将成为银行业竞争的焦点。

3.5.1　利差主导型盈利模式

利差主导型盈利模式作为商业银行最传统的盈利模式，指的是银行通过收益率的差值来从中获取利润，表现在银行业务上指的就是银行通过存款的利息与贷出款的利息差额作为银行的利润收入，业务上依靠负债规模和资产的不断扩大来保证利润的增加。商业银行的主要业务就是通过个人和企业获取闲置资金，再作为中介方将资金以更高的利息率贷给资金需求者,存贷业务所赚取的差额就是银行利差,主要用于平衡运营成本、市场和信用等带来的风险亏损。利差收入是银行收入的最主要部分,指的就是商业银行吸纳存款需要支付的利息(也就是成本率)与银行运用资金做贷出款时的利息收益(也就是收益率)之间的差,因为存款与贷款是商业银行最主要的业务,故而利差收入最能评判一个银行的盈利能力。按主流观点,一般将利差收入分为净利差与毛利差这两种数据,这两种数据的区别就在于毛利差作为事前利差,或会出现款项带出时间的不匹配以及金额出现差异等问题。此外,由于不良贷款在银行中普遍存在,虽然占比较少,但是该类型的贷款不会给银行创造收益,甚至会给银行造成损失。银行发放出去的贷款因为贷款人的信誉影响或者企业的经营面临重大风险致使银行无法获取利息收入甚至会失去本金,给银行带来的影响是极为恶劣的,且这一部分的损失是来自外部的冲击,因此在研究银行的盈利能力时如果不排除掉这些不良贷款的影响,就无法真实客观的衡量银行的盈利能力,净利差在体现银行盈利能力的大小以及稳定性上比毛利差这一指标更加的真实、客观,所以在本书后续的研究中就将净利差作为主要的衡量标准。

2019 年全国商业银行平均资产利润率为 0.87%,平均资本利润率为 10.96%。商业银行不良贷款余额 2.41 万亿元,不良贷款率 1.86%。从数据可以看出净利息收入作为我国商业银行最主要的收入来源,而利息收入中的主要部分就是银行所开展的贷款业务,银行开展贷款就是以一定的政策标准将银行的资产贷出给贷款人使用,在一定期限之后除了偿还本金以外还需向银行支付利息。2019 年底,根据中国银监会披露,商业银行利息收入仍占近 70%,可知,利息收入仍然占据银行利润的核心主导地位,我国银行的盈利模式仍然比较单一。

3.5.2 非利差主导型盈利模式

商业银行盈利的另一渠道就是通过展开中间业务从而获取手续费及佣金,这一部分资金收入与传统利差收入不同,因为中间业务本身就不需要动用银行的资金,而是以自身拥有的知识与信息优势为顾客提供一种中介服务,所以该部分收益的成本更低、风险更小,如果能够得到较好的发展则可以为银行在激烈的竞争环境中带来新的增长点。银行主要的盈利方式是通过存贷利差来获取收益,但是随着经济市场的激烈竞争,大众的需求也更加多元化,银行传统的信贷业务已经难以满足大众的需求,除此之外,随着利率市场化的不断加深,原来银行吸纳存款的主要对象为居民,但是银行利率已经难以满足居民对于高回报的需求,进而企业更倾向于在金融市场直接融资,使得资金成本更底,居民更乐意直接投资企业以获取较高的回报,所以对于商业银行,不论是从存款的吸收来说还是发放贷款来说均受到了严重的冲击,这种以利差收入为主导的盈利模式随着金融市场的发展以及市场越来越激烈的竞将会逐渐失去原有的活力,银行只有跟随潮流的发展,不断对业务进行创新与改革,丰富业务多样性,扩宽经营范围,才能在新时代的金融市场有一席之地。

随着利率市场化改革的不断推进,银行也切实地意识到危机的来临,以原来的低利率吸纳存款变得艰难,以原来的高利息发放贷款也逐渐难以实现,因为居民与企业在市场中略过银行直接展开了交易,这就使得银行的发展受到了严重的威胁。近年来,为了在金融市场寻求新的增长点,越来越多的银行开始关注与重视中间业务的发展,以期能够弥补利差收入的不足,因此中间业务在近年来发展迅速,为银行创造的收益也逐年上升。

由表 3-8 中信息可以看出,2018 年只有工商银行和中国银行出现了非利息收入负增长的情况,但随后又恢复增长,大型国有商业银行因为其自身规模较大,受到的政策优惠也更多,对于市场的变动也更加灵敏,因此对于中间业务的开展投入了更多的注意力从而也获得了相当不错的成绩。五大行中,非利息收入排名为工商银行、建设银行、中国银行、农业银行和交通银行,交通银行相比另外四家银行,非利息收入较低,交通银行应针对中间业务不足的现状进行改善,不断创新中间业务和多样化的金融产品,以提高非利息收入。商业银行对非利息收入在营业收入占比情况的关注大大提升,表明商业银行在收入结构方面做出了有效的调整,在拓展中间业务方面做出了较大的努力。

表 3-8　2010—2019 年国有五大行非利息收入情况

单位:亿元

年　份	工商银行	农业银行	中国银行	建设银行	交通银行
2010	770.72	482.66	828.55	719.89	192.39
2011	1124.50	705.32	1001.02	925.18	243.55
2012	1191.17	800.85	1091.27	1075.44	272.11
2013	1463.02	864.23	1239.23	1190.64	337.77
2014	1653.70	909.67	1352.29	1330.72	426.25
2015	1897.80	1000.28	1456.71	1474.45	496.56
2016	2040.45	1079.12	1775.82	1872.91	582.58
2017	2044.24	951.11	1448.89	1692.03	681.28
2018	1526.03	1247.97	1441.00	1726.13	821.47
2019	2482.38	1424.79	1757.6	1949.49	887.74

在一些西方发达国家,中间业务的收入占据营业收入的比例在 40% 以上,我国中间业务近几年都在高速发展,但仍处在较低的水平上,非利息收入占比仍然比较小,因此我国商业银行若想改变传统经营模式应该大力发展中间业务,提升非利息收入水平。非利息收入在我国银行业中逐年上涨,但是目前占据商业银行主要营业收入的依然是由存贷利差带来的收益,即银行的盈利模式依然是利差主导型盈利模式,对利差收入业务做出更深入的分析才能够解决目前银行所存在的问题,因此接下来本书着重对利差主导型盈利模式进行分析研究。

3.5.3　我国利差主导型盈利模式分析

虽然最近几年我国商业银行一直在寻求发展多元化盈利模式,但是根据各大商业银行的数据来看,各行利息收入占营业收入比重超过 70% 以上,造成这种现象最主要的原因是我国存贷款利率是由中国人民银行进行调控的,各大商业银行围绕基准存贷利率上下浮动,因此我国商业银行利差收入的区别就在于各个银行自行调节的存贷款利率差额的收益。但利差主导型盈利模式的缺点是由存贷款利率管制形成的存贷利差弱化了商业银行之间的竞争,造成了目前中间业务发展缓慢,盈利模式转型困难的现状。

1.利差收入占商业银行营业收入的比例

我国商业银行中的营业收入绝大部分都来源于两大途径,分别是存贷利差收入以及开展中间业务所获手续费及佣金,这其中占比更大的仍然是利差收入。利差收入就是指资金流出的收益减去资金流入的损失,那么资金流出的收益主要是银行通过发放贷款以及提供垫款,从而获得的资金使用成本即利息,这几项业务带来的收益相对较小。以大型国有商业银行为例,我国五家大型商业银行 2010 年到 2019 年的利差收入在营业收入中的占比情况见表 3-9。

表 3-9　2010-2019 年国有五大行中利差收入在营业收入中占比

年　份	工商银行	农业银行	中国银行	建设银行	交通银行
2010	79.8%	83.4%	70.1%	77.7%	81.5%
2011	76.3%	81.3%	69.5%	76.7%	80.8%
2012	77.8%	81.0%	70.2%	76.7%	81.5%
2013	75.2%	81.3%	69.6%	76.6%	79.5%
2014	74.9%	82.5%	70.4%	76.7%	76.0%
2015	72.8%	81.3%	69.3%	75.6%	74.4%
2016	69.8%	78.7%	63.3%	69.0%	69.8%
2017	71.9%	82.3%	70.0%	72.8%	65.0%
2018	73.98%	79.81%	71.36%	73.80%	61.56%
2019	70.97%	77.62%	68.15%	72.37%	61.97%

数据来源:各家商业银行上市公司年报数据整理。

由表 3-9 可以看出,利差收入在营业收入中的占比普遍在 70% 以上甚至超过了 80%,可以确定利差收入是我国商业银行盈利的主要来源,其中交通银行利差收入占比逐年降低,到 2019 年占比降为 61.97%;中国银行主要是因为在外汇投资和贵金属交易等非利息收入方面发展较快,所以中国银行利差收入在营业收入中占比也较低,最低占比为 63.3%;而农业银行变化并不明显,所占比重较高,最高达到 83.4%。综合整体情况分析,我国商业银行对传统业务依赖度较高,非利差收入发展缓慢并且占比较低。

2.我国商业银行利差收入发展情况

由图 3-13 可以明显看出五家大型商业银行 10 年的利差收入占比变化趋势,虽然各家银行利差收入均占有较大比重,但是在 2010 年到 2016 年,工商银行、建设银行、交通银行利差收入占营业收入的比例均有不同程度的显著下降的趋势,其中下降趋势最为明显的是中国银行,工商银行与农业银行虽然都有小幅波动但变化并不明显,表明各家商业银行已经开始做好盈利能力转型的准备,虽然在 2017 年,除了交通银行外其他银行占比又出现回升,但并不代表中间业务发展速度的减缓,五家大型商业银行利差收入占比均有不同程度下降,非利息收入占比在上升,但是其总体占比还是较小,与国外发达国家相比,我国商业银行中间业务仍有很大的发展空间。

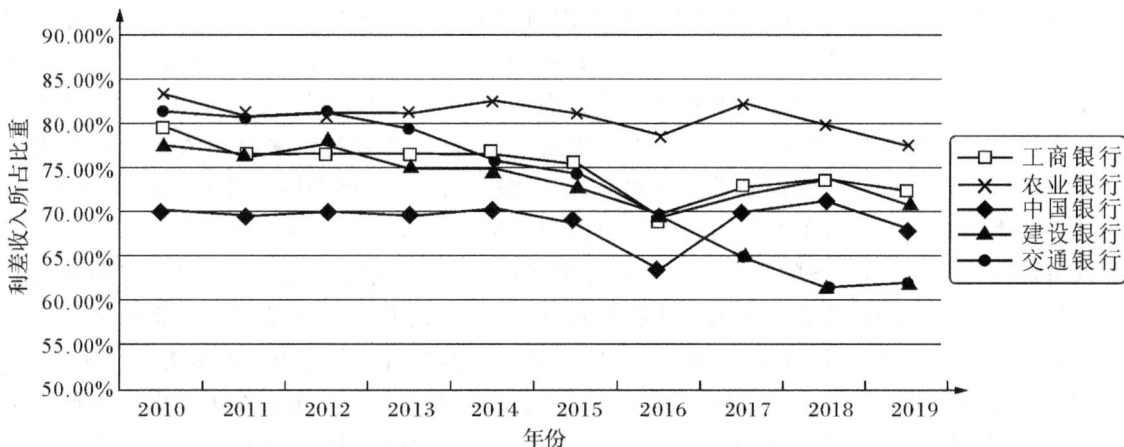

图 3-13　国有五大行 2010—2019 年利差收入所占比重变化趋势

3.5.4　商业银行盈利模式存在的问题

1. 以利差主导型盈利模式为主,导致收入单一

由上述图表可以看出眼下虽然非利差收入逐年增长,但是利差收入依然是主要的收益来源,商业银行的经营依然是依靠贷款利息收入、债券投资、存放同业等利息净收入支撑。虽然近几年我国商业银行普遍对中间业务的发展进行了革新,中间业务创造的盈利在银行收入中的占比也逐渐扩大,但是传统的盈利模式并未发生根本性的变化,还是以利差收入为最重要的组成部分。这种以利差为主的盈利模式必须要通过不断地扩大银行自身的资产负债规模,来使净利息收入持续增长,促进商业银行盈利能力的提升。净利息收入占据了各银行营业收入70%以上的比例,虽然近几年非利差收入有所增加,但是其占据营业收入的比例仍然较低,与发达国家商业银行相比具有明显差异。截至 2019 年底,我国银行业金融机构资产总额达 283 万亿元人民币,同比增长 8.1%,商业银行主要是依靠交易中介职能吸收社会闲散资金用以发放贷款来获得贷款利息收益,因此吸收存款是商业银行扩张的基础。但是随着利率市场化的不断深化,商业银行要维持原本的收入规模就只能够提供存款利率以吸收更多的存款,并且降低贷款利率以此来争取到更多的贷款业务,这种变化是利率市场化下的必然趋势,要避免在竞争中银行过度贷款或是资本充足率不足的情况发生,为了维持银行的经营与发展,大力发展中间业务才是获取新增长点的重中之重,商业银行当务之急是转变盈利模式,加大非利差收入在营业收入中的占比,以此来弥补利差收入的损失。但是目前根据银行业的数据来看,中间业务为银行创造的收入只能占据营业收入的 30% 甚至更少,主要原因是我国中间业务起步较晚,受到外部金融环境制约,发展空间较小,并且由于利率受到国家调控,因此各商业银行之间竞争力度较小,缺乏创新能力。就目前来看,我国还应继续大力发展中间业务,减少对利差的依赖程度。

2. 中间业务发展缓慢,结构单一

我国五大行的非利息收入呈现逐年增长的趋势,但是增长率却在逐年放缓,发展速度依然相对缓慢,从五大行近年来的数据中可以得出非利息收入在营业收入中占比在 20%~30%,

所占比例较低,从中间业务种类来说我国存在创新严重不足的情况。根据有关报道,国际上的一些银行其能够提供的中间业务就有 3 000 多种,而我国的中间业务的数量仅有 300 多种,从数量之差就能够看出中间业务的重要性以及我国中间业务发展的缓慢程度。不仅如此,在我国的中间业务中能够被经常使用的业务更是少之又少,能够为银行带来确切收益的业务比较少,其中银行卡手续费、代理业务手续费和清算与结算手续费占据中间业务收入的主要部分,为了在利率市场化的背景下提高银行的竞争力与盈利能力银行应该对中间业务进行大力创新和改革,这些基础中间业务的发展并不能很好地将各个银行的特色区别开,而具有高附加值的顾问和咨询与理财产品的业务收入占比相对较低,对于承诺业务以及投资银行业务等需要高级技术的服务大多数银行才刚刚开始发展,主要是因为客户对这些高级技术服务的了解不深,不能充分运用到日常生活中,并且移动电子支付的发展,对银行卡业务和个人理财业务产生了很大的影响,第三方支付平台的产生为社会生活带来了巨大的便利,电子银行业务成为商业银行网上银行发展与推进的强有力的竞争对手。

目前来看中间业务发展缓慢的情况对于利差的依赖程度依然较高,不能很好地满足客户对差异化的金融服务要求,商业银行应实现产品结构和收入结构的持续优化,进行中间业务发展的不断创新,细化客户群体,开发不同类型金融产品。但是在中间业务的推广过程中仍然存在较大的阻碍力量,因为中间业务与传统的存贷业务相比一直以来在银行中都不被重视,缺乏意识上的积极性与成功开展业务的经验。近 10 多年来,我国大型商业银行开始意识到中间业务的重要性以及未来的发展趋势,开始积极发展中间业务,从而得到了很好的提升,从 2011—2019 年的非利息收入情况来看,五大行非利息收入增长速度较快,增幅也较为可观,具体数据见表 3 - 10。

表 3 - 10　2011—2019 年国有五大行非利息收入增幅情况

年　份	工商银行	建设银行	交通银行	中国银行	农业银行
2011	46％	29％	27％	21％	46％
2012	6％	16％	12％	9％	14％
2013	23％	11％	24％	14％	8％
2014	13％	12％	26％	9％	5％
2015	15％	11％	16％	8％	10％
2016	8％	27％	17％	22％	8％
2017	0.2％	10％	17％	18％	12％
2018	−25％	2 ％	21％	−0.5％	31％
2019	63％	13％	8％	22％	14％

数据来源:各家商业银行上市公司年报数据整理。

3. 金融产品创新不足

我国传统的商业银行以存贷款业务为主的发展经营理念极大地限制了中间业务的发展,没能够将更多的精力投入到金融产品创新上,加上我国高级金融人才的匮乏,使得金融产品创新受到限制。大多数银行把理财产品的推广只看作是销售商品的一种,没有利用专业理财师对客户的理财规划进行详细和具体的设计,使得客户对理财产品的了解程度不够,并且理财产品种类较少,很难吸引客户群,这就会使大多数客户还仅停留在初级的理财阶段,投入资金较少,导致银行金融产品创新以及市场推广发展缓慢,产品利用率较低,并且我国中间业务市场上的金融产品大多数是直接运用发达国家一些已经成熟的产品,有些只是稍作修改就直接当作自己的产品推出到市场上,没有很好地综合全行上下整体的特点入手,仅仅是从技术创新的方面入手,忽略了是否与商业银行长期的经营发展策略相匹配,因此可能不能达到预期效果,至于比较适合我国经济形势的金融产品会导致各个银行都争相模仿,最后产生的结果就是金融产品种类单一,形势相似的市场局面。虽然目前中间业务收入在不断提升,但是我国金融产品创新仍然不足。

4. 利率市场化深刻影响商业银行资产负债结构

随着我国经济环境的转变以及利率市场化的进一步深入,利息差的降低迫使商业银行对经营方式加以转化,这样银行对于信贷更趋于谨慎,从而能够更好地应对市场利率下限放开后存贷利差剧烈波动给商业银行带来的信用风险,不仅能够有效地促进银行业在经济新形势下的稳步过度以及全面发展,而且也能够避免不良贷款提高整体贷款质量,从而有效扩大银行收益。同时,在利差收窄的经济形势下,为了应对市场环境的恶化,商业银行想要维持发展,寻求新经济时代下的增长就必须积极进行业务转型,只有大力发展中间业务,获得非利差收入才能弥补新经济形势下利差收入的不足。另外,存贷利息收窄则会改变商业银行的存贷比率。在利息差下行的环境中,为维持竞争优势,银行势必会采取策略提升本行的吸储能力,而这一结构需要银行提高存款利率,亦或是推出互联网金融产品,提高服务质量。由此,短期内银行的存贷利息差会进一步缩减。但长期而言,存贷利差缩减会促使银行提高风险控制能力,优化经营格局,有利于资本市场的资源配置。

3.6　小　　结

本章对商业银行总体发展状况从规模和结构上进行了分析,我国商业银行发展情况良好,规模不断扩大,银行业整体发展势头迅猛。其中商业银行总资产比例已经占到银行业金融机构总资产的 3/4 以上。存量结构方面,大型商业银行占比最大,几乎占据了总资产的近一半。增量结构方面,我国城市商业银行发展速度较快,农村金融机构的发展,仅次于城市商业银行,其他类金融机构所占市场份额上升也较为明显,大型商业银行的市场份额相应地有所下降,但总的来说商业银行整体发展比较平稳。从商业银行三大主营业务,即负债业务、资产业务、中间业务分析,负债业务中各项存款的贡献率最高,其中个人存款量增长速度稳定,而单位存款的额度虽然也呈逐年增长的势头,但其增长低于个人存款增长。在资产业务中,贷款总量近年来的增长速度非常迅猛,大中型企业的贷款占比在逐年减小,小微型企业的贷款总额在以非常迅猛的势头持续上升。中间业务中国有五大行中间业务收入高,但股份制商业银行增长快。利息收入仍然占据银行利润的核心主导地位,我国银行的盈利模式仍然比较单一。

第4章 我国商业银行的资金配置与经济资本管理

本章主要是对我国商业银行资金运用和管理现状进行了详细分析。首先从贷款、债券投资和存款准备金三方面分析了商业银行的资金配置现状,接着以我国某一商业银行为例具体分析了银行资金运用情况,分析我国商业银行的不良贷款对商业银行以及国民经济的发展影响。最后对商业银行经营管理的基础和核心内容经济资本与管理进行了分析。

4.1 商业银行的资金配置状况分析

4.1.1 各项贷款的配置状况

当前利率市场化的不断推进,深刻改变着我国商业银行的盈利模式和资金管理状况,同时商业银行各项信贷资金的配置也受到越来越多的关注。在我国,各项贷款是商业银行最重要的信贷资产。我国商业银行贷款余额不断上升,贷款总量从 2010 年的 47 万亿元上升到 2019 年的 153.11 万亿元。商业银行各项贷款占比的变化不仅可以反映银行信贷资产结构,且能够直观反映银行的发展状况。按照贷款对象的不同进行区分,可将商业银行贷款分为企业贷款和个人贷款两种,以下将分别描述这两种贷款配置现状。

1. 企业贷款

企业贷款,顾名思义就是由企业向银行申请一定金额的款项,从而用于展开生产经营活动与投资活动,这一部分贷款需要按照约定向银行付息并到期还本,这也是银行获取收入的最主要途径之一,也是增强银行经济效益和综合实力的首要构成部分。近几年,商业银行的企业贷款业务仍然保持着非常快的增速且其投放规模也在不断增加。

我国五大国有银行 2010—2019 年企业贷款基本情况见表 4-1。从表中可以看出,五大国有银行 2010—2019 年企业贷款均稳步增长,其中农业银行 2019 年较 2010 年增加企业贷款 3.61 万亿元,增长 106.94%,增速较快,工商银行增加企业贷款 4.19 万亿元,增长 95.78%;中国银行增加 2.49 万亿元,增长 94.96%;建设银行增加 3.10 万亿元,增长 84.05%;交通银行增加企业贷款 1.53 万亿元,增长 83.97%。

表 4-1　五大国有银行 2010—2019 年企业贷款统计表

单位:亿元

年　份	工商银行	建设银行	中国银行	农业银行	交通银行
2010 年	43 777	36 851	26 241	33 779	18 190
2011 年	49 641	42 355	30 119	38 339	20 524
2012 年	56 182	49 631	32 719	42 225	23 458
2013 年	62 161	53 996	34 401	46 041	25 151
2014 年	67 505	56 474	37 521	50 019	25 634
2015 年	70 605	58 768	40 227	53 759	27 287
2016 年	70 770	58 356	42 659	54 555	29 167
2017 年	75 897	62 917	45 007	59 913	30 470
2018 年	80 200	65 594	47 544	64 978	32 186
2019 年	85 707	67 825	51 160	69 903	33 465

数据来源:各大银行公布年报。

企业贷款比重在近年来表现出下降的趋势,但是仍占各项贷款和垫款的一半以上。我国五大国有银行 2010—2019 年企业贷款占比情况见表 4-2,从表中可以看出,各家银行占比都有较大幅度的下降,但占比仍然较大。其中建设银行 2019 年较 2010 年企业贷款占比下降了 21.66%,下降较快;农业银行、工商银行、交通银行企业贷款占比分别下降了 18.10%、15.17% 和 18.22%。中国银行企业贷款占比下降了 12.26%,在五大行中下降最少。

表 4-2　五大国有银行 2010—2019 年企业贷款占比情况表

年　份	工商银行	建设银行	中国银行	农业银行	交通银行
2010 年	69.08%	69.95%	67.37%	73.16%	81.32%
2011 年	67.72%	69.33%	68.37%	71.87%	80.12%
2012 年	66.99%	66.07%	66.38%	69.62%	79.59%
2013 年	65.73%	62.86%	64.21%	66.62%	77.00%
2014 年	63.69%	61.98%	64.09%	64.39%	74.70%
2015 年	60.83%	58.37%	62.27%	62.27%	73.31%
2016 年	55.91%	52.11%	59.12%	58.22%	71.09%
2017 年	56.07%	51.02%	56.74%	57.75%	68.37%
2018 年	54.93%	50.20%	56.80%	56.80%	66.31%
2019 年	53.91%	48.29%	55.11%	54.36%	63.10%

(1)企业贷款业务种类。企业贷款的种类非常多,依据不同的标准可以划分的种类不同。如果仅从时限来看,可以分为 3 种:①短期贷款,也就是时间在一年及一年以内的贷款,款项多用于补充企业的流动资金等;②中期贷款,也就指的是时间在一年以上至五年及五年以内的贷款业务,主要是用来为企业购置固定资产等;③长期贷款,就是时间在五年以上的贷款项目,一般用来投资长期建设等。银行在发放贷款的时候由于无法完全依赖于企业的信用,因此只能够要求企业提供担保从而保障银行的利益不会受到侵害或者尽量降低可能发生的损失。根据

担保的不同可以将贷款业务分为四类:①抵押类贷款,就是进行贷款时需要提供抵押物,多为房屋、设备等企业的固定资产;②质押类贷款,所谓质押就是将某项事物的质权抵押给银行,一般质押物多为股权、票据等;③保证类贷款,就是在企业与银行的交易之间引入了一个第三方担保人,担保人对于被担保人不能偿还的贷款负有一定责任;④信用类贷款,就是完全依赖于企业的信用,一般在该项贷款业务中的企业信用较好,社会影响力较高。除此之外,银行在开展每一项贷款业务时,出于资金安全的考虑都会对企业贷款的款项用途做出非常明确的约定或者规定,因此依据企业贷款后资金的使用目的进行划分,可以将其分为两类:①基本建设贷款,也就是企业在取得款项后,会将资金用于企业的建设活动,由于工程建设的时间一般较长,因此该贷款业务多是中期或长期的贷款;②技术改造贷款,顾名思义就是为了开展技术创新及改进需要从银行进行融资,技术创新或是新型设备的采用,等等,这对于企业来说都是涉及到了最基本最重要的生产环节,因此需要的时间也较长多为中长期贷款。

(2)企业贷款业务特点。企业发放的贷款具有数额大、期限长的特点,所以也面临着更大的利率风险,因此,各大商业银行对公贷款和储蓄贷款客户进行住户的动态管理,并且对企业贷款的风险管理实施了分级管理制度,来不断提高贷款资金质量,减少不良贷款的产生。在社会经济的不断发展和金融一体化的背景下,信贷业务市场逐渐向标准化和规范化靠拢,同时更加规范了企业贷款这项业务,在不良贷款层面上的坏账处理也有了更深的把握。银行在开展贷款业务时最重视的就是在保证利润的情况下尽量降低可能存在的风险,而贷款能不能收回本息,很大一部分在于企业的经营是否能够正常继续下去,所以银行多要求企业提供担保、质押、抵押等来保护银行利益,此外对于企业的信用审查是至关重要的,中小企业难以从银行进行融资的原因就在于自身信用较低且资产规模较小、应对风险能力较差,但这也是银行为了避免形成不良贷款造成银行损失的无奈之举,所以银行更倾向于发放贷款给大型企业、国有企业等资产雄厚、信用良好的企业。

2. 个人贷款

所谓个人贷款中的个人不仅指的是消费者还包括个人经营的企业,由于消费以及生产过程中资金紧缺则可以向银行进行小额融资,但是前提是要符合银行的贷款要求,一般要具有稳定的收入以及良好的信用,不仅如此,个人贷款也需要提供担保,只有达到这些要求银行才能在保证资金安全的情况下发放贷款。

(1)个人贷款业务种类。个人贷款业务主要有以下几种:①按照贷款的时间长短可以分为短、中、长期贷款,与企业贷款的分类相似,但是期限有所差别,时间整体较短,以一年和三年为划分标准,超过一年的话就会统称为中长期贷款,这一类主要是在居民购买房屋等重大家庭经济事件时会涉及到的贷款。②个人贷款的另一种划分方式即以发放贷款所需提供的担保方式为划分依据,与企业贷款相似,主要分为以下几类:信用贷款,银行是否发放贷款给个人以及发放多少金额的款项,这些都以借款人的信用为评判依据,除此之外无需任何的物质担保,因而一般情况下,该类贷款项目对借款人的信用要求非常严格,且金额较低,由于信用贷款对银行来说风险较大因此一般都为短期贷款;个人抵押贷款,顾名思义就是借款人需要提供一定的抵押物,进而才能从银行取得贷款款项,该项贷款业务对于银行来说,由于抵押物的存在就大大降低了不良贷款的可能性以及减少未来可能发生的损失,所以出于资金安全的考量,银行更倾向于办理个人抵押贷款业务;个人质押贷款,是指借款人以符合要求的有价证券等动产作为质物向银行申请贷款,该类贷款业务风险低、流动性较强;个人保证贷款,在该项贷款业务中一般会涉及到提供担保的第三人,由于担保人给借款人提供了担保,从而使得银行资金的安全得到了保障,在借款人无法偿还贷款时,担保人对其债务负一定的责任。③银行发放个人贷款面对的是一般居民以及个人经营的企业,因此以款项的用途可以将个人贷款分为两类:一类是个人消费型贷款,重点关注消费的内容,一般多指个人为了满足在购买金额较大的产品以及服务即住房、教育、医疗等方面的消费需求,从而向银行申请的贷款;另一类是个人经营性贷款,即个人经营的企业为了满足生产经营需要如购置设备、土地等消费需求,从而向银行申请的贷款业务。

(2)个人贷款业务特点。个人贷款是银行贷款业务的重要组成部分,其主要有以下特点:①个人贷款具有多样性以及广泛性。随着我国经济发展,国民日常经济活动丰富多彩,所需要的经济业务也越来越多样,涉及的范围也越来越广,因而银行不断提升自身的业务创新能力,只为更好地满足国民生活需要。②个人贷款能够为银行创造多方面的利润,且风险低,稳定性好。个人贷款不仅能够为银行带来利息收入,而且由于贷款业务在进行过程中有极大概率需要顾客同时办理电子银行等中间业务,所以为银行额外带来了部分非利息收入。③贷款便利灵活。个人贷款越来越受到银行的重视,以更好地为顾客提供简洁、有效的服务为目标,银行合理运用互联网在线上为顾客提供有关贷款的咨询以及预约等服务。④个人贷款风险较小,但是风险管理复杂。个人贷款金额较小,而且提供的担保多为房屋,除此之外由于个人贷款的发放对于借款人的信用以及收入来源有较严格的要求,所以出现不良贷款的可能性更低,风险更小,但是由于个人贷款的户数庞大,风险较为分散,集中管理的难度更大更复杂。

(3)个人贷款业务状况。相较国外发达国家,我国个人贷款业务起步较晚,但是近年来我国国民收入不断增加,居民生活水平得到明显提高,进而消费意识也出现了转变,个人贷款业务的市场在不断扩大。例如我国工商银行的 2019 年个人贷款余额为 63 836.24 亿元,相比上一年增加 7 470.50 亿元,是 2010 年其个人贷款余额的 4.4 倍,个人贷款的增长速度更是快于对公贷款增长速度,它的占比从 2010 年的 24% 增长至 2019 年的 38%。以后国内需求将进一步推动个人消费信贷的蓬勃发展,银行个人贷款规模也会不断增大来满足消费者的需求,这样不仅能为商业银行带来资金收入,也可以有效地分散风险,优化银行信贷结构,提高信贷资产质量,进一步促进国民经济健康发展。

4.1.2　债券投资配置现状

1.债券投资配置情况

商业银行债券投资是指商业银行以提高银行资产收益率为目的而进行的购买债券的活动,是银行运用资金获得收益的资产业务之一。将银行的一部分闲置资金充分利用起来,来获得贷款收入以外的其他收入。同时,分散化的投资也能降低银行资产风险,提高资产流动性。商业银行进行债券投资和交易的手段主要是购买国债或政策性金融债券等风险较低的债券,还有在全国同业拆借市场进行的质押式回购交易。

近年来,我国商业银行债券投资在总资产中所占比例不断增加。从我国大型商业银行债券投资现状来看,2019 年的债券投资余额为 989 950 亿元,相较 2018 年增加了 130 143 亿元,占总配置资金的比例也从 22.37% 增加到 29.84%。2010 年我国大型银行的有价证券及投资总额只有 120 514.42 亿元,而 2019 年的债券投资余额差不多是 2010 年的 8 倍,所以,随着金融经济的发展,商业银行进行债券投资的热情不断上涨,在进行资产配置时更愿意将闲散资金用来投资债券。为了更清楚地看到债券投资配置现状,以全国银行间的质押式回购交易进行说明。

债券回购交易仍然在银行间市场中占据主导地位,因为债券回购交易比较频繁,其累计成交量远大于国债和金融债券的投资。时间期限越长的银行间同业回购市场交易品所达成的交易量越少,我国目前的交易品种共 11 个,其中交易量较多的主要为 1 天、7 天和 14 天的品种。从全国银行间质押式回购交易统计表可以看出,2019 年质押式回购交易总量为 8 100 887 亿元,其中 1 天品种交易量为 690.11 万亿元,占交易总量的比例高达 85.2%。而 2018 年银行拆借、现券和回购交易总成交量为 798.18 万亿元,质押式回购交易就占了 73.7%。我国银行间质押式回购交易统计表见表 4-3。

表 4-3　全国银行间质押式回购交易统计表

单位:亿元

年　份	1 天	7 天	14 天	21 天	30 天	60 天	90 天	120 天	6 月	9 月	1 年
2012 年	402 814	41 934	12 068	2 370	4 476	1 626	1 170	81	379	29	97
2013 年	289 636	44 024	11 579	1 828	5 070	1 034	1 748	67	119	2	83
2014 年	1 669 081	300 413	96 061	16 051	22 896	6 722	9 854	1 214	1 464	123	311
2015 年	3 700 895	461 541	114 361	11 337	18 661	5 372	10 193	768	849	60	73
2016 年	4 861 135	6 187 55	138 334	21 404	23 673	7 801	9 346	679	743	84	740
2017 年	4 747 267	763 744	236 560	56 307	36 925	27 043	8 445	3 533	1 694	777	309
2018 年	5 782 657	712 188	200 732	105 232	32 653	21 303	7 699	2 887	655	151	81
2019 年	6 901 147	785 310	238 267	104 249	43 621	17 956	5 961	2 764	1 333	216	62

数据来源:中国人民银行网站。

2. 我国银行间同业拆借市场发展

银行间同业拆借市场是为了向金融机构提供一个可以补充准备金的不足和保持银行资金流动性的主要场所,在这一市场内金融机构获取短期资金、进行短期融资的主要途径就是利用时间、空间以及银行之间的差值来进行资金的调剂。银行有时会出现资金不足,同业拆借资金市场恰好满足了资金供求双方的需要,商业银行对此存款也支付相应的利息。同时它也是实施货币政策的载体,对我国金融市场发展具有深远的影响。

(1)市场主体多元化。近年来,金融行业发展迅速,市场竞争也越来越激烈,为了谋求自身更好的发展,更多的非银行金融机构如信托投资公司等也加入到这一市场中来。截至 2019 年,我国银行间债券市场各参与主体已经达到了 25 888 家,相比 2018 年底增加了 5 125 家。这主要是由于境外机构投资者、农村商业银行增加较为明显。其中境外机构投资者存量已经达到 2 610 家,较 2018 年末增加了 1 424 家,增长 120.07%。同时,农村商业银行也增加较为明显,其中部分为新设机构,但也有从农村合作银行和农信社改制而来。不同类型金融机构进入银行间同业市场,活跃了交易,也使得银行间同业拆借市场对金融发展起到越来越重要的作用。

(2)交易规模稳步增长。我国银行间人民币市场以债券回购、信用拆借和现券方式 2019 年合计成交 1 006.93 万亿元,日均成交量高达 2.8 万亿元,比 2018 年同期上升了 1.7%。其中,质押式债券回购交易额为 708.67 万亿元,占总交易量的 70.3%,但日均成交量同比则下降 16.2%。信用拆借日均成交同比上升 10.4%,现券日均成交同比上升 4.9%。质押式回购以 1 天品种为主,占市场成交总量的 71.38%。而 2010 年,我国银行间质押式回购交易总量为 84.65 万亿元,2019 年与之相比增加了 683.84%。总之,2010—2019 年,我国银行间同业拆借交易规模在不断扩大。

(3)支付体系进一步完善。实现货币债权转移的重要条件之一是支付结算体系,根据以往国际案例显示,支付结算体系的重要作用在市场经济不断发展和经济全球化的大背景下将更加凸显。在同业拆借市场中,全国银行同业拆借中心为市场中的各个金融机构在进行支付结算也就是同业拆借交易时,提供了一种电子交易系统,这一系统极大提高了各金融机构开展交易的便捷性。人民银行为了解决拆借市场中的支付结算问题引入了更为先进的实时总额结算系统,该系统的运用使得银行间的操作处理风险和流动性风险大大降低,资金的周转率得以提高。

(4)外币拆借业务开展。中国外汇交易中心与上海地区中外资金融机构于 2002 年签订了《外币拆借中介服务协议书》,正式开通了外币拆借中介业务,主要用于银行之间进行短期外汇资金的借贷交易。这项新业务不仅提高了中小金融机构在外汇同业市场的参与度,也改变了我国原有的外汇资金管理模式,优化了外汇资源的配置,对我国外汇市场的改革与发展具有重要意义。外汇拆借业务的利率由双方自行商议,拆借期限一般为一年,主要包括了美元、欧元、日元等币种。该业务的推出大大提高了我国外币资金的使用效率,也进一步推动了国内银行间拆借市场的发展。

4.1.3　法定存款准备金现状

1.法定存款准备金率调整情况

存款准备金率政策作为我国重要的货币政策工具多被央行用以调控宏观经济,2007 年至今,央行对于存款准备金率的调整次数已达 40 余次,存款准备金调整通过货币政策的传导机制和商业银行等的存款创造机制影响着我国经济运行,成为我国重要的货币政策工具,见表 4-4。

表 4-4　历年存款准备金率调整一览表

调整时间	存款准备金率	调整时间	存款准备金率
2018 年 10 月 15 日	14.50%	2010 年 2 月 25 日	16.50%
2018 年 07 月 5 日	15.50%	2010 年 1 月 18 日	16.00%
2018 年 4 月 25 日	16.00%	2008 年 12 月 25 日	15.50%
2016 年 3 月 1 日	16.50%	2008 年 12 月 5 日	16.00%

续 表

调整时间	存款准备金率	调整时间	存款准备金率
2015 年 10 月 24 日	17.00%	2008 年 10 月 15 日	17.00%
2015 年 9 月 6 日	17.50%	2008 年 9 月 25 日	17.50%
2015 年 6 月 28 日	18.00%	2008 年 6 月 15 日	17.00%
2015 年 4 月 20 日	18.50%	2008 年 5 月 20 日	16.50%
2015 年 2 月 5 日	19.50%	2008 年 4 月 25 日	16.00%
2012 年 5 月 18 日	20.00%	2008 年 3 月 25 日	15.50%
2012 年 2 月 24 日	20.50%	2008 年 1 月 25 日	15.00%
2011 年 12 月 5 日	21.00%	2007 年 12 月 25 日	14.50%
2011 年 6 月 20 日	21.50%	2007 年 11 月 26 日	13.50%
2011 年 5 月 18 日	21.00%	2007 年 10 月 25 日	13.00%
2011 年 4 月 21 日	20.50%	2007 年 9 月 25 日	12.50%
2011 年 3 月 25 日	20.00%	2007 年 8 月 15 日	12.00%
2011 年 2 月 24 日	19.50%	2007 年 6 月 5 日	11.50%
2011 年 1 月 20 日	19.00%	2007 年 5 月 25 日	11.00%
2010 年 12 月 20 日	18.50%	2007 年 4 月 16 日	10.50%
2010 年 11 月 29 日	18.00%	2007 年 2 月 25 日	10.00%
2010 年 11 月 16 日	17.50%	2007 年 1 月 15 日	9.50%
2010 年 5 月 10 日	17.00%		

由表 4-4 可见，2007 年以来，我国已经多次调整了法定存款准备金率，累计调整次数达到 40 余次，基本保持上升趋势。由表可以看出，仅从 2007 年 1 月 15 日到 2011 年 12 月 5 日期间调整次数达到了 28 次，从 9.5% 调高至 20.5%，而从 2015 年开始，为了保持资金流动性充裕，法定存款准备金率出现了下调趋势，到 2018 年 10 月，法定存款准备金率降低到 14.50%。总之，从 2007 年至今大型金融机构准备金率最高达到 21.5%，最低为 9.5%。

2. 存款准备金率调整对宏观经济的作用分析

存款准备金率政策是我国三大传统货币政策工具之一，其有效性直接关系到货币政策的作用效果，能否用好宏观调控的法宝对我国的经济发展起着至关重要的作用。近几年来，央行频繁使用存款准备金率政策进行宏观经济调控，具体作用效果分析如下。

2003—2008 年出现金融危机之前，央行为防止经济膨胀，多次上调存款准备金率来抑制市场需求，同时为防止出现金融市场动荡又 4 次下调准备金率，交错使用上下调存款准备金率在当时很好地稳定了经济波动。2008 年美国次贷危机的爆发引发了全球经济危机，央行为抑制经济下滑下调存款准备金率，使得经济发展迅速回升。2010—2012 年，为应对国内资金流动性过剩和通胀问题，央行多次上调存款准备金率，同时不断加息，这一举措不但没有抑制通货膨胀，过高的存款准备金率还对银行业的发展造成阻碍。因此，存款准备金率对宏观经济进行调控仍有一定的局限性。2014—2019 年，中国人民银行多次实行"定向降准"政策，该政策的"降准"主要针对一些实体经济贷款达到规定比例的银行,通过这一政策的实施,更多的金融机构愿意发放贷款给实体经济,缓解发展较好的中小微企业贷款压力。

对存款准备金率进行调整的主要目的在于控制货币资金在市场上的流动,从而达到调控宏观经济的作用,当市场上开始出现通胀时,央行为了抑制市场需求会对存款准备金率做出上调;当市场上经济出现下滑趋势时,央行则会下调准备金率,提高货币流通,促进了经济的增长,但也可能带来通胀压力。准备金率上调下调的交叉使用,充分体现了该政策的灵活性,有利于促进我国宏观经济稳定,成为我国进行货币政策调控的重要手段。但是该政策同时也存在一定局限性,所以货币当局在使用该项政策时应进行审慎考虑。

3. 存款准备金率调整对商业银行资金的影响分析

(1)存款准备金率调整对商业银行资金流动性的影响。

1)对货币供给量的影响。货币供给量多指在一定的时期内可用于交易的货币总量,包括单位持有的现金总量以及各项存款总量,有狭义、广义之分。一般情况下,提高存款准备金率会使得商业银行可配置资产数量减少,银行可发放的贷款总量也会下降,市场上流通的货币数量也会减少。倘若央行下调存款准备金率就意味着商业银行能够保持更多的货币在手,进而创造信用的能力得到加强,市场上的货币流通性也得以提升,货币供给量和贷款总量也就相应增加。

2)存款准备金率变动对超额准备金和贷款规模的影响。超额准备金就是商业银行在央行存款账户上的实际准备金与法定准备金之间的差额,目的是为了保持银行经营的稳定性与资产的流动性,倘若上调存款准备金率,商业银行持有的货币将有所减少,创造信用的能力将会被有所削弱,要减轻经营压力,银行就会选择较少超额准备金的规模,释放出一些资金来缓解压力,同时也会缩小贷款规模,减少货币供给量。反之,下调法定存款准备金率,超额准备金所占比例会相应提高,信贷规模也会扩张,商业银行流动性增强。

(2)存款准备金率调整对商业银行风险承担的影响。存款准备金率政策对商业银行风险承担渠道的作用机理主要有参与主体的价值、收入和现金流机制、追逐收益机制、中央银行的沟通及反应和杠杆机制、习惯形成路径等五个方面。在我国,大多数学者将存款准备金因素引入到动态线性模型(Dynamic Linear Model,D-L-M)模型中,分析了存款准备金政策对银行业风险承担的影响,并用大量的实证研究表明:当央行下调存款准备金率时,商业银行更愿意进行高收益、高风险的投资活动,因为当银行有比以往更多的资产持有在手时,更倾向于抓紧机会开展更多高回报的业务,所以以往那些风险较低、收益不高但是稳定性较好的项目已经不能满足该时期银行对于收入的需求,宽松的货币政策环境会通过影响商业银行管理者承担风险的意愿来诱使银行承担更大的风险。所以,商业银行作为主要的货币政策风险承担渠道,货币政策的操作很大程度上影响到商业银行的风险承担行为,从而增加金融体系的稳定。

(3)存款准备金率调整对商业银行资金管理的影响。存款准备金率的调整在一定程度上可以有效促进我国商业银行提高资金管理水平。当央行上调存款准备金率时直接影响到银行可用资金数量,降低了企业从银行间接融资的可能。为了防止流动性风险的发生,银行会通过其他渠道获取资金,缓解资金短缺压力。久之也就提升了商业银行应对环境变化的能力与资金管理水平。当央行下调存款准备金率时,银行有更多资产开展信贷业务,面临的风险也更高但较为分散,这就促使银行更加注重自身的经营风险,加强了银行内部管理、资金配置管理以及风险防范能力的提升,从而银行效率不断提升,经营效率得到优化。

4.2 商业银行资金运用状况

如今,我国商业银行的规模不断扩大,再加上外资银行的涌入,使我国商业银行所面临的竞争更加激烈,国内商业银行要在市场上占有一席之地就必须重视资金的运用,以轻资本占用的资产管理业务为突破口,提高资金运用能力,改善运用效率,增强银行竞争力。

商业银行运用资金进行获利所开展的业务主要是指资产业务,包括发放贷款、投资等途径,所获收益是银行最主要的利润来源,所以资产规模以及运用方式对于银行是至关重要的,资产管理成为银行日常经营活动中的重要步骤,只有合理有效的管理才能提高银行的资产利用效率、建立竞争力、提升发展速度。我国商业银行资产业务主要包括各项贷款、银行投资、现金及在中国人民银行(以下简称"人行")存款类资产和其他资产。各种资产的实际运行环境不同,其承受的风险不同,收益率也各不相同。本书以某商业银行 2019 年底的资金运用情况为例进行分析,如图 4-1 所示。

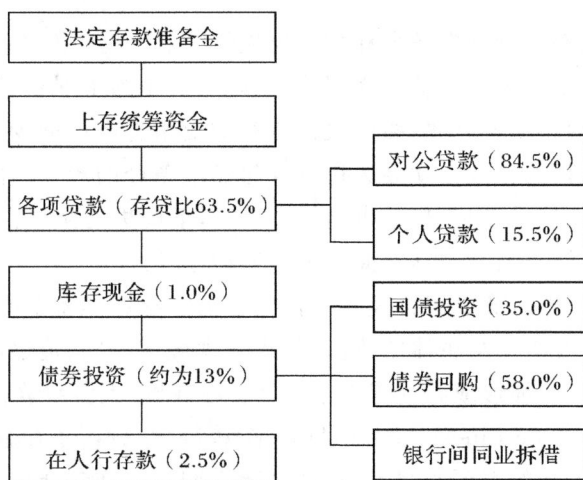

图 4-1 2019 年底某商业银行资金运用情况

(1)各项贷款是商业银行收入的主要来源,是高盈利、高风险资产。发放各项贷款是商业银行最主要的盈利手段,从研究的某商业银行 2019 年资金运用分析,各项贷款已占到资金运用总额的 63.5%(见图 4-1)。银行开展的各项贷款业务根据不同的标准可分为不同的类型,为了满足不同顾客个性化、多样化的贷款需求,银行不断进行业务创新推出了各具特色的贷款业务,值得注意的是贷款业务为银行创造的收益不断增加,但是同时也增加了风险管理的难度,而且相比于其他资产活动流动性也要更差,一定程度上增加了银行的经营风险。

(2)债券投资是商业银行中的盈利性资产,风险相对银行贷款较低。图 4-1 可见,债券投资占商业银行资金运用约为 13%,成为次于各项贷款和法定存款准备金的主要资产。银行作为我国金融体系的重要组成部分,既要积极开展业务获取可观收益,同时也要追求经营的稳定性,投资作为资产业务之一,是银行的主要收益来源,但考虑到投资的风险性,我国商业银行进行长期债券投资时主要购买国债以及政策性金融债等收益较为稳定、风险较低的债券,为了满足流动需求还会进行短期证券投资,多为政府债券。除此之外通过我国银行间同业拆借市场进行债券回购和信用拆借,取得收入的同时保持资产的流动性。债券投资是商业银行中的盈利性资产,风险相对较低。在银行投资资产中,购买国债和政策性金融债券及投资短期政府证券风险较小,而债券回购和信用拆借由于流转快,累计交易量远远超过前两种投资资产,加之同业拆借市场利率已经市场化,面临相对较高的风险。

(3)现金及在人行存款类是低风险、低盈利资产。现金及在人行存款类是商业银行应付流动性需求的第一道防线,库存现金的流动性是最强的,目的是满足取款、贷款以及其他各种现金需求,是商业银行的一级准备。库存现金是非盈利性资产,在人行存款类资产则是低盈利资产,由于现金和人行存款类资产给银行创造收入很低,所以银行尽量压缩现金和人行存款类资产,使其保持在很低的水平,但其风险几乎为零。

其他资产主要包括银行拥有的固定资产和无形资产,一般占银行总资产的比重较小。由上述分析,在研究商业银行资产配置效率时,根据资金运用和风险状况,选取各项贷款进行配置效率研究。

4.3　商业银行不良贷款情况

4.3.1　商业银行不良贷款状况

自2008年美国爆发次贷危机以来,世界各国经济面临了不小的挑战,其中银行业纷纷受到重创,仅在美国就有近20家银行面临倒闭,随之而来的就是全球经济的下滑。次贷危机波及全球,对我国金融市场也造成了很大的影响。从我国国内生产总值来看,2008年我国GDP增长率相较2009年减少了4.53%,2014年经济"新常态"也证明,我国国内经济面临着巨大的下行压力。2015年,中国股市波动异常剧烈,上证综指在"国家队"的火速救援下依旧挣扎在3 000点左右,股票市场动荡不安,货币市场也不活跃,国内经济发展缓慢,国内生产总值下降。经济下行压力使得国内各个企业经营状况不佳,尤其是处于发展期的中小微企业更是难以维持,银行向企业发放的贷款成为不良贷款的概率也就大大增加了,经济下行与银行不良贷款的互相促进作用,使得银行的经营变得更加困难。

国有商业银行的发展为我国经济发展做出了很大贡献,但同时产生的不良贷款也是造成经济发展阻碍的重要原因。从银行的贷款结构来看,银行贷款主要包括企业贷款、个人贷款和票据贴现,其中企业贷款是银行主要的贷款对象,同时也是不良贷款的主要来源。近几年,国家大力扶持有发展前景的中小微企业,不断提供资金支持,国有商业银行也积极响应国家政策,为中小微企业提供融资便利,进一步扩大了企业贷款规模,过高的贷款集中度无疑加大了信用风险爆发的可能性。

从国有商业银行五大行公布的年度汇总报告来看,中国银行、工商银行、农业银行、建设银行、交通银行在 2019 年的不良贷款率分别为 1.37%,1.43%,1.40%,1.42%,1.47%,其中以交通银行的 1.47% 为最高,国有商业银行在不良贷款率上的变动见表 4-5。从表中国有五大行 2008—2019 年不良贷款的数据分析可知,2008 年由于全球金融危机的影响,国有商业银行的不良贷款率均出现大幅增长,金融危机之后的 2009 开始,国有商业银行存在的不良贷款开始有所下降并持续到 2012 年,这一期间农业银行的不良贷款率从 2.91% 下降到了 1.33%,可见不良贷款得到了较好的治理,但是 2012 年之后不良贷款率整体又表现出逐年增长的趋势,在 2017 年才得到减缓,2018 年、2019 年继续得以减缓。横向比较来看,在五大国有商行中,农业银行不良贷款率一直居于首位,在 2015 年、2016 年增长率分别达到了 2.39%、2.37%。纵向比较来看,最近几年,我国国有商业银行均出现了不良贷款双升现象,以 2015 年和 2016 年最为明显。虽然国有银行不良贷款率不是很高,但是由于国有银行贷款基数大,不良贷款率数值的下降并不代表不良贷款的有效下降。

表 4-5　国有商业银行 2008—2019 年不良贷款率

单位:%

年 份	中国银行	工商银行	农业银行	建设银行	交通银行
2008 年	2.65	2.29	4.32	2.21	1.92
2009 年	1.52	1.54	2.91	1.50	1.36
2010 年	1.10	1.08	2.03	1.14	1.12
2011 年	1.00	0.94	1.55	1.09	0.86
2012 年	0.95	0.85	1.33	0.99	0.92
2013 年	0.96	0.94	1.22	0.99	1.05
2014 年	1.18	1.13	1.54	1.19	1.25
2015 年	1.43	1.50	2.39	1.58	1.51
2016 年	1.46	1.62	2.37	1.52	1.52
2017 年	1.45	1.55	1.81	1.49	1.50
2018 年	1.42	1.52	1.59	1.46	1.49
2019 年	1.37	1.43	1.40	1.42	1.47

4.3.2　商业银行不良贷款的成因分析

1. 宏观经济对不良贷款造成的影响

大多数学者研究表明,商业银行的不良贷款与宏观经济发展之间存在着很强的负相关性,经济下行、汇率贬值都会造成不良贷款数量的增加。商业银行作为国有资本的经营者,其信贷政策必须适应宏观经济的发展。因此,商业银行信贷资产质量与宏观经济政策、财政货币政策、政府行为等有着十分密切的联系。

①经济周期对不良贷款的影响。一般来说,经济增长是银行盈利的主要因素,而任何一种经济形式都会在繁荣与萧条之间周期性波动。当经济发展变得缓慢时,企业面临的市场风险增大,经济效益下滑,获利能力的下降使得预期收入无法实现,这时企业就可能面临无法偿还银行贷款的可能,银行作为债权人无法收回资金,就会导致问题贷款数量的增多。②政府对宏

观经济的干预也是不良贷款产生的重要原因。政府干预宏观经济调控主要表现为"看得见的手",最直接的方法就是通过财政货币政策干预宏观经济,宽松的财政货币政策会刺激社会需求不断增加,有需求就有供给,企业大量产品的销售,为其带来了丰厚利润,缓解了企业财务压力,银行贷款也就会随之减少;反之,则会增大企业财务压力,使得贷款不能及时偿还,最终成为银行的问题贷款。同时,为响应国家政策,政府部门也会出台一系列政策措施,令银行为企业提供贷款,例如近几年,国家为支持中小微企业的发展,为其提供融资便利,就放宽了对中小微企业的贷款要求,这也为银行不良贷款的产生埋下了隐患。

2. 银行内部运营管理状况对不良贷款造成的影响

不良贷款形成的主要原因就在于银行内部经营管理水平低下,没有足够的能力去防范可能存在的风险,其中主要原因可归结为以下几点:

(1)银行内部信贷管理制度不健全。当处理企业贷款业务时,银行只注重了贷款数量,而忽视了贷款的质量,同时缺乏对贷前、贷中、贷后整个过程的管理,贷前对企业的信用、盈利能力以及企业的经营状况各方面的调查不够深入、全面;贷款之后企业资金用途是否符合约定或规定、企业经营活动是否正常、盈利状况是否稳定等问题没有进一步的追踪调查。银行自身对风险预测能力不足,自身监管制度不完善,这些都使得银行不良贷款数量不断增加。

(2)考核及激励机制不科学。银行从业人员受考核机制的影响,将发放贷款的数量作为银行内部绩效考核的一项重要指标,因为它决定着每个人的薪酬利益。这就使得内部员工往往看重的只是贷款规模,而并不在意银行的长远利益,导致一些经营策略和经营行为变得不理性,信贷风险也随之增大。员工收入没有和信贷资产质量挂钩,一定情况下也增加了不良贷款的产生。

(3)银行放贷过于集中。不同产业的生命周期会有所不同,银行应该根据产业当前所处的经济周期相应地调整贷款审批额度,并且将贷款发放给不同的产业来避免由于某一产业的萧条而带来大规模问题贷款,化解行业的系统性风险,降低放贷的集中性。但目前来看,我国关于放贷集中这一问题仍然没能得到很好的化解,银行普遍存在较高的系统性风险,不仅如此,近年来原本的"优质"行业由于受到国家政策的影响,收入水平普遍有所下降,使得银行的风险管理难度更大。

3. 借款人的借贷行为对不良贷款构成的影响

有学者认为,借贷双方及其借贷行为是商业银行不良贷款产生、累积的根本原因,经济周期、政策变化、行业发展状况这些外部因素虽然会对不良贷款构成影响,但这些只是在相关人员造成不良贷款的整个过程中保持其活跃性,并非造成不良贷款的主因。银行贷款是企业融资的一项重要渠道,当企业从银行获得贷款进行投资活动时,银行就得承担一定的信用风险,银行能否按期收回本金及利息很大程度上都取决于企业的经营状况,而关于企业经营状况的不可控因素非常多,就导致银行所面临的不确定性更高。银行把资金贷给借款人的活动,其实也是一种委托代理关系。对于银行来说,它们所拥有的借款人信息大都来源于企业在进行贷款请求过程中所提供的,贷款人可能会在这个过程中造假,来骗取银行贷款,这就使得出现不良贷款的概率会大大上升。所以银行在进行贷款时必须做好借贷人的征信工作,对其还款能力、财务状况、发展前景、信用等方面进行深入的了解,严格贷款审批制度,不能只顾眼前利益,有效控制不良贷款的产生,提高资产质量。

4.3.3 商业银行不良贷款的影响分析

1.对银行发展的影响

不良贷款对商业银行发展的影响主要概括为四个方面。①不良贷款的存在会对银行的经营效益产生重要的影响。利差收入是商业银行主要的盈利模式,当一笔贷款变成不良贷款无法收回时,银行不仅不能从该笔贷款中获取利息收入,而且还要向储户支付相应的利息。另外,由于银行的经营活动对资金的流动性要求较高,而不良贷款会造成资产占用,使得银行的资金运用效率水平降低,影响银行的盈利能力。②不良贷款的存在往往会造成银行的信用危机,不良贷款意味着部分资金不能如期收回,这就使得银行原本高速运转的资金循环在某一环节出现断裂,对银行的支付环节产生影响,从而导致银行将面临信用风险。而银行是靠自身信誉来赢得客户的,信用风险的存在给银行带来了生存的考验。③不良贷款也会影响银行的竞争力。随着银行不良资产的增多,银行可用于放贷的资金减少,资产规模的缩小使得银行无法在金融市场占据优势地位,加上外资银行的不断涌入,我国商业银行的竞争会不断增大。④不良贷款率的居高不下说明银行在对自身的信贷管理中存在问题,贷款管理人员对于风险预估的能力不足、运用管理方式不适用等都将严重影响着商业银行对贷款风险的控制,阻碍商业银行的发展。

2.对国家经济和金融稳定的影响

不良贷款阻碍着银行业及国民经济的持续健康发展。银行作为金融行业的重要组成部分,引领行业的发展,对整个国民经济的发展起着相当重要的作用。银行经营的原则是安全性、流动性、盈利性,不良贷款的产生违背了这 3 项原则,使得银行抗击意外事件冲击的能力下降,进而引发一系列危机,影响整个银行业的安全运行,最终导致整个社会经济的不稳定。不良贷款的存在使得银行经营的资金循环无法正常运转,每一业务环环相扣,贷款无法收回,就无法满足取款需要,银行的支付能力将受到质疑,银行业的动荡将影响到整个国民经济的健康运转。不仅如此,由于不良贷款的存在,很可能会导致企业间的贷款拖欠情况加重,信用风险极大上升,并将风险传递到其他金融机构,使得面对经济危机时很可能出现金融系统的崩溃。

4.4 经济资本管理

经济资本,从资金来源的角度定义就是用于抵御风险的股东投资。从计量角度解释就是银行出于防范风险的需要从而为了弥补非预计损失所需要的资本,经济资本指的是银行所需要的或者说是应该有的资本,而不是实实在在发生的资本。经济资本的作用体现在以下几点:①能够提升银行风险管理水平,提高银行进行风险防范的积极性;②可用于绩效考核机制中,在对经济资本进行管理的过程中就需要对银行的盈利能力以及风险承担能力有所考量;③能够充分实现资源的合理配置,经济资本管理需要对各部门进行资本分配,从而达到资源的有效配置。经济资本现在已经成为商业银行全面风险管理的有效途径和重要手段。

4.4.1　巴塞尔资本协议

随着全球金融市场的逐渐开放,全球资本市场的快速发展,各个国家对于银行的约束在逐步减少,银行业的竞争越来越激烈,面临的风险也越来越大,整个金融体系发展过程中的稳定性与安全性正在经受全新的考验。为了维护全球金融市场的稳定和可持续发展,使得商业银行的风险与收益能够匹配,巴塞尔资本协议便应运而生,对银行资本与风险监管提出标准化的要求,巴塞尔资本协议的发展进程与商业银行风险管理发展进程息息相关,主要经历了以下三个阶段。

(1)稳健的金融体系是经济发展的基础,《巴塞尔协议》于 1988 年提出,该协议中"资本充足率"的概念首次出现,该指标能够反映出银行承担损失的程度、抵御风险的能力,也明确规定商业银行的资本充足率最低应该保持在 8%,以此来减少商业银行面临的风险,这样就形成了以资本充足率为重心的银行风险管理体系。这一协议将银行资本管理与风险管理结合起来,首次实现了资本与风险的统一,为银行业的监管体系提供了标准与依据,对全球银行业的发展具有重大意义。

(2)8%的最低要求虽然在一定程度上减少了银行面临的风险,对资本管理水平也有所促进,但是并没有对不同银行的资本风险进行细分,对风险的覆盖也不全面,使得一些银行在补偿监管资本时面临很大压力。为此,巴塞尔委员会在 2004 年发布了《巴塞尔协议Ⅱ》,即新资本协议,在原有的协议上进行了一定程度的改进。该协议将经济资本对规避银行经营过程中的市场风险、操作风险、信用风险等的重要性做出了突出说明,同时将风险测量模型作为银行最低资本比率确定的内部评级法,运用该模型进行差异化的风险测量,对旧的资本协议进行进一步的修正与改进,激励银行重视、加强对风险的管理,从而达到风险与资本的合理匹配。

(3)2008 年全球金融危机的爆发,金融市场出现剧烈波动使得银行业面临资本流动性风险,这时许多资本充足率较高的银行也遭遇破产,暴露出银行业在风险管理中存在的问题。巴塞尔委员会为进一步加强资本监管,于 2010 年发布《巴塞尔协议Ⅲ》,提出了资本与流动性改革的一系列建议,对商业银行监管资本的数量及覆盖的风险范围等各方面都制定了更高的标准,同时对资本充足率的监管要求更加严格,对银行业的流动性管理也提出了新的要求。《巴塞尔协议Ⅲ》在前一协议的基础上进行了更深入、更全面的改进,对全球银行业提出了更高的监管要求,对银行业的未来发展方向产生了深远的影响。

《巴塞尔协议》的提出,让银行业开始以资本约束理念为基础的地位在银行业得到奠定,经济资本成为商业银行风险和价值管理的核心。随着经济资本的不断发展,目前,国际银行业通用的最为有效的风险管理体系就是经济资本管理体系。

4.4.2　经济增加值理论

经济增加值(Economic Value Added,EVA)于 1991 年被提出,这一指标多被用来衡量管理者的业绩水平,由税后净营业利润与全部资本成本之间的差额来衡量,其核心是资本投入是存在成本的,只有当企业的盈利大于资本成本的时候,投资者才能够获得收益。EVA 是一个绝对值,能够对真正的"经济"利润进行评估,所以在进行计算时,首先需要排除风险影响,以税后净利润减去债务和股本成本所得余额就是 EVA,数值越大,说明该项资产或者业务创造利润的能力更强。与会计利润指标最大的不同就是 EVA 在评估过程中将资本成本也纳入考量范围,认为企业价值是在收益弥补各项成本后还有剩余的情况下发生的,与商业银行传统的绩效评价方法相比,该指标能够更加准确、客观地体现企业的经营状况。

经济增加值理论是在剩余价值理论的基础上,基于投资组合理论、MM 理论和资本资产定价模型(Capital Asset Pricing Model,CAPM)提出的。在 EVA 绩效评价体系下,商业银行必须运用资金成本约束的手段,不断降低资金成本。与传统的财务指标相比,其具有三大优势:①能够更加真实、准确地反应出企业价值和经营状况。EVA 评价体系将股权资本成本和债权资本成本都纳入考量,这一做法使得该体系在反映企业经营情况时相比传统的会计利润指标更加客观、准确。②EVA 的使用更加广泛,因为它还包含了债券成本、股权成本等多项成本,并且区别于其他收益指标,可以应用到证券业、保险业等更多的金融领域中去。③统一了企业股东和管理者的共同利益。在银行内部也存在委托代理问题,投资者追求银行的发展与资产的增值保值,而经营者则追求个人财富的最大化,双方效益函数的不同,导致银行的经营风险有所提高,而通过 EVA 这一绩效评价体系就能够很好地将股东权益、管理者利益联系起来,促使二者的目标达成一致,能从长远的角度出发,制定合理的经营策略,不断提升企业价值,实现互赢互利。

4.4.3　经济资本配置

经济资本配置是指商业银行先综合考虑宏观因素和自身经营状况计算出能够弥补非预期损失的经济资本额,再综合考虑信用评级、经营风险等因素,将经济资本在各机构、业务中进行合理分配,主要目的就是实现风险和收益这两者之间的平衡,从而促进银行的发展。

经济资本优化配置的主要内容有以下 3 项:①经济资本优化配置从银行内部条件与外部环境两方面的要素出发;②防范风险的能力以及创造收益的能力都要加以考虑;③经济资本配置是一个动态的过程,贯穿于银行的所有部门,是银行全部职能部门、全部员工、全部业务部门协同参与的决策过程。商业银行通过经济资本优化配置,能够提高银行经济资本利用率,减少资本占用的情况从而促进业务规模发展,进行全面风险管理,实现银行价值创造能力的快速提升。

经济资本配置的基本目标是将有限的经济资本更多地投入到具有较强价值创造力的业务中去,对于回报率较低的业务应该进行适当的限制,从而使得资源能够得到最有效的运用。根据每个业务部门经营状况和风险状况的不同,进行相应地资金配置,资金配置既要具有总结性也要有前瞻性,反映历史情况的同时又能体现未来的发展要求。资金配置的目的就在于将风险与收益进行匹配,寻找其中的平衡点,以期在价值增长的同时实现股东效益最大化。随着《巴塞尔协议》的实施,银行越来越重视以经济资本配置为重心的经济资本管理。

4.5　小　　结

　　本章主要是对我国商业银行资金运用和管理现状进行了分析,利率市场化的不断推进,深刻改变着我国商业银行的盈利模式和资金管理状况,目前贷款仍是商业银行最重要的信贷资产,占据商业银行运用资金的 60% 左右。而债券投资是商业银行除贷款业务外的一项重要资产业务,其占总资产的比重逐年不断增加,成为商业银行增加营业收入,分散经营风险的重要手段。利率市场化使得商业银行能够自主进行利率定价,这在一定程度上加剧了银行间的竞争,而且企业和民间资本的直接交易使得银行的贷款业务受到冲击,恶劣的市场环境对银行的风险管理提出了更高的要求,要求商业银行应该注重资金配置,减少不良贷款的产生。但是从国有商业银行不良贷款现状来看,信贷规模的增长,也伴随着信用风险的日益增大。不良贷款的存在不仅造成银行资金占用,而且导致经营效率的降低。建立严格的贷款监管制度、激励制度、提升人员业务能力等都是银行避免不良贷款、维持自身发展、为国民经济稳定发展保驾护航的重要途径。《巴塞尔协议》的出台,促使我国商业银行注重收益与风险的平衡,资本管理得到了更多的重视,银行意识到想要实现风险的全面管理,提高业务回报率,促进银行实现价值最大化等目标,进行经济资本的管理是重中之重。经济资本的管理功能主要体现在可以不断提高商业银行的资本管理水平、能够充分实现资源的合理配置和可用于绩效考核机制中等三个方面。商业银行应该利用资金资本管理的功能合理配置资本、提高风险管理能力、实现商业银行价值最大化目标,推进银行业的可持续发展。

第 5 章　我国商业银行的产权结构及特征分析

本章从产权结构的内涵和分类出发,分析了我国商业银行产权结构变化过程,并以我国主要的商业银行,即国有、全国股份制和城市商业银行为分析对象,系统分析了其产权结构现状以及产权结构的特征,并对产权结构存在的问题进行了剖析。

5.1　产权结构的内涵和分类

5.1.1　产权结构的内涵

诺贝尔经济学奖获得者科斯是产权理论的创始人,他在现代西方产权理论中首次提到产权与效率之间有着密切的关系,企业最优的产权结构是在产权明晰的前提下实现外部性内部化、经营主体财产责任化、激励约束机制不断优化,使得企业的经营效率得到有效的提高。经济学家德姆塞茨首先提出了详细的产权概念,并对此进行了系统的分析,他在《关于产权的理论》一书中把产权定义为:所谓产权,是一种权力,一种使自己收益、他人受损,或者使他人收益、自己受损的权利。产权的主要任务是帮助人们在交易过程中形成他们可以合理持有的期望。诺斯也从这个角度定义了产权,认为其本质上是一种排他性权利。产权是经济主体拥有或对资源所能行使的,集合了各种权力的一种权利。在市场经济活动中,经济主体的生存和发展很大程度上取决于产权是否明晰。

根据经济学原理,产权结构是企业所有权在各类型出资者中的集中程度和分布状况。本书讨论的主体是商业银行,商业银行是以经营个人、企业存、贷款业务为主,结合金融创新环境下衍生的各类中间业务为辅来获得利润收益的货币经营企业。因此,可将商业银行视为一种特殊的企业。商业银行的产权主要体现为股权,其产权结构即为股权结构。

股权是出资者对企业财产的最终所有权,对于股份制公司来说,股权包括了全部股东对公司可行使的权利,是体现在产权中的一项权利,所以股权是商业银行产权的基石。股权结构同样是基于产权结构发展而来的。产权理论中的剩余控制权和剩余收益权亦称为所有权,股份制公司对所有权的分配就是其股权结构的构建,本书研究商业银行的产权结构即为银行股权的构成状况。银行股权结构通常包含以下几项:①股权性质,也是股权的属性,主要包括国家股、法人股、内部人持股、外资股及自然人持股等多种类型;②股权集中度,常用指标一般有第一大(或前五大)股东持股比例之和;③股权流通性,可分为上市银行和非上市银行;④股权的市场分割情况。总之,合理的产权结构对商业银行经营效率有着无法替代的作用。

5.1.2　产权结构的分类

产权结构,是指同一类型产权内部与不同类型的产权主体之间的相互连接的格局或相互关系,或者指构成产权要素的性质、地位和数量比例关系。

产权结构包括四个基本特征:①多样性。其自身的发展性、多样性和复杂性决定了其产权结构的多样性。②历史性。在不同的历史发展阶段,都有和它相匹配的产权结构,相匹配的产权结构才能促进社会经济的健康可持续发展。③再优化性。在社会经济的发展下,人们对科学知识进一步学习,不断加深对产权结构的认识,从而根据生产力的进一步发展和经济发展的需求下不断调整产权结构,促使产权结构不断优化,更适应生产力的发展。④可调整性。随着产权的进一步分解,产权结构在不断调整中逐步优化,产权结构的动态性和开放性也随着产权结构的可调整性不断显现出来,只有不断调整产权结构,才能适应社会经济发展。

不同的产权结构从质的方面来说,从剩余控制权与剩余索取权的相匹配的程度来研究,有以下两种情况:①剩余控制权为不可竞争型,拥有产权的主体行使其产权的能力的情况。当该主体的能力不够行使全部产权时,要分离出去部分产权,并由他人代理,产权的委托代理是一种不同的产权结构,而不同的产权委托代理方式又会形成不同的产权结构。②剩余控制权为可竞争型,剩余控制权和剩余索取权可以相互协调配合。拥有产权的主体对产权所持有的数量及其对应的资产数量与资产运营的规模的情况形成各自控制竞争的局面。

产权结构从量的方面来分析有两种:①一元化产权结构,也被称为股权高度集中型。其指企业投资者中只有一个投资主体,主要股东为政府,持股比例在50%以上(含50%),具有绝对控股或虽未相对控制,但在一定程度上达到绝对控股地位。具有产权主体唯一性、增量资产部分的产权不清晰、产权不可分割性的特点。②多元化产权结构,指投资主体有多个。多元化的产权结构也可分为两种类型:相对集中的股权和高度分散的股权。股权的相对集中是指在多数情况下,少数法人持有集中股权,最大股东持有的股份少于50%。与此同时,还有其他一些股东持有相对较大比例的股份。最大股东具有相对控制权,在发达资本市场,股权高度分散,大部分股权由机构投资者或个人投资者持有,个人股东比例小于10%。

5.2　商业银行产权结构分析

5.2.1我国商业银行产权结构变化过程

商业银行是以经营个人、企业存贷款业务为主的一类特殊的企业。因此,不同类型商业银行的经营策略与经营效益必然会因产权结构的不同而受到影响。事实证明,单一的股权结构很难形成有效的制约机制,降低了银行的内部组织运行效率。只有不同产权主体之间进行博弈,鼓励产权主体多元化,才会有利于银行的进一步发展。我国银行业产权结构改革是一个逐步发展的过程,从原国有金融产权的完全垄断到具有各种形式产权的初级竞争市场,再到国有独资出现、股改上市这一复杂过程,初步建立了符合现代银行发展经营的产权制度,大致经历了以下4个发展阶段。

(1)从新中国成立初到1957年,在计划经济体制下中国银行业处于高度集中的状态,基本制度完全由中央银行控制。为适应单一的银行制度,我国自1953年起实行"统存统贷"的管理措施。从产权结构看,国家金融产权的唯一代表是中国人民银行,其分支机构遍布全国,具有全国性的融资能力。在这一时期,我国银行业的产权结构没有行业内的竞争者,也没有市场竞争机制,这是一个单一的国家所有产权。这种单一的产权制度也影响了改革开放后我国国有商业银行产权制度的转变。

1979—1983年,在经济体制全面改革的要求下,我国成立了中国人民银行管辖的四大国有专业银行(中国银行、中国建设银行、中国工商银行、中国农业银行)体系。1979年,中国银行正式脱离中国人民银行,主要负责外汇管理,同期中国建设银行也脱离国务院财政部,承担更多的银行职能;1984年,中国工商银行成立,主要办理城镇居民信贷和结算业务。1985年的额外改革旨在使这些专业银行有更大的空间作为竞争性国家银行筹集和分配资金。虽然在这时期,国家专业银行有了一定的经营自主权,但产权还是国家所有,还没有形成银行业的竞争机制。

(2)自20世纪80年代中期以来,在政府的支持下,中国银行成立了多个股份制商业银行,包括交通银行、中信实业银行、招商银行、福建兴业银行、广东发展银行、深圳发展银行等股份制银行。这些股份制商业银行打破了中国银行业单一产权的国有股权结构。随着企业份额在我国银行业的参与,四大国有银行也参与了市场竞争,形成了中国市场的初步竞争机制。随后,民生银行的成立也标志着我国第一家全国股份制商业银行有非公有制企业入股,私人股的加入也促进了我国银行业的市场化改革,至此,我国国有商业银行走上了商业化轨道。虽然改革已经有了很大进步,但这一时期,我国银行业总体产权结构还很单一,产品是趋向传统的存贷业务,依旧是国家行政主导下的寡头垄断格局,在存贷款业务中四大国有专业银行依旧拥有明显的绝对优势。因此,私人股份制商业银行在四大国有专业银行雄厚实力的对比下存在竞争力低弱的劣势,并且由于四大国有专业银行在发放贷款方面存在漏洞,盲目向传统老工业企业发放贷款,导致了大量不良贷款,所以我国银行业的经营效率和盈利能力长期表现不佳。

(3)2001年12月,我国正式加入WTO,取消了对外资银行的限制,外资银行进入国内银行业市场,竞争压力巨大。2003年,我国金融业进行了新的改革实践,改为四大国有商业银行,国务院启动股份制改革。2005年下半年,建设银行引进了美洲银行和亚洲金融控股有限公司的两股外资股,中国银行与苏格兰皇家银行、新加坡淡马锡控股、瑞士银行和亚洲开发银行等四家外国战略投资者签署了战略合作协议;同年,中国银行、交通银行、建设银行分别上市,至此,我国银行业产权多元化,理财产品多元化,中间业务比重不断发展壮大。截至2006年10月27日,三大国有商业银行,即中国工商银行、中国银行和中国建设银行,成立了股份有限公司。中国农业银行于2010年7月15日完成上市,但没有战略投资者,其他中小股份制商业银行也采取了重组、补充资本金、引进新的境外战略投资者等措施,完善和优化公司治理结构和内部控制制度建设。

(4)2007年初,银监会放宽了农村金融机构准入政策。引入民营产权,缓解小微企业融资难问题。到目前为止,改革的需求和观念、改革的基础和宏微观环境已经相对成熟,民营产权的扩张应与存量改革和增量改革相结合。存量改革旨在分散国有产权,改善国有产权一股独大的状况,逐步实现利益均衡,完善公司治理,提高国有银行效率。增量改革有利于形成健全的市场竞争新产权结构,构建现代公司治理体系,金融服务实体经济覆盖面也有所扩大,实施普惠金融。

5.2.2　国有商业银行产权结构现状

20 世纪 80 年代末,我国商业银行业的改革逐步开始,当时国有商业银行的产权改革并没有改变国家所有的根本属性,只是通过分权的形式来体现。从 20 世纪 80 年代开始的改革并没有完成产权明晰的任务,改革只是表面的。2003 年年底,中央汇金投资有限责任公司成立,拉开了国有商业银行股份制改革的序幕。同年,国家在四大国有银行中选择中国银行和中国建设银行进行股份制改革试点,并动用 450 亿美元外汇储备注资。2005 年,我国还启动了中国工商银行股份制改革,并向其注资 150 亿美元补充资本金。同时,要求 3 家银行以建立具有国际竞争力的现代股份制商业银行为改革目标,大力推进公司治理结构改革,加强风险管理和内部控制。目前,国有商业银行均已上市,2009 年 1 月,中国农业银行也完成了股份制改革。我国国有商业银行改革的基本过程可以概括为"先内部改革重组,后改制上市;先试点,后推广;先法人股,后社会公众股"。至此,已基本完成中央"金融体制改革股份制改造引入战略投资者公开上市"的改革任务,在产权和公司治理方面,现代意义上的商业银行框架已基本建立。

国有商业银行主要指由国家直接控权的银行,2019 年为中国工商银行、中国农业银行、中国银行、中国建设银行以及交通银行,实现了产权结构多元化。五家国有银行均上市,交通银行分别于 2005 年 6 月、2007 年 5 月在香港证券交易所挂牌上市、上海证券交易所挂牌上市。中国建设银行于 2005 年 10 月在香港证券交易所挂牌上市,A 股上市于 2007 年 9 月。2006 年 6 月,中国银行在香港证券交易所和上海证券交易所成功上市,2006 年 10 月,中国工商银行在上海证券交易所和香港证券交易所上市。中国农业银行于 2010 年 7 月在上海证券交易所和香港证券交易所成功上市。

国有股在银行产权结构中占有不可或缺的地位,银行业构成了金融市场体系的主体,银行业中国有商业银行最先建立,这种银行体制逐渐进行改革,出现了股份制商业银行等,后来出现的银行并不是市场演变的结果,而是在国有银行的基础上直接进行产权改革从而建立起来的,因此国有制仍然是我国很多银行的一个最大的特点。

由表 5-1 可知,从股权结构来看,工、农、中、建四大行的第一大股东都是汇金公司,持股比例很高。最高的中国银行高达 64.02%,中国建设银行也高达 57.11%,低的中国工商银行则为 34.71%。而交通银行第一大股东为财政部,持股比例为 23.88%,相对较低。从前三大股东持股比例来看,五家国有银行占比非常高,中国建设银行持股比例高达 94.86%,中国银行也高达 94.77%。四大银行中中国农业银行最低,但也高达 84.03%。而交通银行的前三大股东持股比例则相对较小,为 62.74%。从前五大股东持股比例分析,则与前三大股东持股比例相差不大,说明前三大股东持股比例远远超过了其他股东,股权集中度很高。

表 5-1　我国五家国有商业银行 2019 年底产权结构情况

银行名称	第一大 股东名称	第一大 股东性质	第一大股东持 股比例/(%)	上市流通股 比例/(%)	前三大股东持 股比例/(%)	前五大股东持 股比例/(%)
中国工商银行	汇金公司	国家	34.71	100	90.02	93.86
中国农业银行	汇金公司	国家	40.03	92.80	84.03	91.50
中国银行	汇金公司	国家	64.02	100	94.77	95.74
中国建设银行	汇金公司	国家	57.11	100	94.86	96.30
交通银行	财政部	国家	23.88	100	62.74	66.16

数据来源:各大商业银行 2019 年年报数据。

分别对 2010—2019 年国有银行的国有股(OS)、外资股(WS)、其他内资股(DS)、第一大股东占比(CR1)、前三大股东占比(CR3)、前五大股东占比(CR5)年均产权结构数据进行分析,其产权结构见表 5-2。

表 5-2　2010—2019 年五大国有商业银行年均产权结构数据

单位:%

银行名称	OS	WS	DS	CR1	CR3	CR5
中国银行	64.02	27.83	8.15	64.02	94.77	95.47
中国农业银行	75.32	8.73	15.95	40.03	84.05	91.50
中国工商银行	65.85	24.17	9.98	34.71	93.48	95.19
中国建设银行	57.11	36.78	6.11	57.11	94.77	96.21
交通银行	23.88	38.86	37.26	23.88	62.74	69.15

数据来源:各大商业银行 2019 年年报数据。

表 5-2 是五家国有商业银行在 2010—2019 年 10 年间 OS、WS、DS、CR1、CR3、CR5 的均值,从表中可以看出,五家商业银行的国有股比例很高,其中中国农业银行的国有股比例最高,占整个股权结构的 3/4,其他银行如中国银行、中国工商银行、中国建设银行的国有股比例也占一半以上,只有交通银行国有股比例在几家银行中占比最低,但 23.88% 也意味着占所有股份的近 1/4,国有股占比并不算低。这五家国有商业银行的外资股的占比高低正好与国有股比例相反,以中国农业银行占比最低,交通银行占比最高,甚至与国有股占比相当,其余 3 家国有商业银行外资股持股比重普遍在 30% 左右。

五家银行的股权结构都比较集中,第一大股东占比值较高,其中以中国银行的第一大股东占比最高,以交通银行第一大股东占比最低,因此交通银行的股权结构也更加松散。中国银行的第一大股东占有一半以上的股权,前三大股东占比值已经达到了 90% 以上,而交通银行股权结构是这五家国有商业银行中最为松散的,第一大股东仅占有 23.88% 的股权,中国工商银行和中国建设银行的股权也比较集中,中国建设银行第一大股东占比比中国工商银行更多,前五大股东占比高于 90%,中国建设银行相对中国工商银行的股权结构更加集中。

5.2.3　全国股份制商业银行产权结构现状

全国股份制商业银行是经过中国人民银行批准,其第一控股股东为国有法人单位,在全国范围内开展商业金融业务的股份制银行,目前主要有 12 家全国性股份银行,包括招商银行、浦发银行、中信银行、华夏银行和民生银行等。因为股份制商业银行的经营体制和股权结构相对灵活,所以上市最早,发展较快。截至 2019 年,我国 12 家全国股份制商业银行总体表现出:资产规模快速增长,负债业务结构优化,资产质量得到改善,利润增速增快,收入结构更趋合理,盈利能力稳步提升。

对 2019 年我国 12 家股份制商业银行的产权结构数据进行分析,12 家全国性股份银行目前已经有 10 家成功上市,仅有恒丰银行和广发银行这两家还未上市。浙商银行和渤海银行则分别于 2019 年 11 月和 2020 年 7 月上市,时间相对较晚。从股权结构分析,第一大股东持股比例差别较大。持股比例最高的是中信银行,第一大股东为中信有限公司,其持股比例高达65.37%。恒丰银行居第二,第一大股东为中央汇金投资有限责任公司,持股比例高达53.95%。平安银行为 49.56%,广发银行第一大股东持股比例为 43.688%,持股比例都很高。目前在股份制商业银行中第一大股东持股比例最低的是招商银行,香港中央结算有限公司为其第一大股东,持股比例不到 1/5,为 18.03%。其余 3 家银行持股比例也低于 20%,兴业银行第一大股东持股比例为 18.78%,仅低于招商银行。民生银行和华夏银行持股比例分别为18.92%和20.28%,均较低,见表 5-3。

表 5-3　我国全国股份制商业银行 2019 年底产权结构情况

银行名称	第一大股东名称	第一大股东性质	第一大股东持股比例/(%)	上市流通股比例/(%)	前五大股东持股比例/(%)
招商银行	香港中央结算有限公司	外资	18.03	100.00	47.29
浦发银行	上海国际集团有限公司	国有法人	21.57	95.75	59.98
中信银行	中信有限公司	国有法人	65.37	95.61	96.21
光大银行	中国光大集团股份公司	境内法人	25.43	88.93	60.48
华夏银行	首钢总公司	国有法人	20.28	83.33	69.07
民生银行	香港中央结算有限公司	外资	18.92	100.00	47.65
平安银行	中国平安保险(集团)股份有限公司	境内法人	49.56	100.00	65.69
兴业银行	福建省财政厅	国家机关	18.78	91.71	35.77
广发银行	中国人寿保险股份有限公司	境内法人	43.69	—	87.04
浙商银行	香港中央结算有限公司	外资	21.41	31.13	50.03
恒丰银行	中央汇金投资有限责任公司	国家	53.95	—	93.74
渤海银行	天津泰达投资控股有限公司	境内法人	25.00	—	82.00

数据来源:各银行 2019 年年报数据。

全国股份银行前五大股东持股比例差别更大,持股比例最高的是中信银行,持股比例高于95%,高达96.21%。而兴业银行持股比例最低,为35.77%,与中信银行相差60.44%。非上市的恒丰银行和广发银行前五大股东持股比例非常高,分别为93.74%和87.04%,在12家全国股份银行中排第二和第三。渤海银行持股比例82%、华夏银行持股比例69.07%、平安银行持股比例65.69%、光大银行持股60.48%、浦发银行持股59.98%,这些银行的持股比例均很高,超过了50%。前五大股东持股比例最低的为兴业银行,为35.77%,招商银行为47.29%,民生银行为47.65%,持股比例均没有超过50%。

招商银行前五大股东持股比例之和是47.29%,且第一大股东和民生银行、浙商银行一样,为香港中央结算有限公司。浦发银行无控股股东或实际控制人,前五大股东持股比例为59.98%,中信银行第一大股东为中信有限公司,其占比已超过六成,高达65.37%,而中信股份又为中信有限公司单一直接控股股东,且中信股份的控股股东又是中信集团,因此中信集团是全国性股份银行中信银行的实际控制人。中信银行的第二大股东是香港中央结算(代理人)有限公司,其持股比例超过两成,达到23.61%,这前两大股东总占比已经达到88.98%。平安银行无实际控制人,前十大股东均为境内法人,且前五大股东持股比例达65.69%,其中除了第一大股东平安集团占股49.56%之外,其余股东占股比例均未超过7%。兴业银行前五大股东占比35.77%,光大银行前五大股东占比60.48%。恒丰、中信、恒丰、广发商业银行的前五大股东占比分别为96.21%、93.74%和87.04%,股权集中度较高。光大、华夏、渤海等商业银行的股权集中度也较高。

股份制商业银行中招商银行、浦发银行、中信银行、中国光大银行以及中国民生银行是综合实力排名靠前的五家全国股份制商业银行,本书通过对2010—2019年间五家全国股份制商业银行的股权数据包括国有股(OS)、外资股(WS)、其他内资股(DS)、第一大股东占比(CR1)、前三大股东占比(CR3)、前五大股东占比(CR5)的均值进行研究,其产权结构数据见表5-4。

表5-4 2010—2019年全国五家股份制商业银行年均产权结构数据

单位:%

银行名称	OS	WS	DS	CR1	CR3	CR5
招商银行	26.30	18.03	55.67	13.04	37.31	47.29
浦发银行	39.75	0.00	60.25	21.57	49.22	59.98
中信银行	72.94	23.97	3.09	65.37	93.37	96.2
光大银行	45.48	26.64	27.88	25.43	66.02	71.97
民生银行	2.92	18.90	78.99	7.64	28.41	36.16

由表5-4中可以看出,五家银行的产权结构差异较大,中信银行国有股比例最高,占一半以上,剩下股份大部分由境外投资人持有,民生银行国有股比例最低,国有股占比为2.92%,招商、浦发、光大的国有股比例在这两者之间,其中光大银行的外资股比例最高,浦发银行完全无境外投资人持股。在产权集中度方面,中信银行最高,前五大股东占比超过90%,产权结构是非常集中的,接着依次是光大银行、浦发银行、招商银行、民生银行,产权结构也随着前五大股东占比的降低更加分散。而中国民生银行的前五大股东占比甚至低于其他银行第一大股东占比,如民生银行的前五大股东占比比中信银行第一大股东占比低29.21%,民生银行的股权集中度最低。

5.2.4　城市商业银行产权结构现状

城市商业银行作为我国银行业的重要组成部分,前身是 20 世纪 80 年代成立的城市信用社,是一类比较特殊的银行,其成立的目的主要是为数量众多的中小企业提供金融支持,扩大地方就业,支持地方经济发展。从 20 世纪 80 年代初到 20 世纪 90 年代,全国城市信用社规模迅速扩大,数量高到 5 000 多家。然而,随着我国金融业的不断发展壮大,城市信用社在贷款发放与风险管理方面逐渐暴露出不少问题。因此,为了适应经济的发展,许多城市信用社逐步转变成为城市商业银行,并不断为当地经济和当地居民提供各项金融服务。截至 2019 年 12 月,在 A 股上市的城市商业银行有北京银行、南京银行和宁波银行等十几家。以下就 12 家城市商业银行的产权结构作数据分析,见表 5-5。

表 5-5　我国 A 股上市城市商业银行 2019 年底产权结构情况

银行名称	第一大股东名称	第一大股东性质	第一大股东持股比例/(%)	上市流通股比例(%)	前五大股东持股比例/(%)
北京银行	ING BANK N. V.	外资	13.03	86.31	37.37
上海银行	上海联和投资有限公司	国有法人	13.84	93.35	38.66
南京银行	法国巴黎银行	外资	14.87	95.13	44.71
宁波银行	宁波开发投资集团	国有法人	19.99	100	59.31
郑州银行	香港中央结算(代理人)有限公司	境外法人	25.63	50.95	46.60
杭州银行	Commonwealth Bank of Australia	外资	18.00	40.58	49.04
长沙银行	长沙市财政局	国家	19.48	29.09	48.76
成都银行	成都交子金融控股集团有限公司	国有法人	18.06	52.44	52.13
贵阳银行	贵阳市国有资产投资管理公司	国有法人	14.56	95.4	31.88
江苏银行	江苏省国际信托有限责任公司	国有法人	8.04	52.04	29.89
青岛银行	香港中央结算(代理人)有限公司	境外法人	25.23	49.09	64.18
西安银行	加拿大丰业银行	境外法人	17.99	10.00	62.98

数据来源:各上市城市商业银行 2019 年年报数据。

由 5-5 表中分析,从目前上市的城市商业银行中第一大股东持股比例来看,持股比例超过 30% 的没有,相对股份制商业银行低,持股比例差别也较全国股份制商业银行小。持股比例最高的为郑州银行,第一大股东为香港中央结算(代理人)有限公司,持股比例超过四成,为 25.63%,比 12 家银行中第一大股东持股比例最低的江苏银行高 17.59%。青岛银行持股比例居第二位,第一大股东也为香港中央结算(代理人)有限公司,持股比例与郑州银行相近,为 25.23%。宁波银行和长沙银行第一大股东持股比例分别为 19.99% 和 19.48%,持股比例都较高。第一大股东持股比例最低的为江苏银行,第一大股东为江苏省国际信托有限责任公司,持股比例为 8.04%。北京银行为 13.03%,上海银行为 13.84%,贵阳银行为 14.56%,均持股比例较低。

前五大股东持股比例差别更大,12 家城市商业银行中持股比例最高的是青岛银行,持股比例高达六成,为64.18%。西安银行、宁波银行和成都银行前五大股东持股比例也相对较高,超过了50%,分别达到62.98%、59.31%和52.13%。前五大股东持股比例最低的为江苏银行,为29.89%,贵阳银行为31.88%,北京银行为37.37%,上海银行为38.66%,南京银行为44.71%,持股比例较低。全国股份制商业银行股权趋于集中化,而城市商业银行股权相对分散,但是城市商业银行近几年股权也逐渐集中化,青岛银行、西安银行、宁波银行和成都银行前五大股东持股比例超过一半。

我国城市商业银行起步较晚,但发展较为迅速,本书对五家资产规模较大的城市商业银行的产权结构进行分析。这五家银行分别为北京银行、上海银行、江苏银行、南京银行以及宁波银行,主要分析其产权数据包括国有股(OS)、外资股(WS)、其他内资股(DS)、第一大股东占比(CR1)、前三大股东占比(CR3)、前五大股东占比(CR5)的均值,见表5-6。

表5-6　2014—2019年城市商业银行年均产权结构数据

单位:%

银行名称	OS	WS	DS	CR1	CR3	CR5
北京银行	20.63	13.34	13.84	13.34	29.47	38.81
上海银行	33.83	9.98	7.01	14.37	28.13	37.79
江苏银行	32.77	0.63	8.42	8.18	21.90	30.11
南京银行	19.37	17.97	12.15	14.51	36.86	43.28
宁波银行	21.62	20.45	26.93	19.79	49.34	58.96

数据来源:各上市城市商业银行2019年年报数据。

由表5-6可以看出,上海银行和江苏银行的国有股比例值在30%以上,其余银行国有股比例值都比较低,南京银行国有股占比仅19.37%。外资股中江苏银行外资入股占比很低,宁波银行和南京银行外资股占比较高,分别达到20.45%和17.97%。上海银行和北京银行外资占比也较低,在5%～15%之间。并且五家银行第一大股东占比值很低,不超过20%,最高的宁波银行占比为19.79%,最低的江苏银行占比为8.18%。前三大股东占比在20%～50%之间,最高的宁波银行占比为49.34%,最低的江苏银行占比为21.90%。前三大股东占比和前五大股东占比相差数值不太大,最高的还是宁波银行占比为58.96%,最低的江苏银行占比为30.11%。说明城市商业银行的股权集中度不高,股权结构分散。

这五家城市商业银行的十大股东的国有股占比,如图5-1所示。

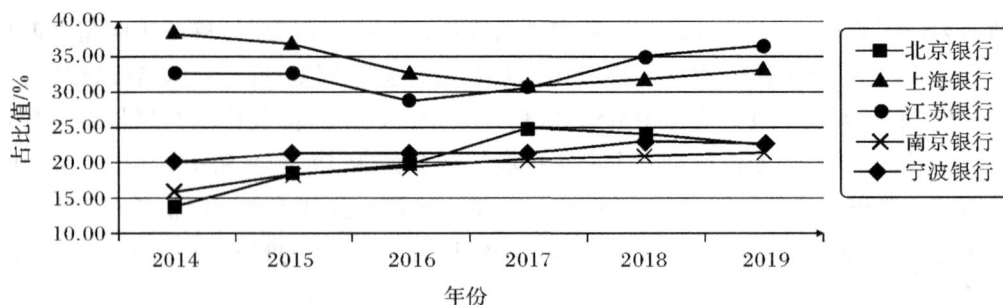

图5-1　2014—2019年五家城市商业银行十大股东国有股占比值

从折线图的走势来看,近年来,五家城市商业银行国有股占比变化不大,2019 年国有股占比最大的是江苏银行,其次为上海银行。2017 年以前上海银行占比最高,2017 年以后其占比低于江苏银行。而北京银行、南京银行和宁波银行的国有股比例值差别不大。北京银行在2014 年国有股占比最低,但一直在增加,直到 2017 年达到 24.82% 以后缓慢下降。而宁波银行和南京银行则波动不大。一直维持在一个固定的数值。

这五家城市商业银行的十大股东中外资股占比,如图 5-2 所示。从图 5-2 折线图的走势来看,2014—2019 年五家城市商业银行十大股东外资股占比变化不大,外资股占比最大的是宁波银行,2019 年占比达到 22.68%,其次为南京银行,占比达到 18.89%。占比最小的为苏州银行,2019 年其占比为 3.77%。2014—2019 年增长较多的为江苏银行、南京银行和宁波银行,而上海银行和北京银行则略有下降。

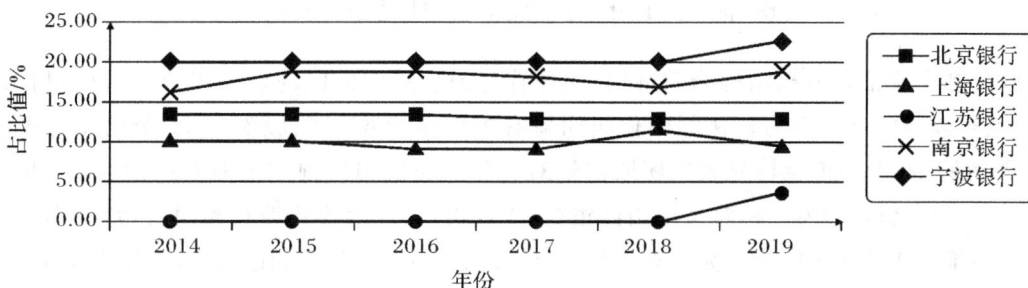

图 5-2　2014—2019 年五家城市商业银行十大股东外资股占比值

从国有股持股比例来看,国有商业银行国有股比例(OS)均值为 63.45%,民营股比例(CS)均值为 6.77%,外资持股比例(WS)均值为 29.78%;股份制商业银行国有持股比例均值为 44.94%,而民营股比例均值为 53.91%,外资股比例均值为 12.93%。不论是国有股还是外资股持股比例,我国国有商业银行均高于股份制商业银行持股比例。民营股比例则正好相反,股份制商业银行持股比例高于国有商业银行,说明我国全国股份制商业银行产权改革较为深化,股权多集中于非国有内资,充分调动市场因素参与竞争。从第一大股东持股比例(CR1)和前五大股东持股比例(CR5)来看国有商业银行的比例较股份制商业银行高出将近一倍多。就第一大股东控股能力而言,股份制商业银行强于国有商业银行,但差距不大。

5.3　商业银行产权结构特征分析

5.3.1　国有商业银行产权结构特征分析

国有商业银行是指由财政部、中央汇金公司等国家资本直接管控的商业银行,其特点体现在所有的资本都是由国家投资的,属于国有大型金融企业。国有商业银行股权集中度高,从股份结构改革开始到现在,国有商业银行虽然已经大大降低了股权结构中的国有成分,但是仍然为国家控股。大股东在银行的经营管理中发挥监管的作用并参与经营管理,使得国有商业银行独立性相对股份制商业银行来说较差,不利于银行竞争机制的形成,并且股权集中度过高,一方面会促使大股东利用控股优势侵占小股东利益,出现内部人控制现象,第一大股东一股独大,就会以个人意志控制银行经营管理,严重影响商业银行经营绩效。另一方会造成多样化资产组合的减少,使银行承担更多的经营风险。同时,国有商业银行产权仍存在一定的不可分性。国家作为银行的绝对控股股东,要求国有商业银行满足盈利性目标的同时,还要完成作为国有企业的政策性任务,成为政府调节宏观经济的工具。这种集商业性、制度性于一身的体制,成为银行经营的制约因素,严重影响了银行绩效。从现状看,相对集中型产权结构情况下,五大行总体呈现资产回报率较高,但在净资产回报率指标上五大行和城市商业银行均低于股份银行,并且相对集中产权下的银行盈利能力普遍呈现在大资产规模下的高资产回报率,在效率方面,五大银行获取收入的能力较弱。

5.3.2 全国股份制商业银行产权结构特征分析

股份制商业银行股权结构分散,但长远来看有趋于集中的倾向。集团公司持股银行比例较高,且有较强的增持动力。例如中信集团持有中信银行 65% 的股份,平安集团持有平安银行 50% 的股份,中央汇金持光大集团股占绝对优势。浦发银行前三大股东持股 49%,华夏银行前三大股东持股 59%。相对来说招商银行、兴业银行、民生银行股权相对分散,招商局集团持有招商银行 13% 股份,前五大股东占比 48%,兴业银行大股东占比 18%,人保占比 11%,天安占比 4.6%,前十大股东合计占比 48%,民生银行大股东占比 19%,前八大股东持股 54%。

股份制商业银行股权竞争依然激烈,参股权价值也非常值得关注。集团控股银行,股权比较集中,股东尽量保证自己的股份,仍有增持的动力。股权比较分散的银行股权竞争激烈,民生银行、招商银行和浦发银行的争夺比较突出,可能获得控制权的银行已经分化,开始更加关注参股的价值,该行第二大股东和第三大股东的排名也逐渐确定。伴随着股份制银行参股瓜分殆尽,投资者进一步开始关注城市商业银行,最好的选择是分散的北京银行。各方动作不断,人保、天安、华夏人寿也不断增持银行股份。

5.3.3 城市商业银行产权结构特征分析

城市商业银行代表着中央政府监管部门、地方政府、中小股东和经营管理者之间的行为和关系,是城市商业银行的主要产权主体。城市商业银行股权相对国有和股份制来说比较分散,例如宁波银行前三大股东占比近一半,为 49%。南京银行的前三大股东持股比例也达到 37%。北京银行前三大股东持股比例为 27%,股权集中度较低。城市商业银行大多由当地地方国资主导,股权主导归属地方国资,对国有企、央企和外资的参股都比较容易接受。城市商业银行上市银行是地方政府优质资产,但地方政府出资能力有限,大部分地方政府出让大股东地位以分散股权,并且上市银行二级市场买入不可控制,与此同时银行需要资本的补充,所以对于外来股东也是相对更加宽容。

城市商业银行的产权制度由于改革体制的不同,与国有商业银行有着不同的产权结构,表现出主体多元化、权力主导等主要特征。产权主体主要包括中央政府、地方政府、管理者和中小股东,其中以中央政府为代表的监管部门是权力的主体,对城市商业银行的发展起着主导作用,而地方政府是可以与中央政府博弈的重要力量。我国城市商业银行虽然是股份制商业银行,但由于自身的发展背景,仍有别于其他商业银行。

本书统计了 2010—2019 年商业银行的股权集中度数据,根据数据分析可知国有商业银行股权集中度较股份制银行和城市商业银行高出近一倍左右。其中,国有最高,股份制居中,城市商业银行最后。股份制商业银行一直维持在 20%～30%,比例较为稳定。而城市商业银行该比例保持在 20% 以下。关于外资占比,国有制商业也是最高的为 30% 左右,股份制为10%,城市商业银行在 5% 左右比例差距较大且比较稳定。

5.4　商业银行产权结构存在问题分析

现代商业银行规模增大、资本社会化和股份化的现象更加普遍,两权分立的状况也给我国商业银行的产权结构带来一系列问题。目前,我国银行业是以国有控股商业银行为主体地位,五大国有商业银行虽然已经完成股份制改革和上市,但是政府对银行仍具有绝对控股权。我国商业银行效率低下的根本原因不是市场结构问题,而是银行内部产权结构问题。

5.4.1　国有商业银行产权结构存在问题

西方经济学家普遍研究认为国有控股会影响商业银行的效率,以国有控股最多的国有商业银行进行分析,对国有商业银行的产权结构存在的问题进行梳理,主要体现在以下四个方面:①国有商业银行通过从国家层面到政府层面再到总分行层面的层层委托来实现其委托代理关系,链条过长从而关系复杂,容易导致股东人格化缺失、委托代理成本增多、信息不对称、道德风险和寻租行为的发生,也加剧了国有商业银行剩余控制权和剩余索取权分离的问题。②通过行政化的方式来选择管理者,选出来的管理者是政府很好的执行人却不一定是很好的管理者。③所有者和管理者激励机制不相容。④政策、经营管理目标并不一致。综上可知,国有商业银行低效率的根本原因在于国有产权单一且持股比例过高所导致的行政化经营管理机制和市场竞争能力不足。然而,依据发展经济学原理,在国家尚处于发展阶段,国家政府拥有经济所有权将社会资金集中引向有助于国家发展的战略部门,这对于经济的快速增长是很有必要的。并且相较外资控股和民营控股而言,国有控股具有战略性的意义。

国有商业银行普遍存在一股独大现象,且"一股"为国家,国家占有一半以上的股权,其余股权由境外法人和其他内资股所有,股权高度集中于国家。国家作为一个特殊主体,既能够帮助银行在业务开展方面增强公众信心和依赖度,维护经济体系稳定,加大对银行的监督力度,但国家的存在也使得银行缺乏警惕,对风险防范意识不强烈,权责利不明,委托代理存在严重问题,同时受国有企业习性影响重,缺乏激励,并且国家要求宏观经济稳定的目标和银行的利润最大化目标有时矛盾,由于国家的高权威性,银行利益屈服于国家利益,使得银行效率低下,不利于长远发展。

同时国有商业银行中外资所占比例也不高,其中农业银行外资最低,不到 10%,这可能与农业银行的性质和主营范围有关,农业银行主要面向农村和农民,经营与农业相关的业务,涉外情况不多,其境外分支机构也没有其他银行多,境外投资人的缺乏也会给银行带来不好的影响。最后银行的股权高度集中,第一大股东占比在50%以上,前五大股东占比超过90%,高度集中的股权结构会使股东的机会主义增加,缺乏对股东的制衡,导致银行效率不高。

5.4.2 全国股份制商业银行产权结构存在问题

(1)全国性股份制商业银行中银行产权结构差异很大,并且相对于国有商业银行有很大不同,除中信银行外,国有股占比明显降低,受到国家作为第一大股东带来的不利影响程度小,其中的民生银行国有股占比很低,虽然有效避免了国有性质带来的不利影响,但也失去了国家有效的监督作用,降低了银行效率。

(2)同时股份制银行中的外资股占比很小,境外投资人的引入一方面降低政府对银行的干预力度使得银行效率加快,另一方面境外投资人只引入资金,先进管理理念和经验的缺失又拉低了银行的效率,虽然有弊端,但是这方面的弊端是完全可以通过引入境外机构投资者来避免的。境外机构投资人既可以用雄厚的资金投资银行,又可以引入先进的经营理念和实践经验,因此股份制商业银行中外资股占比较低对银行的经营发展弊大于利。

(3)全国性股份制商业银行的股权结构大多是在国有商业银行的基础上进行改革的结果,随着互联网经济的发展、"一带一路"倡议的推进,全国性股份制商业银行的股权结构也出现了一定的弊端,需要进一步的改革。

5.4.3 城市商业银行产权结构存在问题

城市商业银行起步较晚,规模远远不及国有和全国性股份制商业银行,但是资产规模发展迅猛,出现了很多A股上市银行,如北京银行、上海银行、南京银行这样出类拔萃的银行,越来越多的城市商业银行跻身于全球银行500强之列。城市商业银行的快速扩张也带来了内部治理等问题,其风险管理方面薄弱,管理体制和运作模式也相对滞后。

从城市商业银行股权结构来看,城市商业银行的股权集中度最低,股权结构最为分散。政府作为城市商业银行的最大股东,同时拥有着银行经营管理者的任免权,这就使得银行的经营决策和盈利模式带有浓厚的地方政府行为色彩,偏离了利润最大化的银行经营目标。政府部门在以发展当地经济为主要考量的角度出发,自然会要求银行提供有利于政策目标的各项业务,长时间就会对银行的发展造成很大的影响。同时,过于分散的股权会对银行的治理机制造成影响,实际掌权人因为持股比例相近随时会发生变化,且各大股东很难达成一致的时候也缺乏实际定夺的控股人,使得银行对经济形势的反应速度减缓,容易错失机遇,办事效率降低,对银行的整体经营产生影响。

总而言之,大部分城市商业银行被地方政府掌控,作为政府融资的工具,失去了运营的独立性和自主性。最后在全球经济化的背景下,贸易方式越来越多样化,城市商业银行面临的竞争越来越激烈,比较而言,城市商业银行现存产品种类普遍较少,不能适应多元化的发展。从城市商业银行产权制度来看,监管部门代表中央政府部门对银行的经营与策略起着绝对的主导作用。

经过 30 多年的发展与改革,我国商业银行逐步完成股份制改造和主要银行的上市,产权主体逐步多元化、股权逐步分散化。目前我国商业银行已经基本形成了具有现代化特征的股权结构,完成了国有资本、民营资本和国外资本的融合,进一步建立起了我国商业银行在国际舞台上的竞争力。但是由于不同类型商业银行产权结构特征的不同,仍然存在很多的问题。国有商业银行呈现出一股独大、产权高度集中、国有股绝对控制的特征,股份制商业银行的股权结构趋于集中,集团公司持股银行比例高,且有较强的增持动力。城市商业银行的股权集中度最低,股权结构最为分散。在商业银行产权制度进一步完善过程中,要充分考虑国有银行、股份制银行和城市商业银行的目标定位与实际存在的价值与差异,一定程度上降低国有股的成分,促使产权主体多元化的发展,提高商业银行经营效率。同时对于国有商业银行来说,仍要保持国有股的绝对控股地位,因为国有商业银行作为金融体系的核心,是国币货币政策调控的重要传导渠道,能够促进政府进行宏观经济的调控。

国有股在银行产权结构中占有不可或缺的地位,银行业构成了金融市场体系的主体,银行业中国有商业银行最先建立,这种银行体制逐渐进行改革,出现了股份制商业银行等,后来出现的银行并不是市场演变的结果,而是在国有银行的基础上直接进行产权改革从而建立起来的,因此国有制仍然是我国多数银行的一个最大的特点。

当前,我国商业银行的产权主体参与者多样化,产权结构组合也多元化。但这并不意味着产权改革的完成,商业银行要进一步完善其经营治理结构。合理的经营治理结构有助于产权主体行使其权利,从而降低委托代理成本。此外,实现产权多元化时还应避免股权过度集中,将产权进行适当的分散,同时银行为了资产配置效率的提高,还需要建立良好的公司治理机制,比如股东大会、董事会、监事会以及下属管理层通过治理机制的建立默契配合、高效运作。

5.5　小　　结

本章从产权结构的内涵与发展过程、现状、特征、存在问题四个方面系统地对我国商业银行的产权结构进行了深入分析。我国国有商业银行和全国股份制商业银行逐步完成股份制改造和主要银行的上市,产权主体逐步多元化、股权逐步分散化。但是由于不同类型商业银行产权结构特征的不同,仍然存在很多的问题。国有商业银行产权高度集中、国有股绝对控制的特征,股份制商业银行的股权结构趋于集中,集团公司持股银行比例高。城市商业银行的股权集中度低,股权结构分散。部分城市商业银行被地方政府掌控,业务拓展受限。

第6章　我国利率市场化及对利差影响因素分析

本章首先从我国中央银行、金融机构和金融市场利率三个方面分析了我国市场利率体系的构成,简要介绍了我国国内利率市场化的发展进程以及国外发达国家(美国与日本)利率市场化进程,并对美国与日本利率市场化模式进行对比分析。其次,对商业银行利差的影响因素从利息收入、利息支出和非利息收入进行深入分析,并对国内外利率市场化下银行利差变化比较分析。最后分析了利率市场化下我国商业银行面临的问题。

6.1　市场利率体系构成

利率是指一个时间段内借款的利息与资金本金的比率。利率决定公司的投资和融资成本水平,利率的波动变化对宏观经济的影响十分明显。在经济活动中,使利率发生波动的影响因素主要包括平均利润率、经济周期、预期通货膨胀率、借贷资本的供求关系以及国际的经济环境等因素。

6.1.1　中央银行利率

中央银行利率在我国的利率体系中占据主要地位,包含有一年期存贷款基准利率、存款准备金利率、再贴现利率、再贷款利率和央行票据利率。

(1)一年期存贷款基准利率。我国利率体系的核心是一年期存贷款基准利率,是由中央银行直接规定的法定利率,该利率在金融市场中发挥了决定性的作用,与其他金融市场的利率密切相关。其变化将直接引起其他利率的变化。它具有基础性、稳定性和传递性,直接反映的是中央银行对利率的调控信号,也被认为是无风险利率。

存贷款基准利率的确定是先由中央银行确定一年期限的存款利率,再据其确定其他不同期限存款的利率,然后据此计算得到存款与贷款利率之间的差额,进而构成了银行各种不同期限的贷款的利率。存贷款基准利率首先将影响到货币的供应量,影响银行信贷的水平,进而影响市场的利率以及国民经济发展和市场的投资行为。2015年10月份,中国人民银行降低了一年期存款基准利率和贷款基准利率,将存款基准利率降低到了1.5%,贷款基准利率降低到了4.35%。同时不再设定商业银行和农村合作社等组织的存款浮动上限,让银行有权利能够自主定价,也意味着利率市场化进程基本完成。

图 6-1 所示是中国人民银行公布的 1997 年至 2015 年我国一年期存款基准利率情况。在利率市场化的进程中,1999 年 10 月中央银行开始尝试改革存款利率,一年期存款基准利率由 2002 年的 1.98% 逐渐上涨到 2007 年 12 月的 4.14%,2008 年全球金融危机爆发后,采用了宽松的利率政策,连续下调基准利率,刺激消费和投资。在利率市场化之下,存款的利率水平将逐渐提高但必定会接近一个均衡水平,在特殊因素消除之后利率水平又会回到均衡值附近。总的来说,可以看出存款基准利率大体上是围绕均衡水平呈现抛物线的趋势在浮动。

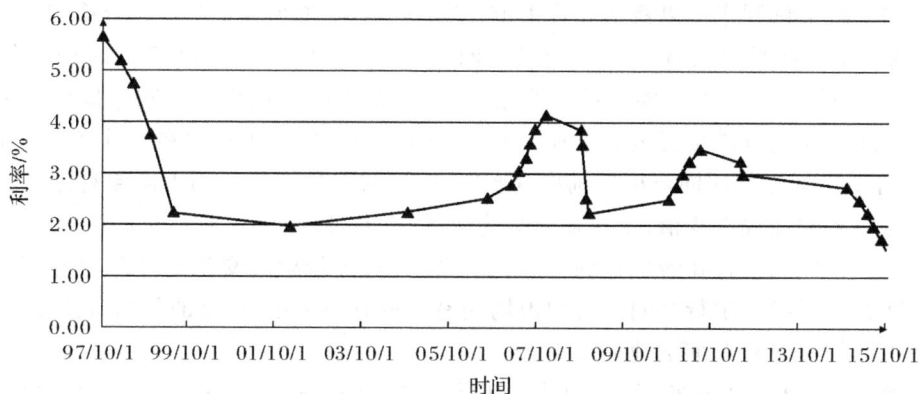

图 6-1 1997 年至 2015 年我国一年期存款基准利率情况

(2)存款准备金利率。其指商业银行为防止在资金清算和提取存款的过程中出现流动性不足的情况而预先存储在中央银行的存款。中央银行通过调整存款准备金率,影响金融机构的信贷扩张能力,间接调整货币供应量。

(3)再贴现利率。其指商业银行将还没有到期的票据贴现给中央银行的利率,虽然它不会对金融市场交易产生直接影响,但是这种方式取决于商业银行的借款需求,不具有主动性,中央银行只能被动进行资金调节。

(4)再贷款利率。其指中央银行向商业银行进行贷款的利率,是一种具有被动性的货币政策工具。其是一种间接的、有效的调控政策,基础货币的总供应量可以得到控制,信贷结构可以得到优化。当它降低时就意味着中央银行要放宽银根,实行扩张的货币政策,可以促进投资。

(5)央行票据利率。其指中央银行对商业银行发放债券的利率,是为了调节银行的超额存款准备金,中央银行利用债务吸收商业银行的过剩资金并在市场上收回基础货币,在票据到期时再次向市场投入货币。

6.1.2 金融机构利率

金融机构利率是指银行和其他金融机构对单位或者个人的各种存款利率和贷款利率。存款利率主要包含有活期存款、定期存款、定活两便存款、协定存款利率等。银行存款利率的种类比较多元,有些存款方式是具有投资性的。虽然,可能会具有一定的风险,但是银行存款利率的风险并不会太高,收益也比较可观。贷款利率主要包括短期贷款、中长期贷款、贴现和个人住房贷款利率等。

自 2013 年 7 月起,中央银行对贷款利率的下限的管制取消,2015 年 10 月,中央银行对存款利率的上限开放,全部开放存款利率。虽然全部开放了存款利率和贷款利率的上下限,但是银行机构之间成立了市场利率定价自律机制。该机制仍然会约束到存款利率的上限,存款利率仅在 40%~50%之间上涨。我国也在继续完善利率市场化改革,使商业银行可以真正根据自身情况制定存贷款利率。

6.1.3 金融市场利率

我国的金融市场利率可以概括为货币市场利率和债券市场利率两种。货币市场利率主要包括债券回购、商业票据贴现、中国银行同业间拆放(Chibor)和上海银行间同业拆放利率(Shibor)等。债券市场利率主要包括企业债、国债以及金融债利率等。同业拆放利率是不同金融机构之间短期进行借贷资金的一种利率。它包括资金的拆出利率和拆进利率。中央银行1996 年推行了中国银行间同业拆借利率(Chibor),该利率的计算是用不同银行之间进行同业拆借的实际利率的加权平均值,主要期限分为 1 天、7 天、14 天、20 天、1~4 个月、6 个月、9 个月以及 1 年。但此利率存在着明显的不足,要用银行间进行融资交易的实际交易利率来计算它。最大问题在于我国银行之间进行的市场交易并没有那么多,交易的数据也比较少,因此没有办法将市场的形势完全准确地表现出来。

2007 年 1 月,我国正式实行了上海银行间同业拆借利率(Shibor),它是一种报价团,组成部分有国有商业银行 4 家、中资股份制商业银行 6 家、城市商业银行 3 家以及外资银行 3 家。通过算数平均的方式报出市场基准利率,有 1 天、7 天、14 天、21 天以及 1~12 个月 16 种主要期限的利率。此利率更加注重对报价的监督管理,始终强调报价成交义务,不断在优化报价形成机制,已经成为我国市场利率的代表之一。

货币市场的核心利率和整个金融市场上最具代表性的利率是同业拆借利率,它可以及时地将整个金融市场上短期资金的供求关系呈现出来。如果同业拆借利率不断增加,那么可以发现整个市场上的资金的需求比供给大,市场上资金的流动性可能会减少;反过来如果同业拆借利率增加,则场上的资金的供给比需求大。图 6-2 所示为隔夜上海银行间同业拆借利率的波动图,图中 2013 年 6 月 20 日同业拆借利率达到历史最高值 13.4%,这也是当时市场上最缺钱的时候。2015 年 10 月以后我国全面开放了存款利率浮动,意味着利率市场化基本完成,同业拆借利率也处于比较稳定的波动水平范围之内。

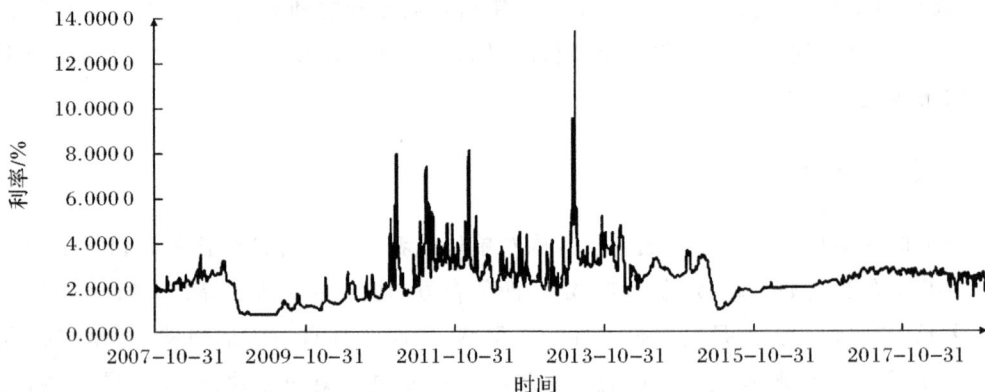

图 6-2　2007 年至 2018 年隔夜上海银行间同业拆借利率波动情况

6.2　利率市场化的发展过程

6.2.1　我国利率市场化发展历程

我国利率市场化改革相较于发达国家和一些发展中国家起步较晚,1949 年新中国成立以后,政府对我国的利率严控管制,这种方式确实在我国国内经济的发展方面发挥了重要的作用。然而改革开放以来,国内外环境发生极大变化,随着沿海城市开放,我国对外贸易开始发展,沿海城市经济飞速发展,国内生产总值迅速提高。由于在经济发展中遇阻,长期利率管制的弊端逐步显示出来,在这样的大背景下,我国利率市场化改革顺应趋势逐渐展开。早在 1986 年有利率市场化意味的政策已经颁布实施。1993 年国务院发布的《关于金融体制改革的决定中》表示中国人民银行要弄清楚存款、有价证券和贷款三者之间的利率的关系,要设定存款利率上限及贷款利率下限。为了更好地发挥市场资源配置的功能,提高资金的使用效率,银行间同业拆借市场于 1996 年在我国建立了,该市场的建立正式拉开了国内利率市场化改革的序幕 。改革利率市场化整体的思路是"先货币和债券,后存贷",而存贷利率的市场化需要遵循"先外币、后本币;先贷款、后存款;先长期大额、后短期小额"的原则,进行稳步推进的逐步改革。2003 年进一步提出要稳健推进利率市场化政策改革,并把货币政策作为国家调控宏观经济的主要手段和工具,同时明确指出利率市场化的改革目标。2015 年政府出台新政策,提出我国商业银行的存贷比将不再受限于 75%,删除了存贷比监管指标,进而将商业银行的贷款的利率定价能力和规模提高了,将利率市场化的又一个阻碍消除了,已经基本完成了利率市场化改革。同年 6 月,中国人民银行开始允许我国商业银行经营 30 万元人民币以上的存单,其利率是正常基准利率的 1.4 倍,之后货币当局又将基准利率多次调低,现如今,三年期大额存单的利率远远高于贷款利率,导致商业银行大额存款规模扩大,拥有更多存款用来贷出,既扩大了商业银行贷款规模,又使同业拆借市场繁荣,进一步提升了商业银行议价能力,提高了商业银行收益。

我国的基本国情决定了我国利率市场化改革的方式,即曲折渐进的形式,一边向前走一边低头看路,因此利率方面的改革还包含其他方面,在实践中看成效,根据成效做适当调控与改变。国务院出台《存款保险条例》号令,只要商业银行性质是境内,则一定要根据商业银行资产规模向央行缴纳一定的存款保证金,保证如若以后出现经营不善时,针对企业和居民存款,商业银行可以有能力支付,这是中央银行对商业银行监管的体现,也是政府保护人民利益的体现,这一部分金额不得多于 50 万元。从法律角度上来说,此条令约束了商业银行高风险经营的管理方式,对商业银行监管起到了重要作用,为利率方面的金融改革后期完善提供了法律保障,以便维护银行体系的稳定性。

截至 2021 年,我国利率市场化改革已经推进 25 年,其最根本的目标就是构建一个根据市场的供求因素决定存款利率和贷款利率水平高低的利率形成机制。这些年来,利率市场化改革一直是政府实行经济体制改革的首要任务,但是利率仍然受到很多因素的制约,同时利率波动对整个经济也产生很大的影响。我国利率市场化具体的实行进程见表6-1。

表6-1 我国人民币利率市场化改革历程

时 间	主要措施
1996 年	银行间拆借利率生成,该利率由拆借双方根据市场资金供给状况自行确定;贷款利率上浮幅度由 20％缩小至 10％,下浮幅度不变
1997 年	成立银行间债券市场,放开债券回购和现券交易率
1998 年	调整小企业贷款利率上浮幅度为 20％;农村信用社贷款利率上浮幅度为 50％
1999 年	调整中小企业贷款利率上浮幅度为 30％;大型企业贷款利率上下幅度均为 10％
2000 年	外币贷款利率放开;规定 300 万美元以上的大额外币存款利率须与客户协商,300 万美元以下的小额外币存款利率由中国人民银行统一管理
2004 年	贷款利率上限放开;存款利率下浮制度建立,一年期存款基准利率上调 0.27 个百分点;一年期以上小额外币存款利率放开
2005 年	金融机构同业存款利率放开;银行间债券市场推出债券远期交易
2006 年	人民币利率互换交易进行,人民币利率衍生工具在国内正式出现
2007 年	上海银行间同业拆放利率(Shibor)推出
2012 年	存款利率上限提高至基准利率的 1.1 倍
2013 年	7 月 20 日全面放开金融机构贷款利率,具体为:取消贷款利率 0.7 倍的下限;取消票据贴现利率管制;取消农村信用社贷款利率 2.3 倍的上限;10 月 25 日,贷款基础利率(LPR)集中报价和发布机制正式运行
2015 年	5 月 11 日存款利率上线提高至 1.5 倍;8 月 26 日,放开一年期以上(不含一年期)定期存款的利率浮动上限;10 月 24 日全面放开存款利率上限管制
2019 年	8 月 16 日,中国人民银行宣布改革完善贷款市场报价利率(LPR)形成机制;12 月 28 日,再次宣布推动存量浮动利率贷款定价基准转换为 LPR

资料来源:根据经济日报等资料整理而来。

以前中央银行对利率有严格的管控,这在我国市场化经济改革中引发了许多的问题,使整个经济的增长放缓。我国的存款利率水平一直都较低,在通货膨胀的影响下,居民收入水平相对来说也较低,存款利率上限的存在限制了储蓄增值的选择,使得居民将储蓄更多的向其他的投资方式转移,逐渐形成了中央银行公布的基准利率与市场逐渐形成的自觉利率并行的"双轨制"现象,这种形式的存在使得企业融资成本较高,金融机构为了获取高额利润提高贷款利率,限制了企业的发展。

随着存贷款利率管制的取消,商业银行可以真正依据自身规模和能力的情况,制定符合未来发展形势的存贷款利率,使"双轨制"现象逐渐消失,至此我国利率市场化改革基本完成。

6.2.2　发达国家利率市场化进程

随着金融环境的突变,从20世纪70年代开始,全球掀起了金融自由化的热潮,许多发达国家也随之实施了利率市场化改革。特别是提出金融深化和金融抑制理论之后,其所实施的利率市场化改革对于新兴市场经济发展具有重要意义,进一步加快了利率市场化改革的步伐。在世界经济发展的历史中,利率市场化进程因国而异,有激进的也有渐进的,有成功的也有失败的。其中具有代表性的利率市场化模式有五种,分别是德国、美国、日国、韩国、阿根廷等5种模式。下述主要对美国和日本的利率市场化改革进行简要分析。

(1)美国利率市场化进程。1929年以后,美国才开始对利率有所约束,在这之前,利率由市场完全主导,但是由于政府执行宽松管理政策,金融市场风险日积月累并且严重影响社会经济,美国经济开始衰退,四年后出台了"Q条例",开始对利率有所干涉,但于20世纪中后期,美国失业率上升且通货膨胀日益凸显,政府对利率的严重干预带来经济迅速衰退。货币当局意识到政府干涉利率导致经济下滑,而且对商业银行过多规定导致其盈利空间压缩,很多不利因素的出现都将矛头指向利率管控,为此政府于20世纪70年代初对"Q条例"进行修订,首先放开了存款利率上限,提高商业银行议价能力;其次允许存款类金融机构储蓄业务主动转为存款并有相应利息,活期存款可以转手;再者规定非银行金融机构可以设立支票账户,并且可以吸收息金;最后规定成立货币市场基金。

1980年以后,美国经济一直处于停滞状态,政府为了扭转这种局面,计划进一步推进,将完全实现利率市场化定为终极任务。20世纪80年代初期,美国颁发《吸收存款机构放松管制和货币控制法》,6年改革时期,在这期间逐步减少对定期存款的利率管制,一直到取消为止。对非银行金融机构也实施宽松管理政策,只要拥有存款业务的机构,便相同对待,制定一个法定准备金要求,所有的金融机构全部都按这一个要求实施,允许国内金融储蓄机构建立可转让支付和自动转账账户。

1982年美国公布了《加恩-圣杰曼存款机构法》,该条法律详细地解释和说明了对"Q条例"的修订。其中,对于某些金融机构而言,在情况紧急或者财务出现特殊状况时,联邦存款保险公司、储蓄和贷款保险公司可以对其进行兼并收购,除此之外,还批准了非银行金融机构可以扩大存款规模。1983年10月,短期存款和定期存款利率的上限完全消除;1986年1月,不再设定对支付性存款的利率的限制,对存款余额的所有形式的最低限制完全撤销,同年4月,不再限制存折储蓄账户的利率的上限,贷款利率的限制完全取消,这表示着"Q条例"已经完全被撤废,利率市场化改革最终顺利地完成了。

(2)日本利率市场化进程。1977年4月,日本大藏省正式允许所有商业银行承购的持有一段时间后的国债,可以上市销售,经历4个阶段之后,直到1994年10月,日本完全实现了利率市场化。

1)放开对国债发行和交易利率的管制,国内利率一直保持低下水平,日本在低利率的状态下经济一直在迅速发展。直到1974年,由于战争的影响,国内的社会制度、经济结构和供需资金规模都发生了变化,低下的利率与这种国家状态不协调,日本经济增长速度缓慢甚至下滑。

日本为了拉动内需,大力增大政府财政支出,成为国内主要的消费主体以刺激经济增长。由于财政支出巨大,1975年,货币当局再次发行赤字国债以解决政府的财政赤字问题。自此以后,越来越多的国债发行。日本政府于1977年4月批准国债在市场上进行买卖以应对国债规模扩大,次年,发行中期国债,让买方自主投标,达到了中期国债的利率自由化的目的。从此以后,所有国债的利率管制都被放开了。

2)1978年4月以前,当拆入方和拆出方所持意见统一的时候,同业拆借在交易前一天确定两者实行同一利率;之后,银行拆借利率弹性化实行,短期资金交易多元化;同年6月,银行间的票据利率弹性化也实现了。到目前为止,日本银行间的利率市场化已经实现。

3)政府将所有交易都划分成小规模交易,缩减交易品种单位,减少大额可转让存单的发行单位。一方面,存款利率放开之后,商业银行的筹资比重得到大幅增加,另一方面,由于市场竞争越来越激烈,如果贷款利率不跟着调整,日本商业银行将经营亏损,难以持续生存,因此日本贷款利率化也随之开始。1989年之前,贷款利率都是在官定利率的基础上加上一定的利差而决定,从同年1月开始,日本三菱银行将比基础利率高1‰的利率作为贷款利率,而资金基准利率是由四个子指标加权而来,这种短期优惠贷款利率开启了贷款利率自由化的先河。由于其中银行间市场拆借资金和可转让存款的权重是比较高的,二者的利率是完全的利率化的,所以贷款的利率的市场化程度也接近完全自由化。

4)从国债的一级市场和二级市场的利率市场化,到银行间同业拆借的利率市场化再到存款和贷款的利率市场化,日本的利率市场化从根本上来说已经基本完成,最后对其进行了法规规范。1993年10月存款利率实现了全面的自由化,1994年10月日本全面实现了利率市场化,取得了良好的效果,日本的利率市场化模式是国际上的成功模式之一。

美国与日本利率市场化模式的对比见表6-2。

表6-2　美国与日本利率市场化模式对比

原因		美国	日本
改革动因		金融创新引领利率市场化	依托传统商业银行进行改革
触发原因		深受两次石油危机的打击;严重通货膨胀,一度到20%;Q条例对存款的限制,影子银行蓬勃发展	1974年之后,经济增速放慢,国债大量发行,债券市场被严重低估;西方国家严格分业经营体系完全崩溃
时序不同	利率改革	1970年	1977年
	汇率改革	1973年	1971年
	资本账户开放	1974年	1964年
	改革完成	1986年	1994年
耗时		16年	17年
商业银行		同业占比资金成本上升;大量的金融创新;息差先升后降	空间受压缩;金融脱离实体经济;银行存款利率继续受到货币当局的一定管控

6.3　商业银行利差的影响因素分析

　　商业银行净利差的制约因素也有很多,首先是受经济周期和货币政策的制约影响。宏观经济状况对净利差也有很大的影响,经济状况越好,商业银行的经营情况也就越好,较高的经济增长也就意味着高利差的产生。银行业是一个周期性行业,行业的运行与经济周期之间的关系非常紧密,货币供应量和贷款风险也会随着经济周期的变化而变化,因此商业银行一般都会依据经济周期来进行经营性扩张。在经济繁荣时期,贷款业务迅速增多,不良贷款率减少,利差与利润都会增加。反过来在经济衰退时期,贷款需求有所下降,但是不良贷款率有一定程度的上升,收缩利差。一个国家实行的货币政策,特别是抑制或允许通货膨胀的货币政策,直接影响存贷利差的水平。为了应对通货膨胀越来越严重的现状,银行需要提高贷款利率作为风险保证,因此利差水平提升。其次是商业银行存贷利率定价机制的制约。我国长期以来一直是中央银行直接规定人民币的存贷款基准利率,虽然目前中央银行已经放开了对存贷款利率的管制,由各个金融机构自主进行定价,但是利率市场化并未完全实现,缺乏真正意义上的市场定价机制,也没有合理的定价程序,因此制约我国存贷利差自由化发展。

　　从商业银行自身的角度来看,商业银行的净利差会受到多种因素的影响,其中最重要的因素是市场集中度和经营成本。流动性风险、费用支出和盈利收入占比都会对商业银行利差产生影响,而这些因素是银行的经营成本决定的,经营成本的提高表明商业银行投入了更多的财力和物力。为了弥补过高的经营成本,银行将会设法提高净利差水平。在市场竞争条件下,大多数商业银行运经营成本变动,必然会导致利差变动。我国商业银行可能面临的主要风险之一是信用风险。在发放贷款的时候,根据企业的风险大小决定贷款利率的高低。银行需要承担的信用风险越高,则贷款利率会越高,净利差越大。市场集中度是指商业银行的聚集程度,银行数量越多,市场竞争程度越大,净利差越就小。

　　基于以上分析,本节只从商业银行经营的视角分析对利差的影响,由于利息收入、利息支出和非利息收入对利差有直接的影响,因此主要从这三方面分析其对利差的影响。本节选取我国 51 家商业银行作为样本对象(见表 6-3),选取 2010—2018 年 9 年间的相关数据来研究利率市场化对我国商业银行利差的影响。首先,利率市场化初期改革进程缓慢,但是自 2010 年之后相关政策相继出台,改革进程的速度得以提升;其次是因为初期阶段商业银行相关数据不完整,因此本着数据可得的原则选取最近 9 年的数据。这 51 家商业银行包括:12 家股份制商业银行、五家大型国有商业银行、五家农村商业银行和 29 家城市商业银行。

表 6-3　51 家商业银行情况

类　型	银行名称
大型国有商业银行	中国银行、中国农业银行、中国工商银行、中国建设银行、中国交通银行
股份制商业银行	招商银行、浦发银行、中信银行、中国光大银行、中国民生银行、广发银行、兴业银行、华夏银行、平安银行、恒丰银行、浙商银行、渤海银行

续　表

类　型	银行名称
城市商业银行	北京银行、上海银行、江苏银行、南京银行、宁波银行、杭州银行、天津银行、厦门国际银行、广州银行、包商银行、长沙银行、郑州银行、成都银行、江西银行、河北银行、大连银行、昆仑银行、青岛银行、苏州银行、郑州银行、东莞银行、九江银行、汉口银行、桂林银行、厦门银行、晋商银行、宁夏银行、江苏常熟银行、浙江民泰商业银行
农村商业银行	重庆农村商业银行、上海农村商业银行、广州农村商业银行、广东顺德农村商业银行、广东南海农村银行

6.3.1　利息收入对利差的影响

贷款业务、投资业务和其他业务都会给商业银行带来利息收入,但是其中贷款业务与投资业务占比很大,其他业务占比相对较小,所以从贷款和投资两方面来分析利息收入对利差的影响。

(1)贷款业务利息收入对利差的影响。为了深入分析,本书分别从贷款总量和不良贷款两个方面分析贷款业务利息收入对利差的影响。其中2017年和2018年由于恒丰银行和包商银行没有披露年报,这两家银行的数据剔除。

由表6-4可知,2010年,我国商业银行的贷款总量均值是67 738亿元,2018年贷款总量均值是184 216亿元,在2010年到2018年间,贷款总量一直在增加,到2018年底,同比增长12%。再看商业银行利差均值,2010年是2.177%,2018年是1.739%,利差均值降低0.438%。2012年前后利率一直在上下波动,原因可能是2012年的金融危机。整体来看,贷款数量增大,利差在缩窄。理论上来说,贷款总量越大,利率水平不作大变动的前提下,利息收入应该更大,利差应该更大,但现在正好相反。为什么会出现这种结果?继续对不良贷款进行分析,总样本银行不良贷款额大致可以分为两阶段,2010年至2011年有小幅度的降低趋势,到达793亿元最低点,2011—2018年间都处于上升期,2012年以后呈现明显的上升趋势,一直到2018年达到最高值3 383亿元。整体来看,这与利差的变动趋势刚好吻合,这就说明大量不良贷款导致利息收入的减少,进而导致利差的缩窄。

表6-4　51家商业银行贷款、不良贷款与利差均值

时间/年	2010	2011	2012	2013	2014	2015	2016	2017	2018
贷款总量/亿元	67 738	82 902	92 635	105 140	118 003	130 946	147 464	163 800	184 216
不良贷款/亿元	796	793	866	1 042	1 449	2 147	2 512	2 850	3 383
利差均值/(%)	2.177	2.348	2.343	2.363	2.370	2.223	1.952	1.770	1.739

数据来源:bankscope数据库以及各银行统计年报数据整理。

由表6-5可知,2010年国有银行贷款总量均值是487 754亿元,2018年贷款总量均值是1 156 343亿元,贷款总量绝对额增涨至668 589亿元,9年间贷款总量一直在增大。2011年不良贷款有所降低,其他时间点都在增长,但增长的幅度不同,2012年以前变化幅度不大,2012年以后不良贷款总额增长速度加快。在2015年以前国有银行利差一直保持稳定,这就说明,国有银行利差受不良贷款的影响不大,可能利率政策对其影响更大。

表 6-5　国有银行贷款、不良贷款与利差均值

时间/年	2010	2011	2012	2013	2014	2015	2016	2017	2018
贷款总量/亿元	487 754	596 690	651 228	732 226	810 278	883 728	972 197	10 666 662	1 156 343
不良贷款/亿元	6 507	6 332	6 552	7 481	10 113	14 904	16 586	16 686	173 084
利差均值/(%)	2.204	2.325	2.359	2.340	2.391	2.240	1.855	1.820	1.864

数据来源：各银行年报和 BankScope 数据库。

由表 6-6 可知，2010 年股份制商业银行贷款总量均值是 64 887 亿元，2018 年贷款总量是 235 319 亿元，贷款总量绝对额增大 132 259 亿元，9 年间贷款总量一直在增大，不良贷款规模也一直在增大，并从 2011 年开始增长幅度大，增长迅速。2010 年股份制商业银行利差均值是 2.464%，2018 年利差均值是 1.648%。2011 年，由于贷款总额的大幅度增高，不良贷款增幅相对较小，所以利差出现回升趋势。2011 年之后，虽然贷款总额也在增多，但不良贷款的增幅更大，导致利差的回落现象。

表 6-6　股份制银行贷款、不良贷款与利差均值

时间/年	2010	2011	2012	2013	2014	2015	2016	2017	2018
贷款总量/亿元	64 887	80 007	93 727	107 737	124 079	141 840	167 947	205 102	235 319
不良贷款/亿元	448	486	670	913	1400	2171	2896	3487	3902
利差/(%)	2.464	2.252	2.219	2.180	2.162	2.136	1.905	1.695	1.648

数据来源：bankscope 数据库以及各银行统计年报数据整理。

由表 6-7 可知，2010 年城市商业银行贷款总量均值是 6 587 亿元，2018 年贷款总量是 27 507 亿元，贷款总量绝对额增大 20 920 亿元，增加额达到 318%，对比国有和股份制银行，城市商业银行的贷款规模增加速度最快。2010 年城市商业银行利差均值是 2.057%，2018 年利差均值是 1.699%，利差均值缩小 0.358%，2014 年之前利差都在上下稳定的波动，2014 年之后，利差有明显下降趋势。这是因为 2014 年之前不良贷款变动不大，由于波动幅度大小原因，导致利差在上下波动。2014 年之后有明显的增大，所以利差有显著的下降趋势。

表 6-7　城市商业银行贷款、不良贷款与利差均值

时间/年	2010	2011	2012	2013	2014	2015	2016	2017	2018
贷款总量/亿元	6 587	7 967	9 711	11 585	13 622	15 986	18 628	22 464	27 507
不良贷款/亿元	63	71	81	112	160	222	264	3 230	3 832
利差均值/(%)	2.057	2.344	2.309	2.393	2.403	2.200	1.972	1.772	1.699

数据来源：各银行年报和 BankScope 数据库。

由表 6-8 可知，2010 年农村商业银行贷款总量均值是 9 236 亿元，2018 年贷款总量是 26 413 亿元，贷款总量绝对额增加 17 177 亿元，可知农商行贷款总额相比其他类型商业银行是最小的，但其也在逐年增大。不良贷款也在逐年增大，但增大幅度微小。值得注意的是，

2011 年和 2012 年贷款总量、不良贷款、利差的变动关系一致,这就说明不良贷款占比不大,对农村商业银行利差的影响较小。

表 6 - 8　农村商业银行贷款、不良贷款与利差均值

时间/年	2010	2011	2012	2013	2014	2015	2016	2017	2018
贷款总量/亿元	9 236	10 691	12 376	14 431	16 556	18 784	20 822	24 671	26 413
不良贷款/亿元	174	177	202	300	383	500	559	319	324
利差均值/(%)	2.157	2.619	2.824	2.654	2.665	2.551	2.052	1.893	2.042

数据来源:bankscope 数据库以及各银行统计年报数据整理。

(2)投资业务利息收入对利差的影响。商业银行投资业务是商业银行资产业务中的另一主要部分,其主要形式是买卖证券市场的债券和股票等有价证券,来赚取利润。国库券是我国商业银行主要进行投资的对象,包括中长期的国债、地方政府债和政策性银行债券。由于我国商业银行的贷款额度一直受限,对于剩余资金,商业银行通常会通过购买债券来获取收益。

由表 6 - 9 可知,2010 年,我国 51 家商业银行总资产均值是 132 814 亿元,投资规模是 44 014 亿元,占总资产比为 33.14%;截至 2018 年年底,总资产均值是 352 652 亿元,投资规模是 150 474 亿元,投资资产占总资产比重达到 42.67%,较 2010 年增长 9.53 个百分点。表明我国商业银行的投资比重一直在平稳波动中,呈现上升趋势,与利差呈反向变动关系,投资业务不仅是商业银行调整资产结构的有效途径之一,还可以弥补由于利差缩小而损失的利润。2018 年年底,我国商业银行利差均值为 1.739%,较 2010 年下降了 0.438%。

表 6 - 9　51 家商业银行投资比重

时间/年	投资资产均值/亿元	总资产均值/亿元	投资资产占比/(%)	利差均值/(%)
2010	44 014	132 814	33.14	2.177
2011	50 855	159 907	31.80	2.348
2012	64 432	186 023	34.64	2.343
2013	70 474	207 846	33.91	2.363
2014	80 102	233 100	34.36	2.370
2015	99 658	264 032	37.74	2.223
2016	117 802	300 561	39.19	1.952
2017	135 671	330 270	41.88	1.772
2018	150 474	352 652	42.67	1.739

数据来源:bankscope 数据库以及各银行统计年报整理。

我国商业银行债券投资比例占总投资的一大部分,从表 6 - 10 近两年的债券结构来看,2015 年国债、地方政府债和政策性银行债券分别占 18.2%、12.7% 和 22.8%,2016 年国债、地方政府债和政策性银行债券分别占 16.2%、21.4% 和 18.4%,这三类由于低风险的特点形成三足鼎立。比较重要的一个原因是我国商业银行的国债的利息收入会免税,这意味着商业银行将持有更多的国债;通过市场化的招标与投标,同时在人民银行的监管下可以发现拥有很高的信用评级的政策性银行债。因此,在一级市场,商业银行还将认购许多政策性银行债券,地方政府性债券有一些地方政策的优惠,所以商业银行也会持有很多。

表 6 - 10　商业银行在中央结算公司登记托管的主要券种结构

类　别	分类	2015 年	2016 年	2017 年	2018 年
记账式国债	总量/亿元	63 777.57	72 345.619	81 564.33	88 617.13
	同比	7.07%	13.43%	12.70%	8.66%
地方政府债	总量/亿元	44 556.96	93 630.72	127 555.77	153 271.88
	同比	288.40%	110.14%	36.23%	20.16%
央行票据	总量/亿元	3 409.47	59.72	—	—
	同比	−5.93%	−98.25%		
政府支持机构债	总量/亿元	6 402.06	7 002.5	7 707.58	8 434.2
	同比	12.07%	9.38%	10.07%	9.43%
政策性银行债券	总量/亿元	79 975.47	80 329.01	82 127.83	88 392.28
	同比	2.47%	0.44%	2.61%	7.21%
商业银行债券	总量/亿元	5 385.24	7 021.02	8 370.14	14 105.39
	同比	32.27	30.38%	17.79%	26.35%
企业债	总量/亿元	6 360.8	5 164.36	5 158.20	5 194.58
	同比	−4.49%	−18.81%	−0.12%	0.71%
资产支持证券	总量/亿元	3 002.44	2 573.71	3 866.57	7 672.77
	同比	69.61%	−14.28%	50.23%	98.44%

数据来源:中国债券信息网。

6.3.2　利息支出对利差的影响

商业银行产生利息支出的业务主要是存款业务,本书将从对公存款与个人储蓄存款两方面来说明存款业务产生的利息支出对利差的影响。

(1)对公存款业务利息支出对利差的影响。商业银行重要的一部分是对公业务,根据资金使用的性质和用途,一般对公存款都属于活期存款,虽然活期存款的成本最低,但是对公存款规模较大,因此其利息支出也较大。截至 2018 年年底,我国人民币存款余额已经达到 182.52 万亿元,余额在不断增加,但增速却波动较大,尤其是对公存款波动率更大。从图 6 - 3 分析,我国非金融企业存款同比增长最快的是 2015 年,达到 168.02%,而同比增速最慢的是 2011 年,同比下降了 51.8%。增加额最大的是 2016 年,同比增长了 7.25 万亿元。

2016 年非金融企业存款增加额出现了大幅度回落,表明非金融类企业经营效率下滑较快,企业资金紧张,存款意愿下降,对公存款的这部分额度将会由其他存款补上,利息支出也会增多,根据实际利差公式来看,在其他因素不变的条件下,利差会减小。

随着金融脱媒的出现,企业的投资渠道也会越来越多,这直接导致了商业银行传统的资产负债在商业银行收入中所占比重越来越低。对公客户除了对融资成本低要求之外,也会追求流动性好、投资收益更高的渠道。因此这也会在一定程度上压缩对公业务的空间,致使利差缩窄。

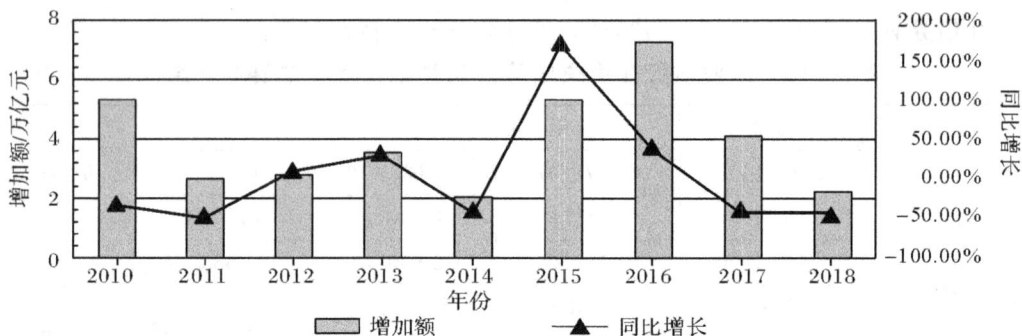

图 6-3 2010—2018 年非金融企业存款增加额及增速

大型国有商业银行往往信用好,也会通过大量的公关费与客户建立长期良好的关系,但是中小型商业银行,由于自有规模的局限性,不仅不能快捷地通过此种方法解决问题,还会增加更多的营业成本。因此,商业银行应该准确定位企业客户的结构,并分类总结客户的需求变化来制定各种存款产品已经刻不容缓。例如,股份制商业银行可以定位一些中等规模的企业,根据需要设计相应的产品,并关注一些朝阳行业,因为此类公司不仅能可持续发展,而且收益会越来越可观,可与银行达成长久合作。城市商业银行可以选择一些规模较小的企业,大力发展小企业部,更细化的将行业领域进行分类。随着我国人民整体文化素养的提高和科技的发展,现在许多农产品收益可观,城市商业银行可以将一部分视角放在此类小企业上。再者,对公客户存款虽然时间较短,灵活性较强,但相对资金储蓄存款规模大,难免会有一些潜在的不可控风险,包括信用风险、操作风险、市场风险等,因此商业银行在设计产品的同时,应该及时监管,防范可能发生的风险隐患。

(2)个人存款业务利息支出对利差的影响。截至 2018 年我国境内个人存款已经达到724 438亿元人民币,占据各项存款业务约 39.69%,同比增长 11.11%,比 2010 年增长 417 272 亿元人民币,增长 135.85%,个人存款成为商业银行的利息支出的主要项目。由图 6-4 可知,2010 年到 2018 年个人存款整体规模不断增大,但增速却逐渐放慢。2010 年到 2012 年增速平稳,但从 2012 年底开始,个人存款规模的增长速度有所下降,可能的原因是 P2P 的快速发展,网络平台的高息和便捷吸引一部分居民存款发生转移。2013 年年中,余额宝的迅速发展,导致我国个人存款增速明显下降,余额宝的出现,对于定期存款影响较小,但对活期存款造成很大的变动。

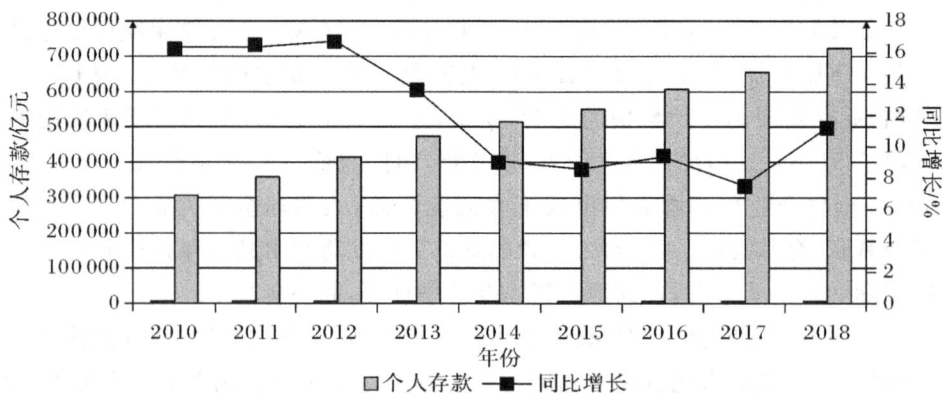

图 6-4 2010—2018 年个人存款总量及增速

由表 6-11 可知,从 2010 年到 2018 年,我国活期储蓄存款的变化趋势基本相同。从增长最高点的角度来说,活期存款的高峰期有 3 月、6 月、9 月和 12 月。从增长低点的角度来说,1 月、4 月、7 月和 10 月都呈现出了降低的趋势,4 月、5 月、7 月、8 月、10 月和 11 月都出现了负增长的趋势。

表 6-11　2010—2018 年全年活期储蓄存款同比增长趋势

年　份	2010 年	2011 年	2012 年	2013 年	2014 年	2015 年	2016 年	2017 年	2018 年
1 月增速	5.06%	5.04%	1.89%	3.84%	0.83%	1.61%	1.21%	0.00%	20.43%
2 月增速	5.93%	0.79%	0.46%	4.24%	0.23%	4.95%	3.57%	9.23%	12.49%
3 月增速	0.71%	3.23%	3.54%	2.77%	2.95%	1.15%	1.01%	6.62%	11.79%
4 月增速	−0.18%	−1.40%	−1.69%	−2.12%	−2.50%	−1.95%	−1.60%	6.11%	11.75%
5 月增速	0.25%	0.25%	0.61%	0.64%	0.32%	−0.84%	0.09%	5.88%	12.17%
6 月增速	2.47%	3.08%	3.95%	2.52%	3.79%	1.80%	1.65%	5.52%	11.72%
7 月增速	−0.17%	−1.93%	−1.38%	−0.91%	−2.18%	−0.13%	−0.40%	6.05%	10.51%
8 月增速	0.62%	0.11%	0.28%	0.20%	−0.44%	0.34%	0.71%	5.24%	9.77%
9 月增速	3.59%	3.13%	2.88%	2.61%	1.92%	1.42%	1.61%	4.75%	9.52%
10 月增速	−2.37%	−2.13%	−1.67%	−1.96%	−1.09%	−1.08%	−0.79%	5.93%	8.51%
11 月增速	0.48%	0.64%	0.63%	0.20%	0.12%	0.16%	0.54%	7.20%	7.14%
12 月增速	3.29%	4.80%	3.11%	2.91%	1.91%	1.70%	1.03%	7.48%	6.74%

对商业银行而言,虽然定期存款的客户固定,流动性低,但对比活期存款成本很高,所以商业银行更倾向于活期存款。但由于互联网金融的快速发展,商业银行活期存款被分走一部分市场。2018 年 2 月余额宝每日额度有了限制,因此,在现阶段除了国家政府对互联网金融监管之外,我国商业银行的经营模式也应该发生改变,要将注意力转向客户需求,贴切到位地帮客户解决问题,准确定位客户群体,针对每一个客户群体制定合适的产品。

6.3.3　非利息收入对利差的影响

除了传统存贷款业务之外,近年来我国商业银行中间业务产生的非利息收入也在日益增多。作为间接融资机构的银行,其地位受到较大影响,银行利用传统存贷业务的利差获取收入和利润的经营模式很难维持下去,银行只有跟随潮流发展,积极地进行业务转型,多开辟渠道拓展收入来源,早日实现业务收入的多元化。商业银行开始由传统的融资中介转变为新型服务中介,综合经营了很多种的业务,利用多个渠道获取了表外的收入,例如和存款有关的业务服务费用,信托和衍生品等交易有关的服务费用。利率市场化的出现与实行让大部分银行真实地感受到了危机,近年来,我国商业银行开始大力发展中间业务,寻求新的发展机遇,希望以此可以缓解提升成本和降低利润的压力,使新的利润收入来源有所增加,非利息收入占比近年来明显提高。

图 6-5 所示为我国 2010—2018 年 16 家上市银行的非利息收入占比与利差情况。从整体的时间序列方面来看,这 16 家商业银行的非利息收入占比呈现出来增加的态势,但是利差表现出逐年减少的趋势。在 2018 年,上市银行的平均非利息收入占比达到了 33.06%,可以

看出商业银行对非利息收入在营业收入占比情况的关注大大提升,数据表明商业银行在收入结构方面做出了有效的调整,在拓展中间业务方面做出了较大的努力。

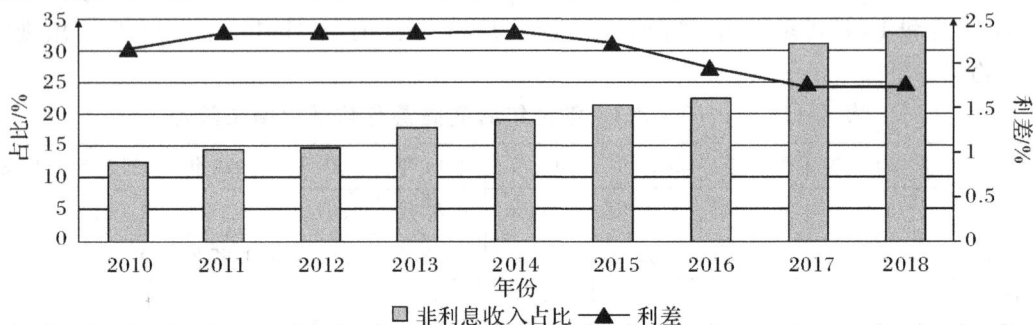

图 6-5　2010—2018 年 16 家上市银行非利息收入占比与利差

由图 6-6 整体来看,股份制商业银行在整个银行业的外围,城市商业银行在最中心,说明前者高于整个体银行业,而后者低于整个银行业。从时间序列上来看,在这九年内国有银行的非利息收入占比平稳发展,从 2010 年到 2013 年都保持领先地位,从 2013 年底开始,股份制商业银行的非利息收入的比重逐渐跟上到最后超越,从 2014 年到 2018 年都保持领先地位,而 2010—2018 年城市商业银行的非利息收入占比一直保持低速平稳发展状态,到 2017 年和 2018 年才逐渐跟上整个银行业和国有银行的水平。

图 6-6　2010—2018 年各类型商业银行非利息收入占比均值

随着市场改革的深化,资本市场改革步伐也逐渐加快,传统盈利业务已经不能支撑银行未来发展。在利差不断收窄以及利率市场化改革初步完成的背景下,银行进行中间业务可以带来新的稳定的盈利增长点,为商业银行的可持续发展提供了新的保证,进而成为商业银行未来发展的支撑。大力发展新业务,可以降低潜在风险,减少不确定性因素,为可持续发展提供了条件和保障。大力发展新业务,由于合作对象多元化,合作平台科技化,所以对银行来说,还可以提升自身的业务水平,收集更多领域信息,为开发新市场、新业务提供一定的条件基础,同时还可以大力发展自身企业文化,在产品佳、服务佳的双佳吸引力下拥有更多的合作对象,扩大市场。再从政府监管层面来说,中间业务对于商业银行而言如同冉冉升起的新星,既要谨慎又要发展,对于政府来说,既要监管又要支持,所以商业银行应该在现有法律基础上更多地寻求中间业务的盈利市场。

我国商业银行中间业务的共性在于银行间产品都基本类似,价格也差不多相同,能够提供给客户创新型的产品很少,一直还是使用存贷业务上的价格思想来发展中间业务,这绝对是高成本低回报的。也有一些银行钻监管空子,一味地追求高收益而忽略了服务品质,整个行业出现监管空表跟风现象,因此 2012 年 1 月 20 日,银监会发布了《关于整治银行业金融机构不规范经营的通知》,以此来纠正银行收费混乱的问题,主要领域就是商业银行的中间业务收费问题,银行业在大力发展中间业务的同时,更要注重质量。

6.4　国内外利率市场化下银行利差变化比较

6.4.1　国外商业银行利差变化

由于美、欧等发达国家较早实现了利率市场化,而我国利率市场化改革不但比国外发达国家晚,并且经历的时间也较长。因此我国银行业利差一直被认为远远高于发达国家。本书研究美国、日本、加拿大、英国、德国和中国六个国家的商业银行利差,分别从各国中随机选取 50 个商业银行 2010—2016 年的数据,数据不全的,则按相邻年份的均值来补缺。

由图 6-7 中可以看出,中国这几年的利差并非想象中的那么高,这也打破了我国商业银行业高息的舆论,经过近 30 年的利率市场化的调整,中国商业银行的利差正在逐渐缩小,与世界上主要国家的利差趋于接近。可以看出,从时间序列上来看,除了英国的利差,其他国家的利差发展趋势基本一致。对于每个国家的整体趋势,美国商业银行近年来的利差在六国中占据榜首,均值比中国高近乎 0.22 倍,日本银行的利差最低,近 7 年均值约为 1.104%,除了美国和德国外其余发达国家利差均值比中国稍小一点,但存在差异不大。数据表明,在国际上我国银行业整体利差次于美国、德国的中上水平,但相比其他发达国家,我国利差水平还是稍高,但差异化不大,整体处于逐年缩小的趋势。

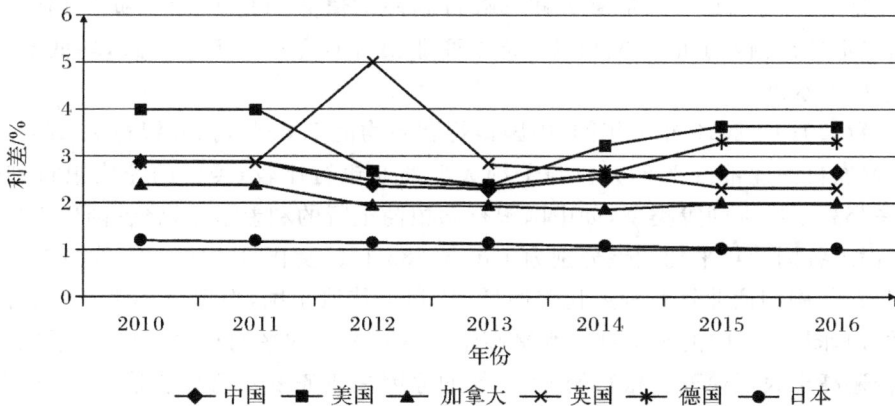

图 6-7　2010—2016 年世界主要国家商业银行利差水平

从发展趋势上来讲,六国 7 年间商业银行利差逐年都缩小的趋势,但每年波动不大,相对比较平稳。以中国为例,2010—2016 年 7 年利差的最高点为 2010 年达到 2.86%,到 2013 年,利差降为 2.29%。上述分析中各个国家 2010 年到 2016 年 7 年利差的标准差分别是 0.221 4%,0.617 2%,0.205 2%,0.913 6%,0.371 7%,0.069 1%,标准差相对较小,说明利差波动小,相对稳定。再对比 2016 年与 2010 年的数据,可知各国利差都有不同幅度的缩小。

更进一步探究六国主要银行利差,中国分别从大型国有、股份制、城市商业银行和农商行中分别挑选一家商业银行作为样本,美国挑选 3 家银行,英国、德国选取两家商业银行,日本和加拿大分别选取一家商业银行作为样本,进行比较分析,结果见表 6-12。

表 6-12 2010—2016 年银行利差

单位:%

国 别	商业银行	2010 年	2011 年	2012 年	2013 年	2014 年	2015 年	2016 年
中国	中国银行	1.95	1.93	2.03	2.04	2.11	1.95	1.69
	招商银行	2.38	2.73	2.73	2.60	2.37	2.50	2.27
	江苏银行	2.45	2.89	2.71	2.60	2.15	1.86	1.58
	广州农村商业银行	2.40	2.50	2.55	2.80	2.59	2.05	1.61
美国	花旗银行	3.41	4.54	4.37	4.39	4.14	4.21	4.53
	摩根银行	2.84	2.51	2.47	2.05	1.77	1.64	1.67
	美国银行	3.03	2.87	2.66	2.35	2.3	2.55	3.09
英国	渣打银行	2.07	2.15	2.12	2.37	2.62	2.4	1.86
	汇丰银行	1.06	0.97	0.93	0.85	1.28	1.48	1.63
德国	德意志银行	1.02	0.95	0.67	0.6	0.52	0.43	0.42
	德国商业银行	0.91	0.98	1.08	0.86	0.75	0.84	0.83
日本	三井住友银行	1.25	1.1	1.1	1.12	1.07	1.07	1.12
加拿大	加拿大国家银行	0.19	0.25	0.3	0.41	0.37	0.43	0.46

数据来源:Bankscope 数据库整理所得。

横向来看,2016 年,中国 4 家不同类型商业银行利差均值是 1.787 5%,美国 3 家样本商业银行利差均值是 3.096 7%,英国两家商业银行利差均值是 1.745%,德国两家样本商业银行利差均值是 0.625%,日本和加拿大样本银行利差均值分别是 1.12% 和 0.46%,相对比可知,中国利差水平在国际上的排位和以上样本商业银行研究结果近乎一致,均低于美国,在国际上仍处于中上水准。

纵向来看,2010—2016 年 7 年间,中国银行利差均值 1.69%,招商银行 2.27%、江苏银行 1.58%、广州农村商业银行 1.61%。与美国大型商业银行比较,美国的花旗银行和美国银行的利差水平都高于中国同等类型,如中国银行和招商银行的利差水平,将各国代表性银行作为整体,计算得出各国 7 年平均利差分别为中国 2.285 1%、美国 3.018 6%、英国 1.699 3%、德国为 0.745 7%,中国商业银行利差比美国低,却高于其他 4 国,但差异不大。比较图 6-7 和表 6-12 可知,图 6-7 中的平均利差水平高于表 6-12 中的平均利差水平,这说明,各国小银行利差都普遍高于大规模商业银行利差,可能的原因是业务多元化水平低下,仍然要靠利差来维持盈利。

6.4.2 我国商业银行利差变化

(1)基准利差变动。自 1996 年以后利率市场化的开启,为了使商业银行经营利润提高,中央银行制定利率政策时不断扩大存贷利差,使得商业银行的利润收入中利息净收入占据核心主导地位,改善了商业银行的生存环境。以存在时间为权数进行加权平均。例如 2015 年全年存款利率共调整 5 次,2015 年 3 月 1 日是 2.5%,2015 年 5 月 11 日是 2.25%,2015 年 6 月 28

日是 2％,2015 年 8 月 26 日是 1.75％,2015 年 10 月 24 日是 1.5％,3 月 1 日之前的利率按照 2014 年 11 月 22 日最后一次调整的利率值 2.75％计算,则计算结果为

$$\frac{2.75\times59+2.5\times71+2.25\times48+2\times59+1.75\times59+1.5\times69}{365}=2.1\ 164\%$$

一年期贷款利率也如此按照这个方法进行计算。

由图 6-8 可以看到,1996—2015 年的 20 年间,存贷差变动一直有升有降,1996 年到 1998 年一直处于扩大状态,但扩大的幅度一直在缩小,说明利差在缓慢扩大,从 1988 年开始,存点利差变动情况出现负值,则利差在缩小,这是因为 20 世纪末时国际经济大萧条,我国货币当局为了使人民币价值不受影响,大力使用货币工具,增大政府财政支出,拉动内需,到 1999 年底,基准利差开始增大,先快速增大后幅度减小,一直到 2001 年处于平稳的小微调整趋势。到 2005 年开始明显快速扩大,两年后又开始缩窄,一直到 2001 年处于较为平稳的发展趋势。经过多项利率分阶段放松管控调整,一直到 2015 年利差平稳发展。

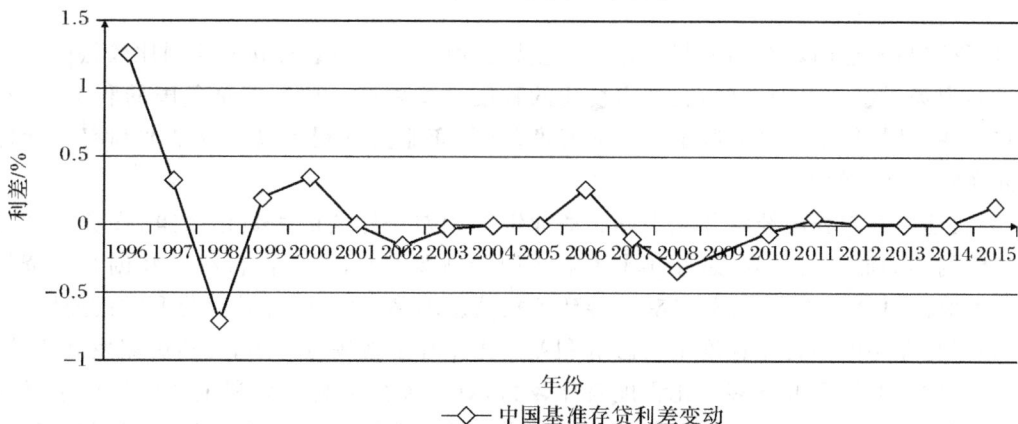

图 6-8　1996—2015 年中国基准存贷利差变动

(2)商业银行实际利差。由于数据的全面程度和查找渠道有限,本书挑选我国 51 家商业银行分析我国商业银行的实际利差变动,数据来源于 bankscope 数据库和各商业银行年报统计整理而来。51 家商业银行实际利差均值见表 6-13。

表 6-13　51 家商业银行实际利差均值　　单位:％

年份/年	全样本	国有银行	股份制商业银行	城市商业银行	农村商业银行
2010	2.177	2.204	2.464	2.057	2.157
2011	2.348	2.325	2.252	2.344	2.619
2012	2.343	2.359	2.219	2.309	2.824
2013	2.363	2.340	2.180	2.393	2.654
2014	2.370	2.391	2.162	2.403	2.665
2015	2.223	2.240	2.136	2.200	2.551
2016	1.952	1.855	1.905	1.972	2.052
2017	1.772	1.820	1.695	1.772	1.893
2018	1.739	1.864	1.648	1.699	2.042

数据来源:bankscope 数据库,各银行年报统计整理而来。

由表 6 - 13 可知,我国整体商业银行的利差呈下降趋势,四类商业银行利差均值与整体情况呈现一致的变化趋势,但值得注意的是农村商业银行利差远远高于全样本均值与其他三类商业银行,可能的原因是农村商业银行所处的环境与客户类型,农林商业银行的主要业务仍然是以存贷款为首,主要靠高利差来获取收益。从 2010 年到 2018 年,四类不同规模商业银行的平均利差在逐年缩小,其中,国有银行平均利差在三类银行中一直保持领先地位,而股份制银行均值最小。可以看出,随着金融深化,我国银行实际利差的是缩窄的。

6.4.3 国外银行利差变化对我国的启示

对比中国与发达国家商业银行利差,我们发现中国商业银行利差虽然比有些发达国家的利差高,但其差异不大,甚至比美国商业银行的利差更低,一定程度上打破了外界对中国商业银行只靠高利差盈利的谬论。我国商业银行与发达国家商业银行的存贷利差的经济环境相比:

(1)我国与发达国家在利率制度存在着差异。由于发达国家对利差管制比较松弛,所以发达国家的市场竞争会更加激烈,利率市场化的程度也要更高一些。但是我国的利率市场化政策存在一些不同,货币当局会制定相应的幅度范围,商业银行利率只能以基准利率为标杆,发挥空间受限于规定幅度。

(2)发达国家与我国经济环境不同。商业银行利差一样会因为货币政策、投资环境、社会资金规模的不同而有所差异,近几年来为响应创新创业号召,有些银行给一些创业者贷款,但因为各种原因对企业资金了解不充分,导致不良贷款增多,这也会导致存贷利差的差距。

(3)银行业务的多元化程度也会影响利差。由于在金融领域当中,发达国家发展比较早且迅速,在早期商业银行业务多元化程度就比较高,对传统存贷利差盈利重视度相对小,但我国金融市场还处于发展阶段,分业经营的管理制度导致商业银行对存贷业务依赖性相对较强,商业银行业务步入发达国家多元化,这也会导致利差的不同。

6.5 利率市场化下我国商业银行面临的问题

6.5.1 利差收窄,盈利能力下降

商业银行主营业务收入 80% 来自存贷款利差即净利息收入,我国存贷利差有逐年收窄的趋势。从不同国家进行利率市场化的经验以及我国当前的金融市场现状来分析,利率市场化下的存款利率和贷款利率的水平都将明显提升。在利率放开阶段,利率波动是相对透明的,为了筹集资金,商业银行会将存款利率不断提高,导致银行资金的使用成本会增加;同时,利率市场化后银行取得自主定价的权利,一定会使银行之间的竞争更加激烈,为了抢占更为优质的客户,银行会下调贷款的利率,这将会收窄利差,净利息收入降低,商业银行盈利能力减弱。

如图 6 - 9 所示,2010—2018 年,商业银行的营业利润增长率整体上都在下降,这说明在利率市场化的进程中,确实会降低商业银行的盈利能力。同时,从图中可以看出,这 3 种商业银行的增长率的波动程度是不一样的。其中,国有商业银行的营业利润增长率持续下降,到

2016 年利润竟然为负增长,2017 年才有增长的现象。

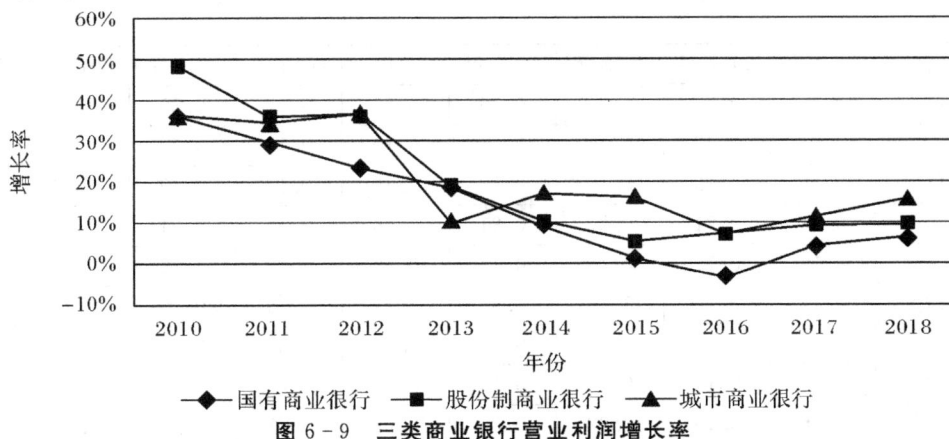

图 6-9 三类商业银行营业利润增长率

利率市场化对国有商业银行影响较大,同时由于国有商业银行规模较大,体制不灵活,对利率市场化不能做出灵敏的反应,因此利润出现了较大的波动。反过来,虽然规模比较小、体制比较灵活的城市商业银行利率增长率总体也呈现出下降的趋势,但是相对来说下降幅度较小,且在不断上下波动,并且在 2016—2018 年间,利润增长率也有所回升。而股份制商业银行则处于二者中间,既没有国有商业银行下降幅度大,也没有城市商业银行的灵活应变,但股份制商业银行在利率市场化下的营业利润增长率表现出小幅度下降,并且在 2016 年出现了稳步回升。

6.5.2 盈利模式发生转变

我国商业银行利润主要来源之一是利差。利率市场化降低了商业银行的盈利能力,收窄了利差,竞争不断加剧,这对以利差为主要营业收入的银行产生了挑战,促使银行加强金融产品创新,强化服务意识,在新的业务领域有所拓展,转变盈利模式。利率市场化使得以利率为基础的金融产品能够更加自由地定价,商业银行可以利用这一便利,大力发展中间业务,拓展盈利渠道,同时为了降低经营风险,可以进行多样化投资。利率市场化是金融衍生产品的创新基础,为了发展衍生金融工具等中间业务,我国进行改革的利率市场化提供了很好的制度基础。

本书选取了国有商业银行(中行、建行、工行、交行、农行)、股份制商业银行(招商银行、中信银行、兴业银行、浦发银行、平安银行、民生银行、光大银行、华夏银行)及城市银行(北京银行、南京银行、宁波银行)的非利息收入占比来分析利率市场化对商业银行的盈利模式、盈利结构的影响。选取的这三类银行是为了使分析结果更准确,更具有普遍性。

由表 6-14 可以看出,各类商业银行的非利息收入占比都表现出来了增加的趋势。其中国有银行的非利息收入占比在不断地稳定增加,特别是交通银行在 2018 年的时候,非利息收入占比达到了 36%。而股份制商业银行的占比参差不齐,有的在利率市场化下非利息收入发展较快,比如招商银行和民生银行,这两大银行在 2010 年年初非利息收入占比就比较高,民生银行 2018 年的非利息收入甚至达到了 51%,说明在利率市场化进程中,这两大银行反应较为灵活,中间业务发展较好。在 2018 年,考察的商业银行非利息收入占比多数超过 20%,更有 9 家银行超过了 30%。

表 6-14　2010—2018 上市商业银行非利息收入占比

单位:%

银行名称	2010 年	2011 年	2012 年	2013 年	2014 年	2015 年	2016 年	2017 年	2018 年
工行	0.20	0.23	0.22	0.25	0.25	0.27	0.30	0.28	0.26
建行	0.21	0.22	0.21	0.21	0.19	0.19	0.22	0.27	0.26
农行	0.16	0.19	0.19	0.18	0.16	0.17	0.19	0.18	0.20
中行	0.25	0.21	0.20	0.21	0.19	0.19	0.21	0.30	0.28
交行	0.17	0.17	0.16	0.17	0.20	0.20	0.22	0.36	0.38
兴业银行	0.12	0.13	0.15	0.18	0.21	0.19	0.25	0.37	0.40
招商银行	0.20	0.21	0.22	0.25	0.32	0.32	0.36	0.34	0.35
中信银行	0.12	0.12	0.13	0.15	0.21	0.25	0.28	0.36	0.36
民生银行	0.35	0.19	0.22	0.25	0.29	0.37	0.36	0.40	0.51
浦发银行	0.09	0.09	0.11	0.14	0.19	0.22	0.30	0.37	0.35
光大银行	0.14	0.14	0.15	0.21	0.25	0.28	0.29	0.34	0.45
平安银行	0.08	0.15	0.13	0.22	0.28	0.31	0.29	0.30	0.36
华夏银行	0.07	0.10	0.11	0.14	0.15	0.20	0.22	0.29	0.29
北京银行	0.07	0.11	0.11	0.11	0.19	0.15	0.17	0.22	0.18
南京银行	0.13	0.11	0.14	0.11	0.14	0.15	0.18	0.19	0.21
宁波银行	0.13	0.14	0.11	0.12	0.13	0.20	0.28	0.35	0.34

　　由图 6-10 可以更加直观地看出,我国的三类商业银行非利息收入占比都表现出增加的趋势。这表明利率市场化的进程有利于对商业银行的盈利结构进行调整,银行开始重视非利息收入,并加大了对中间业务的投资。其中,国有商业银行的波动最小,与股份制商业银行非利息收入占比差距较大。原因可能是国有商业银行规模较大,盈利结构变革较慢且效率不高。而城市商业银行虽较为灵活,但毕竟受规模限制,相关经营制度不够完善,因此非利息收入占比上升幅度不大。股份制商业银行虽然规模也比较大,但其经营体制更新较快,创新能力比较强,就目前来看,股份制商业银行更能适应利率市场化改革。总体来看,我国在利率市场化改革后期,虽已经加快了步伐,加大了对金融产品的创新,但发展还是不够完善,银行业在利率市场化下还有很长的一段路要走。

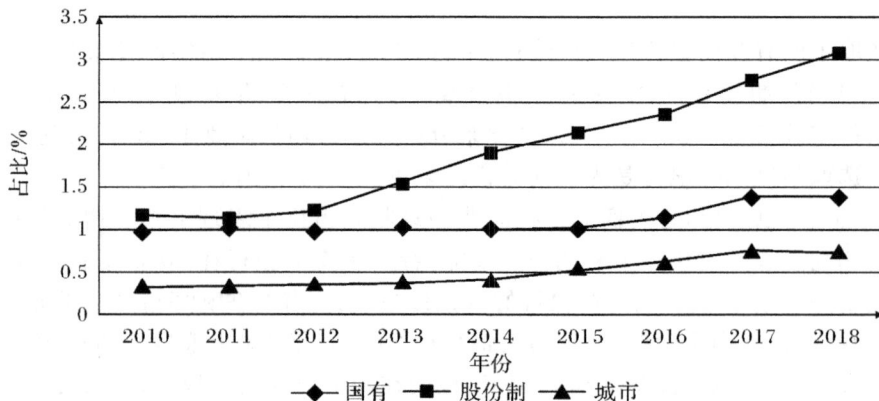

图 6-10　三类商业银行非利息收入占比对比图

6.5.3　信用风险增加

由于长期存款利率管制,银行对存款定价的能力较弱。在贷款利率的定价方面,银行对风险较大的项目投入很多,这也对贷款定价的能力提出了很高的要求。通过利率市场化将增加信贷业务的风险偏好,银行有可能在同行的竞争压力下,将信贷的标准放宽松,这将使贷款质量受到威胁。随着放开利率加剧了银行之间的竞争,以及在金融创新推动的情况下,放宽了居民储蓄投资的渠道,加大了存款的波动程度,对银行的流动性管理程序也会更加复杂。目前银行在经营理念、资源配置和成本管理、绩效考核、风险控制等内部管理能力方面还比较薄弱。特别是建立了存款保险的制度,完善了金融机构破产的退出机制,市场竞争的加剧会给银行带来一定的压力,银行并购重组的趋势日益明显,一些经营管理能力不是很强的银行可能会面临被淘汰或被兼并的风险。同时在利率市场化以后银行获取资金的成本增加,尤其是对于国内多数中小商业银行来说,想要获取优质大企业资金变得更加困难,银行只好选择为愿意承担高利率的中小企业提供金融服务,无形中促使银行承担了更多的风险。中小商业银行用资金价格的高低来选择客户,这种行为将会导致逆向选择效应和逆向激励效应的产生。逆向选择效应是指当银行使用利率的高低来选择客户时,有一些低风险的客户具有一定的偿还能力,但是他们不愿意或不能支付高利率,选择退出了贷款的市场,而那些高风险、高收益的客户愿意承担比较高的利息,反而最后会得到资金。利率会刺激到客户,借款客户会在其刺激下投资具有较高风险的一些项目,希望能得到较高的收益,所以形成了逆向选择效应。这两种效应合力发挥作用后,就会使得银行信贷业务上面临更高的违约风险,银行信用风险增加。

6.5.4　客户结构多元化

利率市场化使得银行间的竞争趋于公平。在控制利率的情况下,中国的存款利率和贷款利率由中央银行决定,银行的大部分收入来自稳定的利差,而贷款则成了银行间收入多少的决定性因素。而利率市场化后,各个银行之间的竞争和以前不一样了,比较稳定的利差收益消失,银行开始寻找收入的新来源和开展业务的途径。与此同时,为了获得更大的收益,商业银行必须注意到以前忽略过的中小型和新型技术企业。大型客户的竞争在利率市场化的冲击下越来越激烈,所以很多银行开始转向中小企业,用成本和收益作为衡量依据,选择发展前途较好、盈利较为可观的中小企业进行投资,增加利润收入。商业银行的这一转变使得客户结构趋向多元化,收入来源不再单一,同时也有利于开发新的金融产品。

利率市场的推进,在一定程度上改善了国内中小企业融资难的问题,但也使得银行承担更大的风险,所以,在对小企业进行贷款营销时,应对不同行业中小企业进行细分,制定出适合银行自身发展的策略。如以客户为中心展开,积极拓展企业客户或同一行业的其他客户的上下游客户等。达到用一个中小客户引来大批客户的目的,不断丰富借贷企业客户的选择与管理,加强银行内部风险管控。

6.6 小 结

我国的基本国情决定了我国利率市场化改革的方式即曲折渐进的形式,利率市场化的实质是中央银行借助市场力量,调整和影响资金的供求关系,调节和引导市场利率,使市场机制在资源配置中发挥着主导作用。利率市场化对商业银行来说既是机遇,也是十分严峻的挑战。我国商业银行利润的主要来源之一是利差。利差严重影响着商业银行的盈利能力。因此在本章中对商业银行利差的影响因素也进行了研究,发现银行利差受多种多样的因素影响,其中最主要的因素是运营成本和市场集中度,较高的运营成本说明商业银行投入了较多的财力和物力,为了弥补运营成本,银行会提升净利差水平。同时,商业银行净利差的制约因素也有很多,首先主要是商业银行存贷利率定价机制的制约;其次是商业银行经营管理水平的制约;还有净利差同时也受经济周期和货币政策的制约影响。这些因素都会不同程度地影响银行利差。

第7章 利率市场化下银行产权结构对效率的影响机理

本章分析了利率市场化对商业银行业务的影响机理,然后从商业银行资产业务、负债业务、中间业务、盈利和效率以及风险六大方面分析了利率市场化对商业银行各项业务以及盈利能力的影响,最后研究了利率市场化与银行产权关系以及银行产权结构及其对效率的影响。

7.1 利率市场化对商业银行业务的影响机理

我国开展利率市场化改革旨在实现金融产品的自主化定价,而其对商业银行业务结构的影响是由价格机制驱使传导的,后进入的金融机构可以通过灵活的利率吸引客户,从而体现市场经济公平竞争的原则,并反映出真正的供求关系。利率市场化改革的实施,使得我国商业银行的存贷利差呈现缩小态势,金融业跨界竞争加剧,一些红利消失,以净利息收入为主的盈利模式不能满足现在的发展现状,在该变化下商业银行为实现其更的地发展,银行业全面推进体制改革,对其业务结构进行相应的调整,创新业务类型,加快中间业务的发展,将现有资源投向盈利空间较大的业务领域,盈利空间缩窄的业务领域则减少资源投入,以符号表示该传导机制为

$$\text{Rp} \rightarrow P \rightarrow \Delta r \rightarrow \theta \rightarrow \text{st}$$

式中,Rp 代表利率市场化政策,P 代表商业银行业产品价格,r 代表利差空间,θ 为商业银行某项业务的盈利空间,st 为商业银行的业务结构。价格是该传导机制的关键环节。商业银行是以货币为经营对象的特殊企业,其资金价格会直接受到利率市场化的影响,从而通过价格调节机制来调整商业银行的业务结构(李娅男,2016)。

(1)贷款业务结构的影响。利率市场化指的是利率水平由市场供求来决定,利率是决定企业资金成本高低的主要因素,依据贷款对象的不同,利率市场化政策对各项贷款业务的影响主要有两个方面:①对于盈利性好、财务安全、风险较低、资质良好的大中型企业来说,在利率市场化后这类企业在向商业银行贷款时议价能力增强,占据主动优势,使得商业银行在面对这类业务对象时贷款利率水平较低。②虽然我国小微经济体数量众多,但由于自身不稳定性因素较多,经营持续性差,在经济下行周期中此类企业受冲击尤其明显,资金安全性低且缺少抵押

担保等原因,议价时处于弱势地位,银行在小微金融资金来源中占绝对主导地位,贷款利率一般会上调。通过价格调节机制,利率市场化政策使得商业银行更加着重于资金的价格。

（2）存款业务结构的影响。存款业务是商业银行的一项负债业务,其业务形式主要包括各类存款和银行间同业拆借等。现在银行数量越来越多,之间的竞争也非常激烈,为了银行本身的经营发展,为了吸引更多的储户存钱,所有的银行都会使尽各种招数,而最有效的是提高存款利率,让存款客户得到更多的利益。在存款利率市场化之前,我国商业银行存款利率始终处于管制状态,均衡利率是存款利率的上限,商业银行的经营压力小,利率波动的风险小。存款利率放开后,金融机构有更多的自主权,增加了获利能力,加速了银行的升级,为金融机构相互竞争提供了条件,机构为获得更多的资金争相上调存款利率,从而推动存款利率向上浮动。价格理论揭示,存款利率市场化主要从以下两个方面来影响商业银行存款业务:首先,资金量庞大的优质客户必会成为银行间争取存款的重点业务对象,使得其具有选择权和较强的议价能力,所以银行要吸引这类客户必然会提高经营成本。根据价格调节机制和资本的逐利性,商业银行为避免高成本则会转向投入低成本业务,减少大额资金客户的存款业务占比,来促进银行的平稳运行。其次,个人客户存款量较少,所以在存款利率市场化后议价能力薄弱,对商业银行的资金成本影响力小。由于商业银行具有明显逐利性,必然会将存款散户作为业务的主要对象提高其占比。

（3）中间业务的影响。表外业务也是商业银行获利的主要渠道之一。大量学者研究表明,在利率市场化政策下存贷利差明显缩窄,贷款利率越高,存款利率越低,利差就越多,银行就越赚钱,但银行间存在相互竞争,为了吸引客户存款及企业贷款,其会提高存款利率、降低贷款利率,从而导致利差越来越小,银行的盈利空间受到挤压。因此,商业银行必须寻找新的盈利模式。随着我国经济高速发展,人民财富积累日渐丰盈从而对理财产品的需求不断提高,商业银行之前提供的单一存贷款业务已无法满足这一需求,提供更多具有创新性的服务产品是商业银行面临的必然要求,开展多元化业务能够增强其绩效水平,提高盈利能力。中间业务具有低风险、受利差波动影响小的特点,且其不像存款需要支付大量的利息支出,成本相对较小,盈利性明显。产品价格会驱使企业将资源从盈利较低的业务流向较高业务。所以利率市场化政策势必会推动商业银行产品业务呈现多方位发展态势,转变其经营发展理念,加强金融产品的创新能力,制定合理的发展战略,促使表外业务发展日益繁荣,使商业银行更好地发挥其自身优势,从而在激烈的市场竞争中占据一席之地的。

除价格机制以外,还可以通过风险管理机制来分析利率市场化对商业银行的业务结构的影响。依据久期理论,长期贷款利率敏感度最高、风险最大。在国有商业银行的资产结构中中长期贷款占比最大,这使得国有商业银行整体资产的利率敏感度居高。为优化资产负债结构,国有商业银行将降低中长期贷款占比。同时,权益类、债券类等金融市场的健全发展为商业银行添加了更多的投资渠道,增加了投资盈利。根据利率与资产价格呈现负相关关系,在利率市场化的时期,利率风险开始成为决定投资者投资收益的重要影响因素,使得投资收益具有更多的不稳定性,价格波动会促使各类金融机构参与市场竞争,从而要求商业银行重新审视资金的配置。

7.2 利率市场化对商业银行业务的影响分析

7.2.1 利率市场化对商业银行资产业务的影响分析

我国商业银行的资产业务是指商业银行运用其资产的业务,主要包括贷款、贴现、证券投资以及金融租赁。其中,贷款业务是我国商业银行主要的资产业务之一,贷款利息收入在商业银行营业收入中占较大比重,是商业银行最重要的收入来源。当商业银行提高其贷款规模时,盈利能力也会随之增加。利率市场化增加了银行间的竞争与债务成本,使银行的盈利能力下降,对银行业务结构的调整就尤为重要。根据美国和日本银行业的经验,银行业为了应对利率市场化导致的利差缩窄,将调整资产结构,增强信贷投放力度,贷款占总资产比重将有所提升。而我国商业银行则与美国和日本不同,贷款在使用资金中的比例较为稳定,2010—2019 年,金融机构贷款占资金运用比例保持在 60%~62% 之间波动。美国和日本利率市场化对策对我国有一定的借鉴意义,利率改革要选择一个合理的步骤和较好的突破口,而且要不断地创新和完善金融市场、金融监管。

中国出口导向性金融体系切断了居民和企业间的直接金融联系,由此确立了银行重要的经营存贷款业务。银行信贷资金是大中小企业融资的重要来源,而且银行为了在宏观上对信贷资金加强控制,就会对信贷资金进行灵活调度,提高信贷资金的使用效益。信贷资源仍然是非常稀缺的,所以商业银行手中紧紧把握着贷款定价权,而且商业银行进行信贷资源配置是为了实现利益最大化。由于贷款可以衍生出存款和中间业务,我国商业银行经常利用其卖方垄断优势要求借款人在贷款行开立主要账户,由此捆绑相应的结算及咨询等业务。

利率市场化进程和金融改革的不断推进,给商业银行带来了一定程度上的冲击。商业银行的垄断地位逐渐被瓦解,其利润空间也在不断减少,因此,银行将通过提升放贷能力(扩大放贷规模)来对冲利差缩窄带来的不利影响。若市场化改革伴随着监管行为,比如取消存贷比例和信贷规模限制等行政措施,那么在利益的驱使下,商业银行会大量增加放贷规模来提升贷款占资金运用的比重,但是这样的话,就会导致商业银行积累过多不良资产。

我国商业银行把资金投入到债券投资中的收益率不足以支撑其经营活动,进行同业拆借的政策风险又比较大,商业银行的存贷比和信贷规模受限也阻挡了银行通过扩大贷款规模来实现以量补价的道路。因此,我国商业银行开始调整贷款结构,将信贷转向议价能力更高的中小企业和居民领域。图 7-1 所示为 2019 年银行业金融机构普惠型小微企业贷款情况表,我国银行业金融机构普惠型小微企业贷款 2019 年为 116 671 亿元,较 2019 年一季度增加 16 978 亿元,增长 17.03%,增速较快。其中大型商业银行普惠型小微企业贷款为 32 571 亿元,较股份制商业银行、城市商业银行和农村金融机构增速都快。股份制商业银行、城市商业银行和农村金融机构则分别增长了 15.84%、17.26% 和 10.27%,都实现了较快增长。而从存量占比看,农村金融机构普惠型小微企业贷款 2019 年年底占比为 37.03%,占比最大,而大型商业银行普惠型小微企业贷款占比为 27.92%,占比也很大。

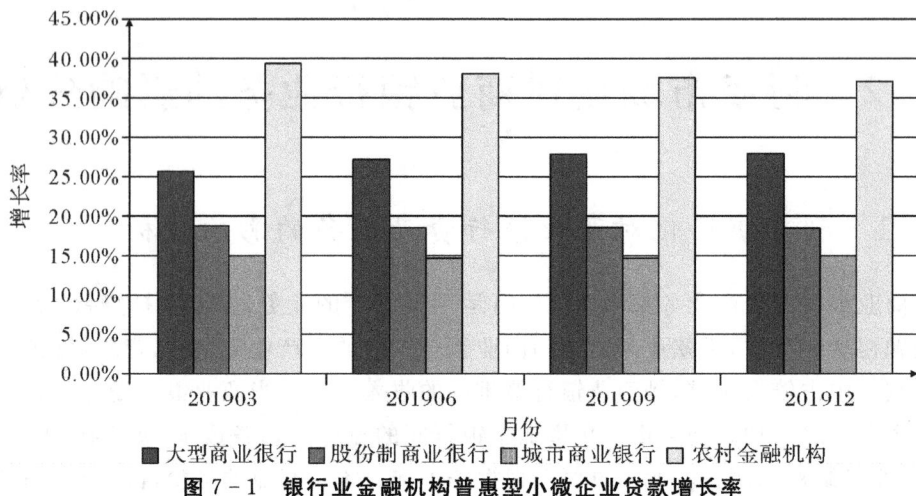

图 7-1　银行业金融机构普惠型小微企业贷款增长率

数据来源:银保监会网站。

由图 7-2 可以看出,2016—2019 年 4 年时间里,我国境内贷款以及其中的住户贷款和金融企业及机关团体贷款均出现较高增长。2019 年,境内贷款增幅为 12.36%,住户贷款增幅为 15.53%,非金融企业及机关团体贷款增幅为 10.88%。从环比增幅来看,境内贷款环比增幅出现下降趋势,但下降幅度不大,住户贷款增幅也出现下降趋势,下降幅度较大。而非金融企业及机关团体贷款则出现增长趋势,增幅为 10.88%。

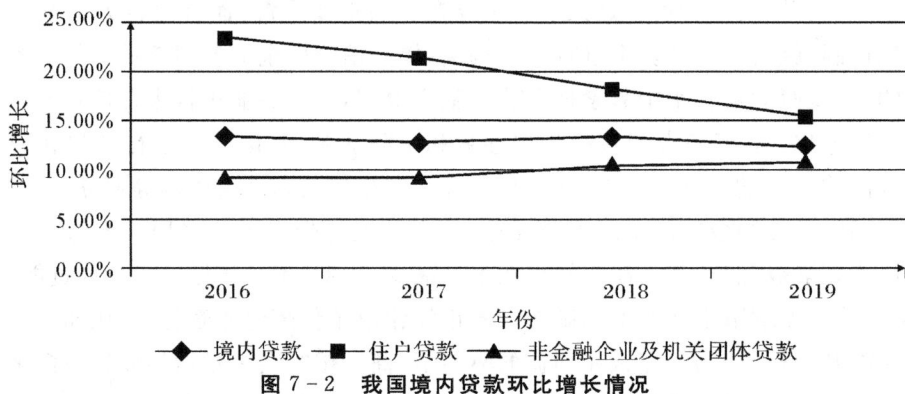

图 7-2　我国境内贷款环比增长情况

数据来源:中国人民银行网站。

7.2.2　利率市场化对商业银行负债业务的影响分析

我国商业银行的负债主要由吸收存款、发行债券和同业负债三大部分组成。其中,吸收存款是我国商业银行负债的最重要来源,比重高达 65% 以上。表 7-1 给出了我国境内存款占比基本情况表,截至 2019 年年末,住户存款占我国境内存款中的比重最大,高达 42.40%。其次为非金融企业存款和机关团体存款,分别占比 31.05%,15.48%。而财政性存款仅占比 2.13%。由此可见,住户存款仍然是我国最主要的存款来源,而金融企业存款占比也较大。住户存款和非金融企业存款两者占比高达 73.45%,占比达境内存款的 3/4。在住户存款中,定期及其他存款占比达到 27.03%,高于活期存款 11.66 个百分点。而非金融企业存款中,定期及其他存款占比 18.40％,活期存款占比 12.65％,高于活期存款 5.75 个百分点。截至 2019 年,我国境内存款中机关团体存款占比 15.48％,财政性存款占比为 2.13％,机关团体存款远高于财政性存款。

表 7-1　我国境内存款占比基本情况表

存款类型	2015 年	2016 年	2017 年	2018 年	2019 年
1.住户存款	40.58％	39.93％	39.48％	40.58％	42.40％
（1）活期存款	15.07％	15.47％	15.22％	15.14％	15.37％
（2）定期及其他存款	25.50％	24.45％	24.26％	25.44％	27.03％
2.非金融企业存款	31.97％	33.54％	33.26％	31.91％	31.05％
（1）活期存款	12.97％	14.37％	14.59％	13.39％	12.65％
（2）定期及其他存款	19.00％	19.17％	18.68％	18.52％	18.40％
3.机关团体存款	15.41％	15.70％	16.17％	16.16％	15.48％
4.财政性存款	2.56％	2.36％	2.52％	2.30％	2.13％

数据来源:中国人民银行网站。

利率市场化进程中,银行的负债结构不断改善,在商业银行负债不断增加的情况下,存款占负债比重则降低,见表 7-2,境内存款增速在放缓,2019 年境内存款增速为 8.68％,比 2016 年慢了 2.57 个百分点。传统型存款结构也在发生变化,从表可见,2019 年,我国住户存款环比增速 13.54％。以 2016 年增速高 4.08 个百分点。其中定期存款 2019 年环比增长 15.48％,较 2016 年增长 8.8 个百分点。而住户存款中活期存款则环比增速下降。非金融企业存款环比增速为 5.75％,比 2016 年低了 10.97 个百分点,其中活期存款下降较多,2019 年环比增速为 2.67％,较 2016 年大幅下降 20.54 个百分点。无论是住户存款还是非金融企业存款中的活期存款比重都大幅下降,活期存款的比重大幅下降,反映出利率市场化以后,银行揽存成本大幅上升,可以得出由于在金融市场上与其他金融产品的竞争不断加剧,商业银行的存款增长趋缓。

表 7-2　我国境内存款环比增长情况表

存款类型	2016 年	2017 年	2018 年	2019 年
境内存款	11.25％	8.91％	8.21％	8.68％
1.住户存款	9.46％	7.70％	11.23％	13.54％
（1）活期存款	14.18％	7.17％	7.64％	10.29％
（2）定期及其他存款	6.68％	8.03％	13.47％	15.48％
2.非金融企业存款	16.72％	8.01％	3.79％	5.75％
（1）活期存款	23.21％	10.59％	−0.71％	2.67％
（2）定期及其他存款	12.29％	6.08％	7.31％	7.98％
3.机关团体存款	13.36％	12.18％	8.09％	4.13％

数据来源:中国人民银行网站。

近年来,银行发行理财产品的规模和数量越来越大,产品的种类也呈多元化趋势。银行理财产品的出现给居民提供了一种新的投资方式,居民逐渐将银行存款转化为了理财产品投资。保本型理财产品计入一般存款统计口径,主要归入结构性存款,个人结构性存款余额增长幅度较大,表明居民存款结构开始发生变化。同时,我国住户存款余额的增长率整体处于下降趋势,金融市场上投资渠道逐渐增加,银行存款的利率水平已不能满足居民投资需要,更多居民开始将消费剩余资金分配在其他金融产品上。

随着金融业开放程度的提高,金融产品的种类不断增加、银行数量不断攀升,居民的选择权也随之加大。当居民想将资金存入银行时,可以自主地选择存款银行;当居民想将资金直接投入到融资市场时,也可以自主地选择感兴趣的金融产品。银行数量的增加和金融产品种类的增多使得商业银行吸收居民存款的难度大大增加,大部分商业银行为了吸引客户存款,扩大经营规模,在竞争客户的过程中不断提高存款利率,这无疑增加了商业银行的筹资成本和经营成本,同时也降低了商业银行的盈利能力。在利率市场化改革推进的过程中,成本提高,而收益却减少,商业银行的利差空间明显被压缩,这是造成商业银行之间对存款的竞争日趋激烈的重要原因。因此,商业银行应该在成本核算方面做出努力,通过降低银行的经营成本来扩大利润空间。目前,我国商业银行在管理费用方面支出普遍较高,大部分为消费性支出。所以,在利率市场化下,我国的商业银行应当优化支出结构,在成本管理方面把好关。

7.2.3　利率市场化对商业银行中间业务的影响分析

在利率市场化进程中,为了争取更多的客户、吸收更多的存款,银行间展开了激烈的利率之争,再加上金融市场快速发展,存款利率不断攀升,导致商业银行的筹资成本和经营成本上升。同时,直接融资市场也处于蓬勃发展时期,银行作为间接融资机构其市场地位受到了极大的冲击,利用传统存贷款利差获取的收入和利润已经不足以支撑银行的正常经营活动。银行只有跟随潮流发展,不断地进行创新,使其产品能够适应市场和客户的需求,积极地进行业务转型,多开辟渠道拓展收入来源,早日实现业务收入的多元化。商业银行开始从传统的融资中介向新型服务中介转变,抓住利率市场化改革的机遇,拓宽业务的经营范围,从而多渠道地获取表外收入。例如与存款关联的服务收入、信托活动相关收入和衍生交易相关收入等。

利率市场化给我国大多数银行的生存和发展带来了挑战,我国商业银行为了缓解成本提升和利润下降带来的压力,积极寻找新的途径来增加利润收入。其中,拓展各种非银行业务及中间业务作为最主要的途径之一,产生了较大的实质性作用,非利息收入占比近年来已明显提高。由图7-3可知,2010—2016年我国商业银行的非利息收入占比逐年上升,2016年上市银行平均非利息收入占比达到23.80%,为近10年来最高点,然后逐渐回落,2019年底达到21.93%,但仍然比2010年的17.50%高4.43个百分点。商业银行对非利息收入在营业收入占比情况的关注度大大提升,数据表明商业银行在收入结构方面做出了有效的调整,在拓展中间业务方面做出了较大的努力。

我国商业银行的非利息占比近年来虽然已显著提高,但与发达国家相比差距明显。据统计,美国联邦存款保险公司的非利息收入占比平均达到40%左右,而我国还在20%徘徊,这说明我国商业银行的非利息收入占比低于发达国家。此外,从非利息收入结构的角度来看,我国商业银行的主要收入来源于结算、清算和现金管理业务三大部分,其余业务包括投资银行、银行卡、理财、资产托管和投资收益等,非利息收入涵盖的技术含量相对较低。不可否认,这很大程度上是因为我国金融市场发展不够完善,商业银行的业务创新能力和对风险的管控能力处于较低水平。但是可以预期的是,我国金融市场在逐渐完善后将会慢慢放松管制,利率将真正实现自由化,在竞争压力之下,商业银行将集中精力在创新金融产品和开拓新业务上,非利息收入的比重将得到进一步提高。

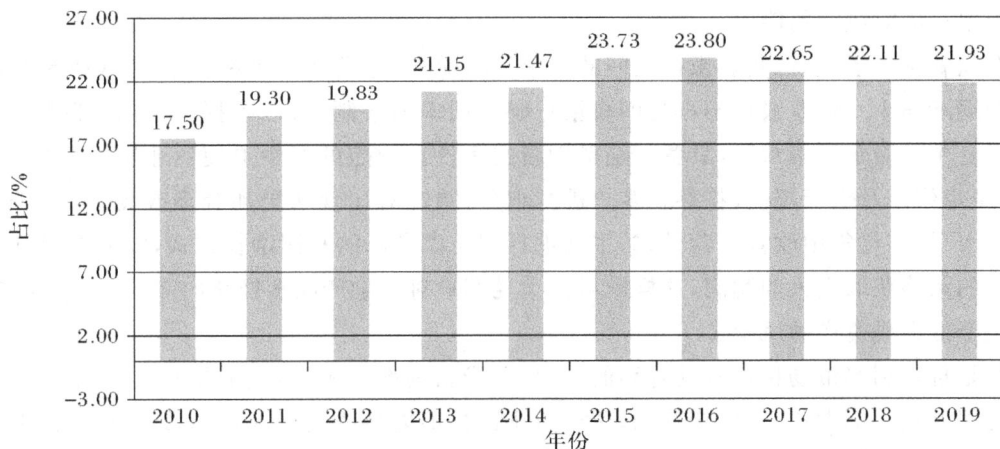

图 7-3 商业银行非利息收入占比

数据来源:WIND 数据库。

7.2.4　利率市场化对商业银行盈利的影响分析

我国实行了很长一段时间的利率管制政策,在这期间内存贷利差成为商业银行主要的收入来源。但是当中国人民银行放开对存、贷利率的管制后,商业银行为了吸收更多的存款提升存款利率,当银行储蓄资金增多时,用于贷款的金额增大,各行就会扩大贷款规模从而降低贷款利率,因此存贷利差逐渐变小,利差收入占营业收入的比例逐渐降低,各家银行的盈利重心就会从利差收入转移到非利差收入的方式上来。

(1)贷款利率市场化对盈利能力的影响。金融机构全面开放贷款利率管制后,各个商业银行可以自主确定贷款利率水平,但是我国商业银行的发展也增加了风险。主要原因是目前我国商业银行的盈利能力重点还是依靠存贷利差获取利差收入,该项占据了营业收入的70%以上,而对于一些中小商业银行而言这一收入的比例占据更大。因此,在贷款利率市场化后,我国商业银行为了吸引更多的客户贷款、争取更多的市场份额和扩大经营规模,大多采取降低贷款利率水平的方式来实现这一目的。这无疑加剧了银行之间的竞争,也使存贷款利差逐渐减小、利润下降。并且在竞争过程中,中小商业银行为了生存和发展,往往会以更低的贷款利率接受更高风险的贷款客户,又由于中小商业银行承受风险的能力较差,因此贷款利率市场化会使我国中小商业银行处在高风险的境地,如果经营不善还可能会面临倒闭,致使商业银行的经营风险加大,不良贷款数额增加,给银行的盈利能力带来了挑战。

(2)存款利率市场化对盈利能力的影响。2015 年央行先后 3 次对存款利率浮动区间的上限进行调整,最终在 10 月 24 日决定对商业银行和农村金融机构等不再设置存款利率浮动上限。同贷款利率市场化一样,存款利率市场化也会加剧商业银行之间的竞争,为了吸引更多的客户存款、增加存款储蓄、扩大经营规模,商业银行尤其是竞争力较低的一些中小商业银行会将存款利率水平不断升高,这使其获得利益的同时也形成了商业银行间的恶性竞争。在竞争过程中,全国性商业银行因为具有较好的客户基础、较大的营业规模以及极强的应对风险的能力,因此在利率市场化的竞争中可以战胜规模以及能力都不足的中小商业银行,这就考验了中小商业银行应对风险的能力。

存款利率市场化后,商业银行之间的竞争不断加剧,造成存款利率上升,贷款利率下降,存贷利差逐渐缩小。商业银行不再受中央银行制定利率的限制,可以根据自身的实际情况和经营目标自主的确定利率水平,具备了金融创新的条件。激烈的竞争迫使商业银行根据市场状况、自身定位以及银行规模,将存款客户进行细分,制定对比现在更加合理或具有差异化的存款利率水平,在竞争中改善经营模式,主动进行创新谋求新的利润增长方式,以更具特色、更有灵活性的策略获取更大的利润,这样既可以满足客户对金融产品多样化的需求,又可以在很大程度上降低金融资产的风险。

但是贷款利率市场化也有其有利的一面,当贷款利率受限时,商业银行没有自主定价权,各行之间的竞争不大;当开放贷款利率时,商业银行不能再主要依靠利差收入来获取利润;当盈利水平逐渐降低以及市场竞争加剧时,就会促进商业银行转变传统的盈利模式,根据市场的不同情况开发相应的产品,大力发展中间业务,使商业银行的盈利模式多元化发展,以吸引更多优质的客户,有利于提高银行整体的盈利水平。

7.2.5 利率市场化对商业银行效率的影响分析

利率市场化对于我国商业银行效率的影响主要体现在以下两方面:

(1)利率市场化改革造成银行竞争加剧,传统的盈利模式逐渐不能满足新形势下的发展需要。各国学者研究表明利率市场化后存贷款利率均有明显上升,但两者之差呈现缩窄趋势。目前我国经济处于新常态调整阶段,商业银行之间对于优质贷款客户的争夺使得贷款利率上涨幅度有限。而总体资金流动性偏紧导致的商业银行存款增速放缓,资金运用结构不合理。伴随着利率市场化逐步深入,商业银行的效率水平并不能跟上政策的节奏,银行效率较低、面临快速转型的挑战。

(2)商业银行中间业务创新化、服务非同质化以及传统业务转型是效率水平有效提升的条件。利率市场化改革的顺利进行推动了商业银行金融创新的积极性。利率市场化将促使商业银行不再依赖规模和速度进行粗放型发展,而是向注重质量和效率的集约型发展转型。将资金资源更多地配置到盈利空间大的中间业务、新型服务业务中,中间业务也必将成为中国商业银行利润增长的一个新引擎。

近年来,随着竞争压力的加大,我国商业银行在经营方式方面进行了多次新的尝试,使得非息收入业务快速发展。但目前银行利润主要来源于存贷利差而不是非息收入,利息收入占总营业收入比重接近80%。因此,净息差的走势与存贷利差的走势差不多,如图7-4所示,商业银行净息差2010—2019年总体呈下降趋势,2019年较2010年下降0.30个百分点。且2014—2017年下降明显,2017—2019年基本平稳,变化较为平缓。

在存款比例和信贷规模等指标的严格监管下,中国银行业难以用信贷投放的增加来抵消存贷利率的收窄。目前我国金融市场发展还不完善,银行在业务方面的创新性不足,其他生息资产盈利能力较弱。因此,在利率市场化初期甚至更长的时间里,存贷利差缩小将导致中国银行业净息差的持续下降。存贷利差的缩窄导致商业银行利润变薄,银行只能通过中间业务和其他投资业务获得收入来弥补存贷利差带来的缺口,这是一个要求整个宏观环境和金融市场默契协作的漫长过程。而且,我国金融体系与西方发达国家相比也大不相同,在我国金融体系下商业银行对存贷款业务的依赖度更大。因此,商业银行建立新的盈利模式将是一个长期过程。净资产收益率(ROE)和资产收益率(ROA)下降的周期可能会更长,但是商业银行作为卖方处于一个优势地位,其下降的幅度较小,将表现出缓慢和长期的下降过程。

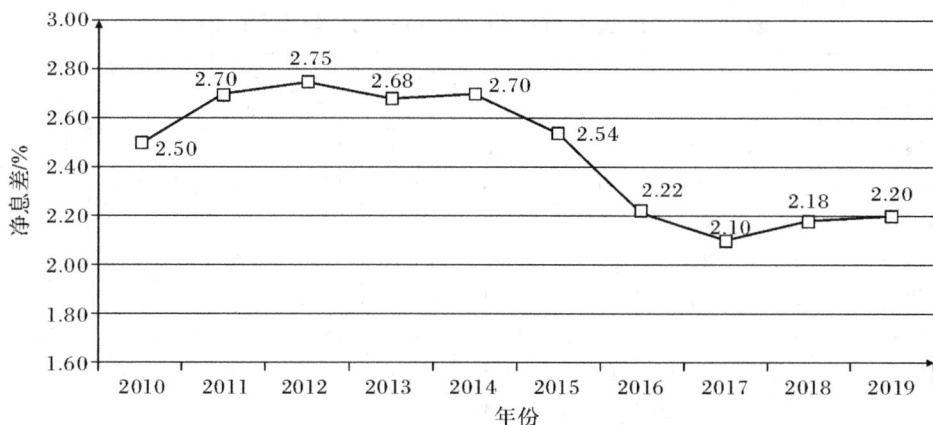

图 7 - 4　商业银行 2010—2019 年净息差

数据来源:WIND。

由图 7 - 5 可以看出,我国商业银行的 ROE 和 ROA 在 2011 年达到了近 10 年的顶峰,自 2011 年之后都出现了持续下滑趋势。与 ROA 相比,ROE 的下滑趋势更加明显,从 2010 年的 19.20% 下降至 2019 年的 10.96%,下降了 8.24 个百分点。2019 年我国的商业银行的 ROA 为 0.87%,较 2010 年的 1.20% 下降了 0.33 个百分点。

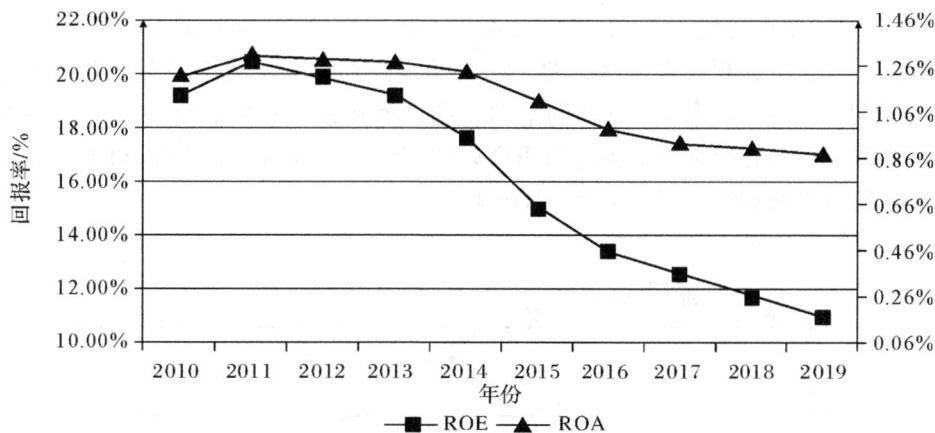

图 7 - 5　我国商业银行 2010—2019 年 ROE 和 ROA

数据来源:WIND。

随着商业银行经营模式的转变、风险管理能力的提高以及传统业务的成功转型,商业银行的竞争力会逐步提高,到一定阶段 ROA 和 ROE 将反弹回升。我国 10 家上市银行 2010—2019 年 ROE 指标的数据分析情况见表 7 - 3。由表中所展示的我国 10 家上市银行 2010—2019 年 ROE 情况可见,各大银行 ROE 均出现下滑趋势,如资产规模最大的工商银行,2019

年 ROE 为 13.05%,较 2010 年下降了 9.05 个百分点,而农业银行 2019 年 ROE 为 12.43%,较 2010 年下降了 9.11 个百分点。全国股份制银行 ROE 也大幅下降,招商银行 2019 年 ROE 为 16.84%,较 2010 年下降了 5.89 个百分点。10 家银行中下降最大的是平安银行,2019 年 ROE 为 11.30%,较 2010 年下降了 11.98 个百分点。由数据分析,10 家上市银行 ROE 值相差不大,2019 年 ROE 最高的为招商银行,达 16.84%,最低的为中信银行,为 11.07%,说明各大商业银行盈利能力相差不多。

表 7-3 我国上市银行 2010—2019 年 ROE 情况　　　　单位:%

银行名称	2010 年	2011 年	2012 年	2013 年	2014 年	2015 年	2016 年	2017 年	2018 年	2019 年
工商银行	22.10	23.44	22.92	21.90	19.96	17.1	15.24	14.35	13.79	13.05
农业银行	21.54	22.45	22.04	21.38	19.57	16.79	15.14	14.57	13.66	12.43
建设银行	21.44	20.46	20.74	20.88	19.74	17.27	15.44	14.8	14.04	13.18
中国银行	18.02	18.16	18.01	17.95	17.28	14.53	12.58	12.24	12.06	11.45
招商银行	22.73	24.17	24.78	22.22	19.28	17.09	16.27	16.54	16.57	16.84
浦发银行	20.09	20.07	20.95	21.43	21.02	18.82	16.35	14.45	13.14	12.20
民生银行	18.30	23.89	25.67	23.44	20.41	16.98	15.13	14.03	12.94	12.40
中信银行	19.29	20.92	16.65	18.48	16.84	14.55	12.58	11.67	11.39	11.07
平安银行	23.28	19.30	16.95	15.47	16.35	14.94	13.18	11.62	11.49	11.30
光大银行	19.76	20.37	22.44	20.01	17.36	15.5	13.8	12.75	11.55	11.77

数据来源:各银行 2010—2019 年年报数据。

图 7-6 为将上述 10 家上市银行 2010—2019 年 ROE 情况进行平均得出的 4 家大型商业银行和 6 家全国股份制商业银行 ROE 均值。从各大行 10 年来 ROE 走势分析可知,大型商业银行和全国股份制商业银行 ROE 均值趋于一致,相差不大。各大行 ROE 在 2011 年左右达到最高值,然后开始下降,到 2013 年左右开始迅速下滑,到 2016 年左右开始趋稳,下降幅度明显降低。而我国利率市场化在 2012 年后进入全面放开期,2012 年存款利率浮动区间调整为基准利率的 1.1 倍,贷款利率调整为基准的 0.8 倍,贷款利率浮动下限调为基准利率的 0.7 倍,2013 年放开贷款利率下限,对贷款利率的管制全面放开。存贷款利率的放开对商业银行的盈利能力影响极大,在此期间商业银行 ROE 下降迅速,而 2015 年以后,利率市场化改革初步完成,商业银行逐渐调整了经营策略,ROE 趋于平稳。

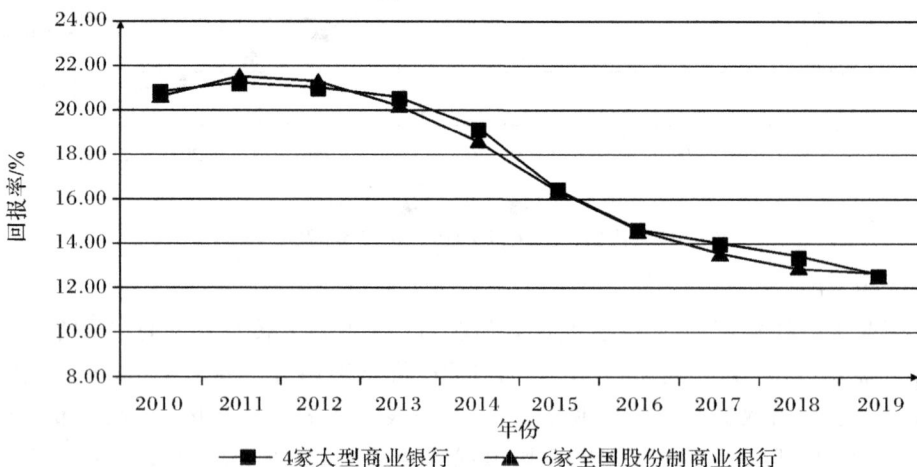

图 7-6 我国商业银行 2010—2019 年 ROE 情况

7.2.6　利率市场化对商业银行带来的风险

在利率市场化实行初级阶段,银行间竞争加剧,各个商业银行为了吸收更多的资金、发放更多的贷款,会普遍提高存款利率来吸引客户存款、降低贷款利率来吸引企业贷款,从而造成了存款利率不断提升和贷款利率不断下降的局面。但是,贷款利率受合同约束、客户关系维护、风险控制、信贷需求等多种因素的共同制约,实行有一个较长的过程,不能在短期内实现贷款结构的调整,因此导致贷款利率的上升幅度小于存款利率的上升幅度。

我国 10 家上市银行 2010—2019 年存贷利差情况见表 7 - 4。分阶段来看,2010—2014 年存贷利差呈上升趋势,2014—2019 年存贷利差从整体来看表现出不断收窄的发展趋势。如工商银行 2019 年存贷利差为 2.08%,较 2010 年低 0.36 个百分点,而比 2014 年最高点 2.66% 低 0.58 个百分点。从这 10 家大型国有和股份制商业银行的存贷利差来看,银行间的存贷利差水平相差不大。中国银行存贷利差总体处于较低水平,2019 年为 1.84%,比建设银行低 0.28 个百分点。建设银行和工商银行存贷利差水平整体来看比较稳定,出现较小幅度的收窄。从 6 家全国性股份制上市商业银行存贷利差变动可见,其差距也较小。招商银行和平安银行存贷利差水平长期处于较高的水平,在整体收窄的过程中没有出现较大的波动,如招商银行 2019 年存贷利差水平为 2.48%,高于民生银行 0.61 个百分点。民生银行存贷利差整体收窄幅度最大,到 2019 年其存贷利差水平为 1.87%,处于较低水平。

表 7 - 4　我国 10 家上市银行 2010—2019 年存贷利差情况　　单位:%

银行名称	2010 年	2011 年	2012 年	2013 年	2014 年	2015 年	2016 年	2017 年	2018 年	2019 年
工商银行	2.44	2.61	2.66	2.57	2.66	2.47	2.16	2.22	2.16	2.08
农业银行	2.57	2.85	2.81	2.79	2.92	2.66	2.25	2.28	2.15	2.03
建设银行	2.49	2.70	2.75	2.74	2.80	2.63	2.20	2.21	2.18	2.12
中国银行	2.07	2.12	2.15	2.24	2.25	2.12	1.83	1.84	1.90	1.84
招商银行	2.65	3.06	3.03	2.82	2.52	2.75	2.5	2.43	2.44	2.48
浦发银行	2.49	2.60	2.58	2.46	2.50	2.45	2.03	1.86	1.87	2.02
民生银行	2.94	3.14	2.94	2.49	2.59	2.26	1.86	1.50	1.64	1.87
中信银行	2.63	3.00	2.81	2.60	2.40	2.31	2.00	1.79	2.00	2.04
平安银行	2.49	2.53	2.37	2.31	2.57	2.77	2.75	2.37	2.26	2.53
光大银行	2.18	2.49	2.54	2.16	2.30	2.25	1.78	1.52	1.91	2.18

数据来源:WIND。

中国经济正走向一个新常态,从高速增长到放缓速度保持平稳增长,在将来很长一段时间里,依然有大量的信贷需求作为支撑。中国出口导向型金融体制改革不是一朝一夕就能完成的,商业银行卖方的垄断优势也会一直存在,这就是在利率市场化彻底完成之前,中国商业银行的存贷利差收缩趋势将特别缓和的原因。当利率市场化完成后,商业银行在企业信贷需求整体不变的情况下,其会采取与美国银行业相似的手段使得贷款利率维持在一个较高的水平上,以弥补存款利率的上调给自身利益带来负面影响。况且,存款利率的调整并不是无上限的,达到一定程度后,上升的趋势将会放缓,并保持稳定。因此,中国商业银行未来的存贷款利差不会一直保持收窄的走势,收窄幅度将会减小,然后在平稳之后稳步回升。

利率开放的新形势给商业银行带来宝贵机遇的同时也带来了多方面的挑战。比如,利差明显缩窄,利率风险加大,面临更大的利率风险和信用风险,传统业务利润降低,商业银行之间竞争越来越激烈,直接加速了商业银行重新洗牌的步伐,使商业银行不得不加快创新的脚步来适应市场的发展。利率市场化会加速利率的波动频率,增加金融资本价格的波动幅度,使商业银行投资的资产证券暴露于价格风险之下,商业银行可能面临利率风险和信用风险的危机。

7.3 利率市场化与银行产权关系分析

7.3.1 产权与价格相关性分析

1960 年科斯最先提出了"交易费用",随后在其著作《社会成本问题》中明确提出了"交易成本"的概念。1966 年,斯蒂格勒提出科斯定理,这是对科斯理论思想进行概括总结后的进一步深化。科斯定理发现了交易费用及其与产权安排的关系,并研究了交易费用对制度安排的影响,这为人们在经济生活中合理地做出关于产权安排决策提供了有效方法,这也是科斯定理的精华所在。由于科斯定理将交易成本、产权界定和资源配置效率有效地进行了结合,所以在研究我国商业银行产权改革对银行效率的影响时有必要引入科斯定理。

研究学者对科斯定理较为通用简易的描述是:"外部性因素在无交易费用以及产权明晰的前提下,不会造成不合理的资源配置。无论在开始时将财产权赋予谁,市场均衡的最终结果都是有效率的,实现资源配置的帕累托最优。因此在这种情况下,参与者由市场动力推动,本着双方互利互惠的原则友好谈判,即将外部性内部化。定理中指出,掌握关键资源使用产权的人无论是上述的哪类参与者,交易过程的结果都是相同的。"

科斯定理是环环递进的,科斯定理认为,市场的真谛不是价格,而是产权。该定理表明当不存在交易费时,任何形式的产权都不会影响参与者在交易谈判中达到利益最大化的目的。然而交易费用为零是一种绝对理想的设定,当客观存在交易费用时,产权不同方式的界定使得相对应的资源配置效率也不尽相同,如果存在交易成本,即使产权明确,也不能实现资源的最优配置。可简单理解为,经济社会的交易行为中存在交易成本,根据科斯定理的交易成本:要利用法律最大程度地降低交易成本,而不是消除这些成本。产权结构不同,交易成本也不同,所产生的资源配置效率也不尽相同,由此可知在优化资源配置效率时产权制度选择的合适与否是很重要的。

综观我国金融体制改革进程,可发现,产权改革初期成本较低所以进展顺利,然而随着改革的不断深化,成本提高、调节难度不断增加,成本费用与收益需要不断均衡,致使改革进入滞缓状态。科斯定理为本书的研究提供了可供借鉴的范式和框架。

7.3.2 利率与银行产权关系

为研究利率与银行产权的关系,本书通过构建一个简化的商业银行利润模型来探讨利率

管制前后商业银行的资金经营模式,则有

$$U = C(D,L) + \text{rI}L + r(D-L) - \text{rd}D - F$$

式中:C 代表商业银行管理者通过存贷款业务所获得的个人消费,体现剩余控制权;rI 是贷款利率;r 是存款利率;rd 是同业拆借利率;F 是经营成本。

在利率管制下,存贷款、同业拆借利率是不受控制的外生因素,可控变量是 L,状态变量是 D。如果商业银行呈现一种理想状态,意味着其委托代理关系完善,产权关系明确,激励约束机制健全三者必不可少,并且银行经理的道德败坏行为和逆向选择现象易于控制,此时 $C(D,L)$ 较小,以利润最大化为具体目标。然而,目前我国商业银行(尤其是国有商业银行)却面临着产权主体缺失,没有完善的人员激励机制和约束机制,银行经理把个人利益最大化(C 最大)作为职业目标,而不是银行所有者利益最大化(rIL+r(D-L)-rdD-F 的最大)。当经济处于繁荣阶段时,商业银行会盲目放贷,很少考虑贷款给银行带来的风险,这使其自身呆坏账急速巨增,从而导致社会整体的资源配置效率降低,更严重的还会给银行甚至整个社会的风气带来不良影响。反观进入经济紧缩时期,金融业约束机制的重点强化,贷款风险责任实现"落实到人",银行经理为保证个人风险的最小化,放弃高利息高风险的企业贷款,选择购买政府债券来获得较低的利息回报,从而使银行的收益减少,甚至发生亏损,不利于资本积累和经济发展。可以见得,当我国利率处于管制阶段时,政府致力于将管制利率控制在市场利率以下,这是进行利率管制的显著特征。由于存款人取得的利息收入和贷款人支付的利息费用相对较低,造成利息负担与收益的不均。利益的最大损失者是存款者。银行虽有"商业化"的迹象,但更多的情况是贷款授信难以做到按需发放,乱贷、惜贷现象严重,深究其因在于我国银行的"商业化"不彻底,商业银行是一个庞大的系统,其产权关系复杂,委托和代理之间的关系不明确。由于以上种种原因,商业银行无法将追求利润最大化作为唯一目标,其需要综合考虑各方面因素。国有商业银行一方面受到央行的利率管控,在产品价格方面不能实现定价的自主权;另一方面信贷规模也受到管制,使其业务范围受限,无法根据自身情况决定业务类别。随着利率市场化改革的深入和资产负债比例管理的推广,我国银行商业化不断深入。利率放开后,利率市场化将给我国商业银行的盈利带来新的冲击和挑战,银行的可控变量为 rI,r 和 rd,L,状态变量为 D,其活动空间随之扩大,给商业银行带来巨大的影响,本质是市场在资金配置中起基础性的作用。依据上述两种原因,可能使得更为严重的道德风险和逆向选择出现在商业银行的经营管理当中,借款人"寻租"机会增多。首先,利率放开后,信息不对称所导致的道德风险问题在交易完成后进一步凸显。其次,开放的利率可能会造成比较严重的逆向选择现象。与道德风险不同,逆向选择是由于双方交易之前信息不对称所造成的,从而导致劣质品驱逐优质品,使市场上出现的交易产品平均质量下降。在信息不对称的情况下,市场的运行可能是无效率的。伴随着利率市场化改革,商业银行的权利随之扩大,而且银行大多都具有国有背景,都属于垄断行业,而那些缺乏产权主体的商业银行则缺少相对应的责任承担主体,权利和义务并不对等,其拥有的权利远远大于其需要承担的责任,这使得商业银行为实现自身效用最大化从而愿意承担更大的风险。利率市场化的关键点是推进贷款利率进一步市场化,利率市场化改革可能会导致实际贷款利率的上升,而随着贷款利率的升高,"逆向选择效应"会随之发生。具体体现为,若借款人对风险持有偏好态度,则更愿意承担更大的风险以期获取更多的收益;若借款人对风险持厌恶态度,则更倾向于将自己的项目变更为高风险项目,匹配高收益水平,"风险激励效应"由此而生。由于商业银行中存在产权制度的障碍,委托代理关系的不尽完善,银行的经营者们以自身效用最大化为出发点,不会过多干预使得这种逆向选择的负面效应进一步加大。与此同时,资金借贷价格上的优势,驱使企业经理们的"寻租"和"搭便车"活动频繁发生,信贷资金使用效率随之恶化,利率市场化目标尚未完成,并且可能导致更为严重的商业银行内部人控制现象,严重危害商业银行的经营效率。

行政垄断是非经济力量形成的,它不是普遍保护产权的结果,而是侵犯一部分人产权的结果。在利率市场化进程中,如果商业银行不主动打破由行政权垄断造成的产权障碍,那么利率市场化政策的效果将难以达到预期。这种行政式垄断格局的存在,使得资金流向低回报率企业,没有完全表现出趋利性。以尤为明显的国有商业银行为例,国有商业银行与国有企业具有密不可分的联系,其经营决策在很大程度上受到国有企业的影响,如果二者之间的关联不被打破,那么国有商业银行将举步维艰,将无法把自身利益纳入考虑范围。

7.4 银行产权结构及其对效率影响分析

7.4.1 银行产权构成要素

研究现代商业银行产权结构的本质,就是研究其权责的分配与相互制衡的机制,对于商业银行中拥有重大剩余控制权的人员要建立起相应的激励与约束机制,以期达到商业银行价值最大化的经营目标。不同性质产权对商业银行经营绩效影响作用效果不同,以我国五大国有银行为例,自 2004 年 8 月 26 日,中国银行完成资本重组,标志着中国银行已初步建立起现代公司治理结构的框架,随之引进海外战略投资者,并于 2006 年 6 月 1 日完成 H 股的上市,我国商业银行产权制度改革陆续开展起来,相继上市和提高引进境外战略投资者的积极性。改革发展至今,我国商业银行逐渐建立起三会分立的现代管理治理结构,决策机制、权利机制、监督机制三者并行,相互协调、相互制约的运行管理机制体系。在上文中提到,产权理论中的剩余控制权和剩余收益权亦称为所有权,股份制公司对所有权的分配就是股权结构,股权结构是公司治理结构的基础。本书研究商业银行的产权结构即为银行股权的构成状况。

股权结构类型决定了商业银行控制权的分布情况,从而决定了银行所有者和管理者之间委托代理关系的实质。股权结构主要包含股权性质和股权集中度两方面内容。股东性质及持股比例影响着商业银行的经营效率,从而影响商业银行治理机制作用的发挥和效率水平的提升。本书根据前人学者的经验,按照股权性质将商业银行的股东分为国家股、民营股、外资股三类;在股权集中度方面,集中研究第一大股东持股比例、前五大股东持股比例以及第一大股东控股能力。

(1)国有产权。国有产权指产权的一种存在形式,即国家对财产所拥有的权利。西方经济学家普遍研究认为国有控股会影响商业银行的效率,以国有控股最多的国有商业银行为例分析,主要体现在以下四方面:①国有商业银行是大型的、国有独资的、由国家直接管控的商业银行,其属于其国有金融企业,该类银行所有的资本都来源于国家投资。我国国有商业银行与国外商业银行在经营理念存在一定的差距,而这种差距最终会影响商业银行的盈利能力。通过从国家层面到政府层面再到总分行层面的层层委托来实现其委托代理关系,链条过长从而关系复杂,容易导致股东人格化缺失、委托代理成本增多、信息不对称、道德风险和寻租行为的发生。②容易受行政事务干扰。通过行政化的方式来选择管理者,选出来的管理者是政府很好的执行人却不一定是很好的管理者。③所有者和管理者激励机制不相容,政策环境制约。所有者收入依据官员级别从而缺乏约束,管理者晋升则缺乏有效激励,市场化的激励约束机制尚未形成。④政策、经营管理目标并不一致。国有商业银行往往把社会效益当作银行业绩的主要指标,国有商业银行兼顾稳定社会政治经济目标和实现银行自身安全有效经营的双重责任,这使得其内部存在政企不分和政府干预过度的问题。我国国有商业银行的大部分资金主要以借贷形式流向国有大中型企业,而这些企业的盈利率较低、资产负债率却普遍较高。综上可知,国有商业银行低效率的根本原因在于国有产权单一且持股比例过高所导致的行政化经营管理机制和市场竞争能力不足。然而,依据发展经济学原理,在国家尚处于发展阶段,国家政府拥有经济所有权将社会资金集中引向有助于国家发展的战略部门,这对于经济的快速增长是很有必要的。并且较外资控股和民营控股而言,国有控股通过国有化来强化商业银行股权的内部约束机制,以及倾向于得到政府的资金支持,这对于防范金融风险与维护金融主权具有战略性的意义。

(2)外资产权。外资产权是指商业银行通过引进境外战略投资者参与持股所形成的外国资本产权。引入外资的目的主要是为了实现商业银行产权多元化,提高商业银行的知名度,从而实现前沿技术和先进管理制度的引入,由此提升商业银行的整体竞争力和推动中国银行业的改革,以更好地来适应市场的不断变化。但实际引入外资的效果和由其所带来的其他问题,例如资金的安全性、对国外经营理念的合理借鉴、被引资银行国内部分治理的独立性以及防止境外战略投资者的投机性行为等,这些问题的发生就要求我国商业银行在引入外资的同时兼顾相应防范措施的实施。首先要严格挑选引资对象,其次不仅仅局限于引入资金,商业银行要综合性全面化地实现自身多方位管理治理体系的多元化,要有具有自身特色的经营理念,不断培育和提升自身的创新能力,一定要从自身的实际出发,以及做好风险防范的工作,五大国有商业银行资产重组及 IPO 数据,见表 7-5。

表 7-5　五大国有商业银行资产重组及 IPO 数据表

银行	重组日期	海外战略投资者	海外投资者所占股本/(%)	IPO	
				上市日期	金融(亿元)
中国银行	2004 年 8 月 26 日	苏格兰皇家银行集团、新加坡淡马锡控股(私人)有限公司、瑞士银行集团、亚洲开发银行	14.1	2006 年 6 月 1 日 H 股上市	香港 900
				2006 年 7 月 5 日 A 股上市	上海 200
农业银行	2009 年 1 月 16 日	—	—	2010 年 7 月 15 日 A 股上市	上海 685.29
				2010 年 7 月 16 日 H 股上市	香港 802.64

续　表

银行	重组日期	海外战略投资者	海外投资者所占股本/(%)	IPO	
				上市日期	金融(亿元)
工商银行	2006年10月28日	高盛集团、安联集团、美国运通公司	8.4	2006年10月27日A股、H股同时上市	香港1266
					上海466
建设银行	2004年9月17日	美国银行、淡马锡控股(私人)有限公司	14.4	2005年10月27日H股上市	香港746
				2007年9月25日A股上市	上海580
交通银行	2005年6月23日	香港上海汇丰银行投资	19.9	2005年6月23日H股上市	香港147
				2007年5月15日A股上市	上海252

资料来源：CBRC、商业银行年报以及依据公开资料整理。

(3)民营产权。本书所指的民营产权即商业银行产权中除国有产权和外资产权以外的、由境内法人所持有的产权。根据产权理论,产权的排他性使得产权在分割和转让的过程中逐渐集中到可以使之价值实现最大化的所有者手中,私有产权赋予了产权所有人剩余收益索取权使之实现社会资源的最优配置,有利于银行业现代治理结构的建立和推动商业银行体制的真正改革,有助于解决商业银行资金不足的问题。委托代理关系理论中有关两者之间信息不完全对称的现象,提出可能造成的结果是逆向选择和道德风险问题的不可灭除性。私有产权可以建立有效的激励约束机制和市场化选聘职业经理人对银行进行管理,促使商业银行的委托代理关系实现市场化,减弱其弊端。民营产权存在的目的是改善股权单一集中化,对商业银行治理结构进一步完善,经营盈利水平得到提升,在面临金融创新等大环境经济发展背景下,增加自身创新能力,提高整体竞争能力,促进银行业现代治理结构的建立和推动商业银行体制的真正改革。

7.4.2　产权结构对银行效率的作用机理

在对我国商业银行产权结构进行划分之后,可知银行治理结构是产权结构作用于银行效率的重要渠道方式。刘明康指出一个完善的银行治理机制应有以下几个特征:明晰的战略规划、系统的决策系统、权责分明的董事会、优化的激励约束机制、健全的人员培训体制、规范的信息披露制度以及审慎的会计原则。所有者和经营者之间通过优化制度安排,使得达成权利、责任、利润三者间的动态均衡。本书基于上述理论,归纳总结了产权结构对银行效率的影响机制并且提出了存在的问题。

(1)委托代理关系。委托代理理论认为,公司治理问题是伴随着委托代理问题的出现而产生的。在公司治理理论中有一个重要的问题就是委托代理。所有权、经营权分离是现代企业经营的主要特征,所有者作为委托方将企业的经营权交于代理者管理经营。由于两者之间的利益不一致而产生代理成本,前者的初衷是实现股东价值最大化,后者则关注于追求个人利益最大化。可见,若两者之间无法通过平衡各自的利益找到平衡点,就容易增加代理成本使得公司整体利益出现下降趋势。两者在不断的博弈和相互协调中趋于平衡,此时制度的均衡化会促使公司形成良好的治理机制。国家作为一个契约组合,执行管理公共职责的国家代理人是由全体公民民主选出,但国家代理人自己不会去经营商业银行的国有产权,而是通过选择个体代理人代为主持经营。这样形成的双重代理机制,从客观上延长了代理链条,监督成本增加和管制难度提升,委托人不能有效约束代理人,后者更为追求自身利益的发展。

（2）人格化产权主体。产权主体人格化是指持有企业产权的主体必须非常明确,产权主体人格化是公司形成一个健康治理制度的充分条件。如果公司内部缺少人格化的产权主体,公司的所有者和经营者之间的权责关系就会失去平衡,致使权利向单方面倾斜,内部人员完全把控企业局面,导致所有者权益下降。这是我国国有商业银行的内部治理结构中常见的现象。国家作为产权主体具有非人格化性,将银行交由代理人经营、行使国有产权的权利。然而,由于缺乏人格化的产权主体,银行对于经理人的选择仍大量沿用行政化的干部考核选拔制度。在代理人的选择过程中,由于缺乏足够的市场激励与约束,并不能保证国资代表有足够的动力去选择好的经理、解雇差的经理,以及监督经理的表现,而且代理人并没有权利对最后的成果进行分配,再加之监管信息的不对称性,信息披露制度的不完整性,驱使代理人考虑自身利益最大化,追求功绩,银行的经营风险随之加大,造成经营效率低下。

（3）决策系统。非人格化的国家控制的国有商业银行的主权。国家在政策层面上,身兼着促进经济发展,维护社会稳定、保证人民就业等重任。这些职能的要求使得其在商业银行的决策中有自身要求的方向。在政府的利益函数中,重点包含以调控市场整体经济为首要任务的宏观调控职能,以及维护社会稳定的政治职能。这明显有悖于商业银行所要求的所有者经济利益最大化。当经济繁荣时,政府考虑到通货膨胀和经济泡沫的存在可能会引起市场的不稳定性,所以紧缩政策是政府调控的主要手段,比如对银行的借贷规模进行管控,阻止其获得超额利润。当经济低迷时,维持经济稳定和降低失业率是政府的首要目标从而实施扩张性的政策以恢复经济,引导商业银行为中小企业注资。当中小企业经营失败、贷款偿还无期时,直接提高了商业银行的不良贷款率,盈利能力受挫,银行效率降低。当经济再次复苏时,新的一轮周期又会开始。据此,政府行为的出发点相悖于股东所有者权益最大化的目标。

（4）人员激励约束机制和选拔。我国商业银行内部仍存有政治影响因素。尤其是国有商行的经营者们有行政级别,构成了具有政治特殊性的金融组织科级结构。在这种环境下,商业银行经营者无需过多的投入,"政治级别"的提升就可以通过按部就班的日常工作来达到,政策性负担的存在不利于商业银行的激励机制的实施。况且,经营者会因为没有权利转让资源和对最终的经营成果进行分配,挫伤其管理积极性,从而降低商业银行的整体效益。

我国利率改革的不断完善,给商业银行带来了新的机遇和多方面的挑战。使商业银行在利率改革过程中,为了生存和发展,不断提升自身创新能力、调整业务结构,提升中间业务收入占总收入的比重,加快中间业务的发展。利率市场化为商业银行的快速发展增添了新的动力,同时也为商业银行盈利能力的提高做出了重要贡献,使银行的发展更能适应市场和客户的需求。利率市场化改革对商业银行来说,不仅是机遇更是挑战。

7.5　小　　结

　　本章通过分析产权结构对商业银行效率影响的作用机制,结合利率市场化对商业银行效率的影响机理,以及产权结构和利率市场化间的内在联系,产权结构通过四种传导机制,来影响商业银行的治理结构,从而进一步影响其效率的提升。再者,利率市场化影响商业银行的业务结构,从而影响商业银行经营效率。商业银行产权结构对其效率有影响作用,而利率市场化作为重要的客观因素会对这一作用产生影响。利率市场化改革本身是商业银行实现自身转型发展从而提高自身效率的必要条件,这里的转型发展包括业务结构的调整、金融产品的创新以及产权结构的进一步优化。同时,利率市场化改革对商业银行的影响作用是否达到预期,产权制度改革的完成度亦是关键的影响因素。

第8章 经济资本管理下商业银行资金配置效率评价体系分析

本章首先对商业银行资金配置效率的评价模型进行分析,然后对投入产出指标进行分析选择,并对商业银行产权指标分析选择,风险价值衡量指标经济资本进行了测算,最后,构建利率市场化测度指标并进行了测算。

8.1 商业银行资金配置效率的评价模型

目前国内外关于测度商业银行资金配置效率的评价方法主要分为两大类,即财务指标分析法与前沿分析法,而前沿分析法又分为参数分析法和非参数分析法,在这两大范畴之下又可以具体划分出随机前沿分析法(SFA)、自由分步法(DFA)、厚界界函数法(TFA)、数据包络法(DEA)以及无界分析法(FDH)等。在实践中关于采用何种效率测度方法,学术界一直存在争议。

财务指标法主要依据商业银行的投入与产出、收入与成本的比值关系形成的财务指标体系,并在此基础上赋予其权重,最后通过加权平均获得一个具备综合性的指标数,以此对商业银行的资金配置效率进行评价。国内外对该方法在运用上有很大区别,西方国家在进行指标评价时主要以股东为中心,以商业银行的财务信息和运营业绩为根据,而国内则主要根据我国中央人民银行、财政部、银保监会出具的相应的办法和指南进行指标的选取和计算,从而达到金融企业的资金运用效率测评的目的。财务指标法诞生悠久,过去学者认为该方法相对简单,数据的获取也比较容易,但是随着研究的推进,财务指标法的缺陷逐渐暴露,其反映得到的结果具有片面性、短期性,不利于长期效率的衡量。

由于财务指标法存在极大的不足,在实践中学者们普遍将目光重点放在了前沿分析法上。其中,参数法是在样本数据的前提下,以效率边界函数作为界定的伊始,继而对边界函数的参数进行估计,最终计算出商业银行的资金效率。以 SFA 分析法作为代表的参数分析法在效率前沿形状、函数的形式的定义等方面具有优势,并且考虑了随机干扰项的影响,对于商业银行的评价较全面。而 DEA 分析法作为常用的一种非参数分析法,是基于帕累托最优对效率进行评价的,由 Shernan、Gold 首次将此方法运用于金融行业,考虑到该方法不用定义函数的形式与前沿函数参数估计,也不需要对效率前沿面形状加以限定,加之近年来不断改进,目前已经得到了广泛的认可。DEA 模型克服了投入与产出间关系函数难以寻找确定的难题,利用 DEA 模型将投入与产出的相应项目进行几何空间投射,可以有效观察产出最大值(max)和投入最小值(min)的边界,DEA 模型对于样本容量要求不高,加之权重赋予具有一定的客观性,其结果比较准确。基于此,下述主要对 DEA 分析法以及 SFA 分析法下的商业银行资金配置效率模型加以分析。

8.1.1　两阶段 DEA 模型

本书根据商业银行的经营特点,将银行的经营环节定义为资金来源阶段与资金运用阶段。在第一阶段,即资金来源阶段,以银行现有人、财、物的投入为基础考量银行吸收成本较低的社会资金的效率。第二阶段是资金运用阶段,即银行将吸收到的资金放贷或投资到社会经济部门,考察银行的资金运作效率。这样划分具有两大优点:①与银行资产和负债业务管理相吻合,也与银行统计口径相一致,契合中介法和资产法的思想。②有利于利率市场化存贷利率渐次放开后分析利率市场化对银行效率的影响。一直以来商业银行效率的普遍测度方法均属于"黑箱评价法",其缺点在于不能展示出商业银行的内部组织架构,但是两阶段 DEA 方法解决了这一缺点,打开了黑箱(周逢民,2010;罗蓉、袁碧蓉,2017)。因此本书从储蓄视角出发,选用两阶段 DEA 模型来测度商业银行的效率值,其流程示意图如图 8-1 所示。

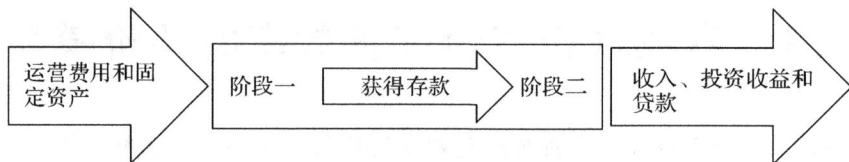

图 8-1　两阶段 DEA 模型示意图

由图 8-1 中可以看到,拆开传统黑箱后可分为两个阶段:①商业银行存款来源阶段,主要是商业银行投入精力已获得存款阶段;②商业银行资产运用阶段,是商业银行将存款进行放贷,获取相关收益阶段。

假设有 1 到 n 个决策单元(DMU),生产过程中的两个阶段:来源阶段,单个决策单元的投入有 $1,\cdots,m$ 种,记为 $x_i(i=1,\cdots,m)$,有 D 种产出,记为 $z_d(d=1,\cdots,D)$。运用阶段的投入即为来源阶段的产出,最终产出为 $y_r(r=1,\cdots,S)$。

1. CRS 下的模型结构

CRS 模型是最基础的 DEA 模型,也可称为 CCR 模型。我们假设存在 n 家商业银行,设 θ_j 为被评价单元 j 的整体效率,θ_j^1 和 θ_j^2 分别表示阶段 1 和阶段 2 的效率。对于要评价的单元 j 来说,整个系统的技术效率模型为

$$\left.\begin{array}{l} \theta_j = \max \sum_{r=1}^{s} u_r y_{rj} \Big/ \sum_{i=1}^{m} x_{ij} \\[2ex] \text{s.t.} \ \sum_{r=1}^{s} u_r y_{rj} - \sum_{i=1}^{m} x_{ij} \leqslant 0, \quad j=1,2,\cdots,n \\[2ex] \sum_{d=1}^{D} \delta_d z_{dj} - \sum_{i=1}^{m} v_i x_{ij} \leqslant 0, \quad j=1,2,\cdots,n \\[2ex] \sum_{r=1}^{s} u_r y_{rj} - \sum_{d=1}^{D} \delta_d z_{dj} \leqslant 0, \quad j=1,2,\cdots,n \\[2ex] u_r \geqslant \varepsilon, v_i \geqslant \varepsilon, \delta_d \geqslant \varepsilon \end{array}\right\} \tag{8-1}$$

使用 Charnes-Cooper 变换，令 $t = 1/\sum_{i=1}^{m} v_i x_{i0}, \mu_r = tu_r, \varphi_d = t\delta_d, \omega_i = tv_i, \eta_0^{(1)} = t\mu_0^{(1)},$ $\eta_0^{(2)} = t\mu_0^{(2)}, \tilde{\varepsilon} = t\varepsilon$，分别得

$$
\left.\begin{aligned}
\theta_j &= \max \sum_{r=1}^{s} \mu_r y_{rj} \\
\text{s. t.} \quad &\sum_{d=1}^{D} \varphi_d z_{dj} - \sum_{i=1}^{m} \omega_i x_{ij} \leqslant 0, \\
&\sum_{r=1}^{s} \mu_r y_{rj} - \sum_{d=1}^{D} \varphi_d z_{dj} \leqslant 0, \\
&\sum_{i=1}^{m} \omega_i x_{i0} = 1 \\
&\mu_r \geqslant \tilde{\varepsilon}, \varphi_d \geqslant \tilde{\varepsilon}, \omega_i \geqslant \tilde{\varepsilon}, \eta_0^{(1)}, \eta_0^{(2)} \subset R^1
\end{aligned}\right\} \quad (8-2)
$$

若 $\mu_r^*, \varphi_d^*, \omega_i^*$ 是式（8-2）的最优解，则 u_r^*, δ_d^*, v_i^* 是式（8-1）的最优解，那么决策单元 j 及其各阶段的技术效率分别为

$$
\left.\begin{aligned}
\theta_j &= \sum_{r=1}^{s} u_r^* y_{rj} / \sum_{i=1}^{m} v_i^* x_{ij} \\
\theta_j^1 &= \sum_{d=1}^{D} \delta_d^* z_{dj} / \sum_{i=1}^{m} v_i^* x_{ij} \\
\theta_j^2 &= \sum_{r=1}^{s} u_r^* y_{rj} / \sum_{d=1}^{D} \delta_d^* z_{dj}
\end{aligned}\right\} \quad (8-3)
$$

CRS 下的模型计算出的效率：在固定第 i 家商业银行的产出水平的情况下，以最佳效率银行作为基准时的所需的投入实际数的比重大小。

2. VRS 下的模型结构

考虑到商业银行的规模对其资金配置效率的影响，我们对 CRS 模型加以改进，产生了 VRS 模型。传统的 CRS 模型其规模报酬是不变的，而 VRS 模型的规模报酬则是可以进行变化的，因此 VRS 模型可以对商业银行的技术效率与规模效率产生的影响加以区分。根据 Kao 和 Hwang（2008），Yao 等（2009）在规模效率可变情况下进行的研究，我们利用两阶段 DEA 模型，测算决策单元 j 的整体纯技术效率模型如下：

$$
\left.\begin{aligned}
\theta_j &= \max \left(\sum_{r=1}^{s} u_r y_{rj} + \mu_0^{(1)} + \mu_0^{(2)} \right) / \sum_{i=1}^{m} x_{ij} \\
\text{s. t.} \quad &\sum_{r=1}^{s} u_r y_{rj} + \mu_0^{(1)} + \mu_0^{(2)} - \sum_{i=1}^{m} x_{ij} \leqslant 0, \quad j = 1, 2, \cdots, n \\
&\sum_{d=1}^{D} \delta_d z_{dj} + \mu_0^{(1)} - \sum_{i=1}^{m} v_i x_{ij} \leqslant 0, \qquad j = 1, 2, \cdots, n \\
&\sum_{r=1}^{s} u_r y_{rj} + \mu_0^{(2)} - \sum_{d=1}^{D} \delta_d z_{dj} \leqslant 0, \qquad j = 1, 2, \cdots, n \\
&u_r \geqslant \varepsilon, v_i \geqslant \varepsilon, \delta_d \geqslant \varepsilon, \mu_0^{(1)} + \mu_0^{(2)} \subset R^1
\end{aligned}\right\} \quad (8-4)
$$

同样使用 Charnes-Cooper 变换,可得

$$
\left.\begin{aligned}
\theta_j &= \max\left(\sum_{r=1}^{s} \mu_r y_{rj} + \eta_0^{(1)} + \eta_0^{(2)}\right) \\
\text{s.t.} \ \sum_{d=1}^{D} \varphi_d z_{dj} &+ \eta_0^{(1)} - \sum_{i=1}^{m} \omega_i x_{ij} \leqslant 0, \quad j=1,2,\cdots,n \\
\sum_{r=1}^{s} \mu_r y_{rj} &+ \eta_0^{(2)} - \sum_{d=1}^{D} \varphi_d z_{dj} \leqslant 0, \qquad j=1,2,\cdots,n \\
\sum_{i=1}^{m} \omega_i x_{i0} &= 1 \\
\mu_r \geqslant \widetilde{\varepsilon}, \varphi_d &\geqslant \widetilde{\varepsilon}, \omega_i \geqslant \widetilde{\varepsilon}, \eta_0^{(1)}, \eta_0^{(2)} \subset R^1
\end{aligned}\right\} \tag{8-5}
$$

若 $\mu^*, \omega^*, \varphi^*, \eta_0^{(1)*}, \eta_0^{(2)*}$ 为模型式(8-5)的最优解,则 $u_r^*, \delta_d^*, v_i^*, \mu_0^{(1)*}, \mu_0^{(2)*}$ 是模型式(8-4)的最优解,j 的总体纯技术效率与其两阶段纯技术效率分别为

$$
\left.\begin{aligned}
\theta_j &= \left(\sum_{r=1}^{s} u_r^* y_{rj} + \mu_0^{(1)*} + \mu_0^{(2)*}\right) \Big/ \sum_{i=1}^{m} v_i^* x_{ij} \\
\theta_j^1 &= \left(\sum_{d=1}^{D} \delta_d^* z_{dj} + \mu_0^{(1)*}\right) \Big/ \sum_{i=1}^{m} v_i^* x_{ij} \\
\theta_j^2 &= \left(\sum_{r=1}^{s} u_r^* y_{rj} + \mu_0^{(2)*}\right) \Big/ \sum_{d=1}^{D} \delta_d^* z_{dj}
\end{aligned}\right\} \tag{8-6}
$$

规模效率是评价单元的生产规模与最优生产规模的差距。

8.1.2　两阶段 SFA 模型

随机边界法即 SFA 分析法,属于参数分析法的一种。在银行效率研究的参数法中,自由分布法 DFA 是以某一时期范围内不同商业银行运营效率居于稳定为前提进行的,DFA 和厚边界函数法 TFA 所考量的均是模型样本的平均效率,而 SFA 分析法的结果则是某一具体时点的截面效率情况(Berger,1993)。因此,SFA 分析法对于平均效率不能作为代表进行衡量(业务规模的变化情况较大的)的商业银行较为合适。这对业务规模变化幅度较大,平均效率没有较强代表性的商业银行较为适合。在使用 SFA 分析法前,选择适合的生产函数非常重要,现有商业银行前沿函数形式中,最被人广为接受的是柯布-道格拉斯函数(C-D)和超越对数函数(Translog)。

1. Cobb-Douglas(C-D) 函数

Cobb-Douglas(C-D) 函数是使用最多的方程形态,以成本方程为例,其表达式为

$$
\ln TC_i = \alpha_0 + b_1 \ln Q_i + b_2 \ln R_i + b_3 \ln W_i + (V_i + U_i) \tag{8-7}
$$

式中:TC_i 代表第 i 家企业的总成本;Q_i 代表第 i 家企业的产出值;R_i 和 W_i 分别为第 i 家企业的实物资本价格与劳动力价格;V_i 代表随机影响因素,服从正态分布;U_i 代表技术非效率因素,服从半正态分布;V_i 与 U_i 相互独立。

总体而言,C-D 型函数为微观效率研究提供了一个简单且直接的参数方程结构,但该函数

所隐含的限制性假定过多,主要表现在对于样本单位的规模(不)经济情况的假设过于僵化,不利于更加具体地拟合 U 型平均成本曲线。并且对样本单位的生产活动执行可分性假设,即不设产出变量上的交叉项,而这则往往意味着忽略范围(不)经济情况的存在(Humphrey,1990;Van Rooij,1999)。正是基于上述原因,随后的效率研究中,学者们开始对其不断修正和改进,并采用了一些更加灵活、更具弹性的函数形态。

总的来说,C-D 型函数作为一个能够简便直接的测算微观效率的参数方程在其应用上还存在许多问题。主要集中在 C-D 型函数所隐含的前提假设较多,分别有在样本单位的规模(不)经济情况的假设过于僵硬,导致无法具体的与 U 型成本平均线拟合,同时它在对生产活动中可分性的假设(不考虑产出变量的交叉项),会导致忽略范围(不)情况的存在(Humphrey,1990;Van Rooij,1999)。考虑到上述缺陷对 C-D 型函数的限制,在之后对效率问题的研究中,C-D 型函数开始不断被修正改进,同时出现了其他更加具有弹性的函数模型。

2. 超越对数函数选择

超越对数函数考虑到了投入产出指标的交互影响项,与商业银行的实际情况,即规模效益存在变化相符。同时由于其具有较充足的弹性,与效率计算的实际情况也相同。因此本书在计算商业银行的配置效率时,采用超越对数函数来衡量银行资产的匹配效率,同时采用总资产进行调整。第一阶段模型为

$$\ln\left(\frac{\text{TC}}{w_1 z}\right) = \beta_0 + \beta_1 \ln\left(\frac{w_2}{w_1}\right) + \beta_2 \ln\left(\frac{w_3}{w_1}\right) + \beta_3 \ln\left(\frac{X_1}{z}\right) + \frac{1}{2}\beta_4 \ln\left(\frac{w_2}{w_1}\right)\ln\left(\frac{w_2}{w_1}\right) +$$

$$\frac{1}{2}\beta_5 \ln\left(\frac{w_3}{w_1}\right)\ln\left(\frac{w_3}{w_1}\right) + \frac{1}{2}\beta_6 \left(\frac{w_2}{w_1}\right)\ln\left(\frac{w_3}{w_1}\right) + \frac{1}{2}\beta_7 \ln\left(\frac{X_1}{z}\right)\ln\left(\frac{X_1}{z}\right) +$$

$$\beta_8 \ln\left(\frac{w_2}{w_1}\right)\ln\left(\frac{X_1}{z}\right) + \beta_9 \ln\left(\frac{w_3}{w_1}\right)\ln\left(\frac{X_1}{z}\right) + v_{it} + u_{it} \qquad (8-8)$$

第二阶段函数模型采用可替代利润效率的超越对数测算,为保证利润为正对数有意义,我们加了 θ,其函数表达式为

$$\ln\left(\frac{\pi}{w_1 z + \theta}\right) = \delta_0 + \delta_1 \ln\left(\frac{w_4}{w_1}\right) + \delta_2 \ln\left(\frac{y_1}{z_1}\right) + \delta_3 \ln\left(\frac{y_2}{z}\right) + \frac{1}{2}\delta_4 \ln\left(\frac{w_4}{w_1}\right)\ln +$$

$$\frac{1}{2}\delta_5 \ln\left(\frac{y_1}{z}\right)\ln\left(\frac{y_1}{z}\right) + \frac{1}{2}\delta_6 \ln\left(\frac{y_2}{z}\right)\ln\left(\frac{y_2}{z}\right) + \frac{1}{2}\delta_7 \ln\left(\frac{y_1}{z}\right)\ln\left(\frac{y_2}{z}\right) +$$

$$\delta_8 \ln\left(\frac{w_4}{w_1}\right)\ln\left(\frac{y_1}{z}\right) + \delta_9 \ln\left(\frac{w_4}{w_1}\right)\ln\left(\frac{y_2}{z}\right) + v_{it} - u_{it} \qquad (8-9)$$

式中:$\theta = \left|\left(\frac{\pi}{w_1 z}\right)^{min}\right| + 1$;$w_i$ 为第 i 项投入价格;y_j 为第 j 项产出数量;β_i、δ_i 均为待定参数;v 为随即误差项,服从 $N(0,\sigma_v{}^2)$,u 为非负的配置非效率项,服从单边 $|N(0,\sigma_u{}^2)|$ 分布。

为进一步分析商业银行资金来源和配置效率,本研究将采用两阶段 DEA 法和两阶段 SFA 法分别衡量银行资金来源和配置效率,并在实证部分进行两阶段 DEA 法和两阶段 SFA 法效率测算结果的配对样本检验,从而最终确定效率值,然后研究利率市场化下产权结构对资金配置效率的影响。SFA 法效率值的测算选取生产函数为超越对数函数来进行测算。

8.2 资金效率评价的投入与产出指标选择

如前文所述,银行资金配置效率模型是建立在银行具体的投入与产出指标上进行的,对投入产出指标进行量化并决定了最终的评估效果。银行效率研究的投入产出选择方法主要有生产法(Production Approach)、中介法(Intermediation Approach)和资产法(Asset Approach)。生产法由 Benston 等人于 1968 年率先提出,其认为商业银行在资本市场更多地扮演着供给者角色,商业银行在计算投入产出指标时仅以固定时期内的业务量为准而不考虑通胀因素,也无须计算支付的利息费用,虽然简便但在现实中单纯以交易量作为量化标准有失科学性,并且银行各账户的实际成本并非相同,因此采用生产法的效果有限。中介法不同于生产法,其将商业银行的角色定位于资本市场的中间人,是资金的借贷双方充当一种交易的桥梁和纽带,中介法认为银行投入人、财、物以提供吸收存款服务,此后将存款获得的可贷资金转化为贷款等,用以取得收入(Lindley,1977)。在中介法下,投入和产出的衡量不再单纯以交易的数量为准,而是选择更具合理性的交易资金金额,并且在投入指标的计算中还囊括了利息费用。资产法和中介法属于一脉相承的关系,资产法是中介法的继承和发展,该方法将资产负债表中的项目分为投入类与产出类指标,即投入项为负债类项目与具有负债性质的存款项目,产出项为资产类项目与具有资产性质的贷款及投资项目(Elyas and Seyed,1990),根据此思想进行计算更具有科学性。

基于上述比较,加之由于银行业是特殊的企业,产出更多表现为无形的服务,投入产出较一般生产企业更难界定,导致研究指标选择不够严谨,标准各异。此外,由于投入产出模型中经常出现变量之间存在多重共线性,致使研究结果缺乏可比性,这样就难以反映出银行业效率变化趋势,影响了结论的可信度和有效度(李双杰,高岩;2014)。本书在银行效率投入产出法研究中采用的是中介法和资产法的思想。本书的投入产出指标体系借鉴了国内众多学者的研究成果,在指标选择上力求不重不漏,能更好地衡量银行资金配置效率。

(1)投入指标的分析选择。在投入指标的选择上,采用生产法和中介法选择商业银行员工人数(X_1)、固定资产(X_2)和营业费用(X_3)为投入变量。员工人数表示了银行在面向社会提供各种金融产品与服务时的人力资源,其代表了银行人力成本投入;固定资产代表了银行在营业中物质资本的投入;营业费用代表了银行财力投入。

(2)中间指标的选择。存款总额(X_4)作为资金运用过程的中间变量,既是第一阶段的产出变量,又是第二阶段的投入变量。本书在考虑第二阶段的输入不仅由第一阶段的输出构成,还需考虑其他输入变量。而由各项存款转化为第三阶段的贷款和投资必须也要付出人力和财力,而由于统计原因,不能有效地区分在各项存款和各项贷款营销中的人力和物力。因此,仍旧选择商业银行员工人数(X_1)、营业费用(扣除员工薪酬)(X_3)作为第二阶段的投入变量,而之所以不选择固定资产(X_2)为投入变量是因为各项贷款较少占用企业的自有资本,这样更真实地反映出商业银行的资金运作效率。

(3)产出指标的分析选择。在产出指标的选择上,采用资产法的思想选择经济利润(Y_1)

作为产出变量。商业银行经济利润是建立在经济资本基础之上,经济资本通过对非预期损失的预测和计算,直接反映商业银行的风险状况。综上,各投入产出指标的计算方法见表 8-1。

表 8-1　两阶段的投入产出指标

指标分类	指标名称	变 量	指标定义
初始投入指标	员工人数	X_1	银行期末员工人数
	固定资产	X_2	银行固定资产原始价值或重置完全价值减去已提折旧后的净额
	营业费用	X_3	银行在经营活动中各项支出的总数
中间产出指标	存款总额	X_4	客户在银行存入款项的总数
最终产出指标	经济利润	Y_1	拨备后利润-法定所得税-经济资本×经济资本成本率

8.3　商业银行产权指标分析选择

8.3.1　产权性质指标选择

由于我国国情特殊,银行的产权发展经历了从集中到混合分散的过程,改革开放以前我国的商业银行多为政策性银行,系国家持股,国有银行的存在能够有效防止资金外流、大力扶持特定产业,能集中国家资金进行专项投资。改革开放以后,我国对于商业银行的建设有了新的认知,国家持股对于我国经济发展与安全的确有着重要的意义,但是单一产权的存在会导致金融体制僵化,不利于经营效率的提高,一定程度上限制了我国资本市场的进一步发展,并且产权多元化下银行可以充分利用民间资本和外国资本。随着民营资本和境外资金的注入,商业银行的规模扩大,国际竞争力增强,管理体系也会得到进一步优化升级,势必推动我国金融行业迈向新的台阶。因此,在国有股的基础上我国又形成了民营股和外资股,逐步完善了商业银行的所有制体系。其中,国有股即由国家部门直接持有或国有企业投资持有的股权;外资股指由来源于境外的战略投资者投资的产权;民营股指除国有和外商投入之外,来源于社会公众与其他企业、民间组织的产权。

基于此,本书依据我国现存的产权性质把商业银行的股东分为国家股、民营股、外资股三类。图 8-2、图 8-3 所示为我国国有商业银行和股份制商业银行在样本期内各类性质股东持股比例的均值图。由图 8-2 可知,我国国有商业银行产权结构中国有产权稳居高位,持续保持在 60%~80% 之间,而民营产权不到 20%,外资产权位居中位保持在 30% 左右,且各自比例常年稳定。

而据图 8-3 可知,股份制商业银行产权结构较之国有商业银行大为不同,其中,民营产权占比第一,大概在 50% 左右;国有产权占比 30%~40%,将近是外资产权的一倍之多,且各自比例虽稍有变动,但变动浮动不大,尤其近几年来较为稳定。

由上述分析,可见从商业银行产权性质来看,国有商行和股份制商行有明显的区别,是两种不同的产权结构:国有商业银行为保持其国家属性,国有产权比例持过半,而股份制商业银行则侧重对市场资本的吸纳,充分调动市场资本参与竞争。就外资产权来看,国有商业银行更为注重对于外资的引入。

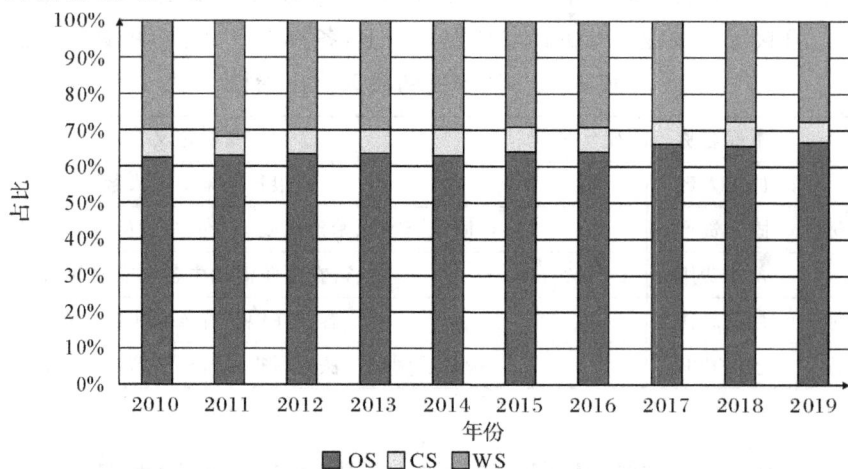

图 8-2　国有商业银行 2010—2019 年产权性质比例图

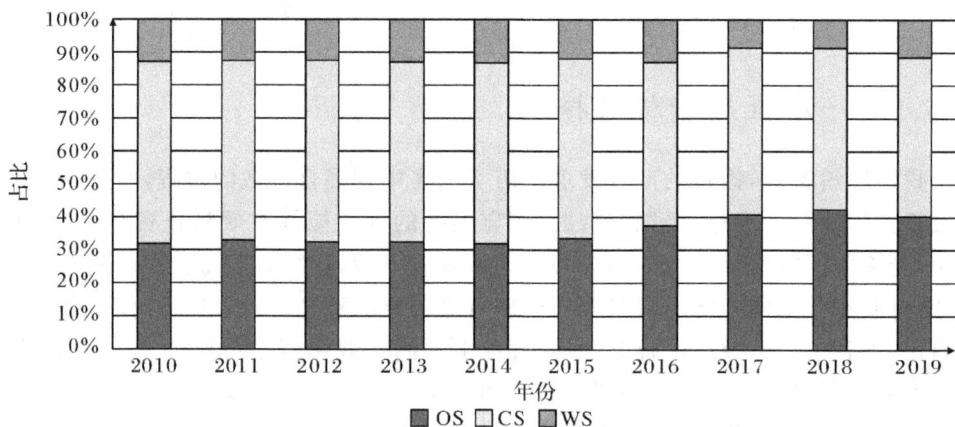

图 8-3　股份制商业银行 2010—2019 年产权性质比例图

注:WS 为外资股比例,CS 为民营股比例,OS 为国家股比例。

8.3.2　产权比例指标选择

商业银行的产权集中度是衡量其股权集中程度的指标。股权较集中,大股东对于银行的管理运营具有相对较高的话语权,其对于银行的管理层的监督较为有效,可以降低一定的委托代理成本,但是也具有相应的弊端,大股东可能会影响管理者决策,不利于其站在理性科学的角度上筹集和运用银行的资金;股权太过分散,管理者的行为难以被有效约束,监管成本高,信息不透明会致使管理者和银行股东的目标相背离,长期下去于商业银行不利。商业银行股权集中度的不同对于其资金配置效率的影响是不同的,度量股权集中度的指标较多,参考学者研究经验,本书集中研究第一大股东持股比例、前五大股东持股比例、第一大股东控股能力这三项指标。

图 8-4、图 8-5 所示为 2010—2019 年我国商业银行第一大股东与前五大股东持股比例变化图。CR1 代表第一大股东持股比例,CR5 代表前五大股东持股比例,Con 代表第一大股东控股能力,其计算方法为第一大股东持股比例除以第一、第二大股东持股比例之和。

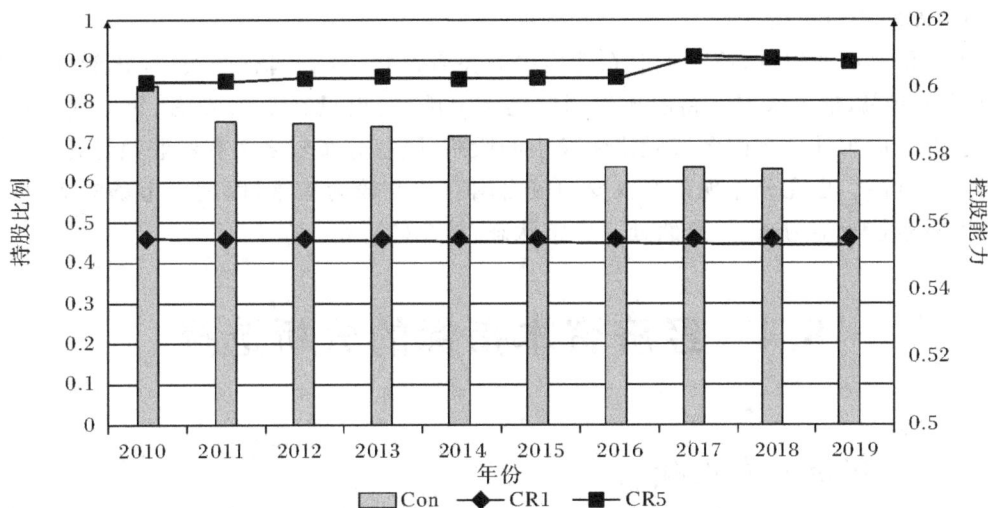

图 8-4　国有商业银行 2010—2019 年第一大、前五大股东持股比例图

由图 8-4 分析可知,国有商业银行的第一大股东持股比例在样本期内几乎不怎么发生变化,维持在 45% 左右,而前五大股东持股比例也基本变化不大,高达 85% 左右,近年来前五大股东持股比例有所增长。从第一大股东控股能力来看,国有商业银行也变化不大,第一大股东先是呈现逐年递减的趋势,由 2010 年的 60% 一直有所下降,直到 2016 年的 57.5% 左右,7 年下降近 2.5%,但是 2017 年到 2019 年,第一大股东控股能力有所增强。

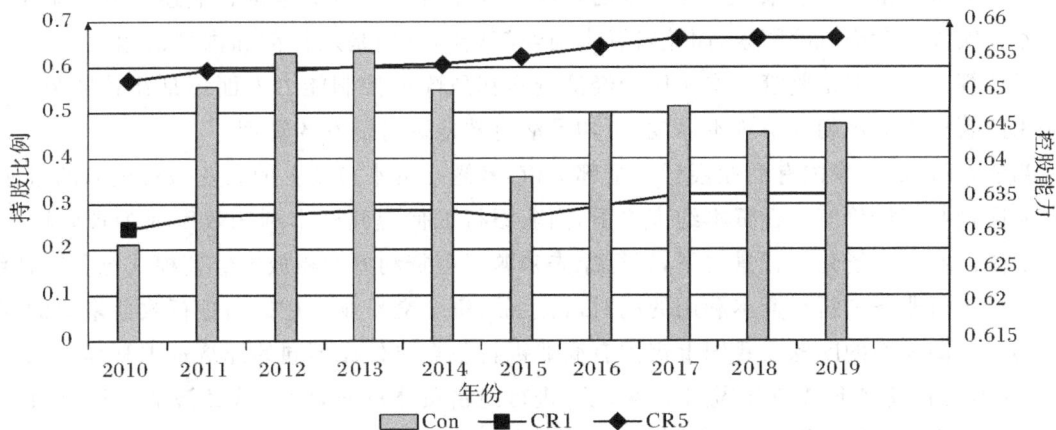

图 8-5　股份制商业银行 2010—2019 年第一大、前五大股东持股比例图

分析图 8-5 可知,股份制商业银行第一大、前五大股东持股比例呈现逐年上涨趋势,虽涨幅不大但上涨的趋势较为明显,第一大股东持股比例在 2010 年时为 25%、前五大股东持股比例为 55%,2016 年两者数据分别为 30% 和 65%,涨幅 5%～10%。截至 2019 年数据分别为 31% 和 66%,涨幅较 2016 年仅 1% 左右。第一大股东控股能力总体也比较平稳,由 2010 年的 20% 上涨至 2013 年的最高点 65% 左右,于 2015 年回落至 63%,截至 2019 年再一次上涨至 64%。

据上述分析可知,就产权集中度来看,国有商业银行第一大股东性质是国有产权,其比例保持在 50% 左右,依旧是为了保证其国有属性,而前五大股东集中度过高,少有非国有和非外资的境内资本参与,尤其是民营资本的介入,第一大股东控股能力虽有所下降但也保持在

50%左右,控股能力很强。

反观股份制商业银行,第一大股东性质多为民营产权,少有国有产权,其比例逐年虽有所上涨但不及 30%,前五大股东持股比例同样逐年上涨,但也只有 50%左右,集中度并不算高,并且除前五大股东外还有许多持股比例较小的股东,股权分布较之国有商业银行尤为分散,市场资本参与度高。也充分体现其产权变动较之国有商业较为频繁,以适应市场的竞争。但就其第一大股东控股能力来看,虽然处于调整状态,但总体平稳。

8.4 经济资本指标的分析选择

8.4.1 经济资本选择

账面资本即企业的股权资本,在财务上反映为企业拥有的所有者权益的多少,而监管资本是外部监管机构从外部的角度对银行资产的风险进行评估后给出统一的一个资本充足率标准,监管资本的范围一般比账面资本大,除了包括股权资本的范围,还将类似一些呆账坏账准备金、风险准备金以及具有债务性质的长期债当作监管资本。而经济资本则是商业银行内部风险管理者根据银行自身的风险特征进行风险测算后,认为商业银行为了覆盖非预期损失所应该保有的资本量。一般来说账面资本的量应该大于等于经济资本量。上述三种资本中,股权资本其实没有考虑风险因素,而监管资本与经济资本分别是从外部和内部的角度在考虑风险之后计算出的。但是监管资本相比于经济资本在风险的控制能力方面还是比较弱势的,所以未来监管资本应该朝经济资本靠拢,更加灵活有效地进行资本的管理。

当前,我国的五家国有商业银行已全部上市,暴露在资本市场上的商业银行更多的旨在提高股东回报与市场价值。在资本约束之下,商业银行如何提高资本利用效率成为现阶段一大重要议题。利率市场化的背景之下,银行原先来源于存贷利差的粗放式经营模式已不可持续,商业银行进行业务创新与资本利用的同时,衍生品、资金交易业务在提高银行收益来源的同时也暴露出了高风险的问题。我国上市国有商业银行各自也处在不同的经济资本管理体系建设阶段,在上述背景之下,如何在资本约束之下进行经济资本配置,如何从经济资本配置效率指标上看出各银行的经济资本管理现状具有现实意义。

通过计算我国五家国有上市商业银行整体以及按照业务种类划分的各自经济资本(EC)、经济增加值(EVA)以及基于风险的经济资本配置效率(RAROC),对比分析各银行目前的经济资本管理状况。也能够通过对公司金融业务、个人金融业务、资金交易业务的 RAROC 进行分析,得出哪些银行在哪些业务种类上是经济资本配置有效的,哪类业务可能在经济资本配置上还存在一些问题。基于 RAROC 的计算公式展开,则有

$$RAROC = 经济增加值/经济资本$$
$$经济增加值 = 税后净利润 - 资本成本$$

根据本书的研究目标,选取我国大型国有商业银行与全国股份制商业银行的年度财务报表数据以及合并报表附注中的分部报告数据,从分部报告中获取的公司金融业务数据、个人金

融业务数据、资金交易业务和其他业务的数据几乎覆盖到了银行的各类经营业务。

　　按照 RAROC 的基本公式,在逐层分解的基础上,需要以下数据:各银行 2010—2019 年集团层面的资本净额、净利润、资产减值损失,以上 3 个数据便于计算出银行整体的经济资本。此外需要利用 CAPM 模型中的经典公式计算股东资本回报率,将这个数值近似看作资本成本率,在得到这个数据之后,与经济资本相乘,就可以得到资本成本。这样 RAROC 就可以近似算出。

　　要算出资本成本率,就需要无风险利率、β 系数以及超额收益率,采用 10 年期国债的平均收益率(来源于 Chinabond 网站各年国债收益率曲线进行计算后得到)作为无风险利率,计算 β 系数需要用全年的日收益率对大盘指数收益率进行回归计算得到,通过 Eviews 统计软件可以进行回归计算。而超额收益率根据相关学者研究得出约为 8%。

　　在计算各类业务的 EVA 与 RAROC 时,计算公式为

$$各类业务的经济资本 = \frac{各业务的资产减值损失}{银行总的资产减值损失} \times 银行整体的经济资本$$

8.4.2　经济利润

　　(1)经济利润的提出。商业银行的经营管理一直以追求利润最大化为经营目标,而资本回报率通常用来衡量银行经营情况的好坏,股权回报率则是用来衡量投资回报情况。当银行本金一定时,资本规模的扩大可以有效提高股东回报率。因此在经营目标的驱动下,资本扩张成为了银行增加利润的有效手段。随着商业银行的日常经营,股东一味追求高额利润导致银行不断扩大资产规模,风险也随之日益增加。资产快速扩张的同时资本严重不足导致银行经营风险越来越高。

　　此后为了防范银行盲目扩张而带来的系统性风险,新巴塞尔协议由此出台,它的三大支柱:商业银行最低资本充足率、监管当局监督与市场纪律,有效遏制了商业银行的资产扩张,特别是其核心的资本约束。在这种情况下商业银行的经济资本管理逐渐受到重视,依靠经济资本管理,商业银行开展资本预算决策、业绩评价、风险定价及组合优化等一系列工作,从资本到风险评估再到资本占有,使得股东价值得到有效提升。

　　新巴塞尔协议的实施和经济资本管理受到重视使得经济利润这一指标成为衡量商业银行经营的重要指标。目前,商业银行引入经济利润概念及方法对商业银行经营绩效进行考核。经济利润作为能够衡量商业银行风险与收益相配比的重要指标,为银行衡量长期价值提供依据的同时还体现了商业银行抵御风险的能力。

　　(2)经济利润的计算。新《巴塞尔协议》将商业银行风险的概念由信用风险扩展到市场风险和操作风险。经济利润的计算公式为

$$EP = LP - IT - EC \times ECV \tag{8-10}$$

式中:EP 为经济利润;LP 为拨备后利润;IT 为法定所得税;EC 为经济资本;ECV 为经济资本成本率。

8.5 利率市场化测度指标构建

8.5.1 指标选择

资金的使用者需要支付给资金的所有者相应的对价,而利率即扮演了这一角色,站在经济学角度上看,利率的高低应当由市场调节为主,行政干预为辅。利率市场化就是政府对本国利率水平及其浮动范围管制逐步放松的动态过程,以期由市场供求关系所决定的利率调节机制建立。利率市场化在资本市场信息透明度的改善方面具有重要意义,我国从 20 世纪 90 年代起大力推行利率的市场化改革,希望通过利率市场化完善资本市场的运行机制,以价格、供求和竞争来引导和优化资源配置。伴随着我国利率市场化程度的加深,借贷资金的供给方同需求方之间的信息不对称逐步被削弱,商业银行之间的竞争越发激烈,不论是银行还是企业,其资金的使用效率都受到了利率市场化带来的影响。

现有文献关于利率市场化测度的方式较为单一,对相关指标进行分类并进行 0—1 赋值研究的赋值法虽然简单但是处理过于粗糙,以 0、1 进行极端处理,忽略了指标个体间差异,此计量方法不足以准确反映我国利率市场化水平。陶雄华、陈明钰(2013)将利率市场化进程分为程度递进的四个等级并进行简单的赋值;张原、薛青梅(2016)首次构建欧拉数指数函数来测算利率浮动幅度,结合三项指标利用 1993 年到 2015 年间的宏观数据全面评价我国利率市场化程度。我国的利率市场化进程主体分为三部分,即利率的确定方式、利率水平波动幅度、利率的传导机制。本书参照陶雄华、陈明钰(2013)的思路,对利率市场化水平的衡量通过利率浮动范围和幅度、利率决定自主化指数和实际利率水平三项指标来进行分析;在研究方法方面依据张原、薛青梅(2016)的思路通过构建欧拉数指数函数来测算利率市场化个子指标以及利率市场化综合指数。

1. 利率波动范围与幅度(IRL1)

利率市场化改革方向确立之后,利率的决定和调节机制在多项改革措施的施行下不断完善。利率的开放通过调整波动上、下限范围来呈现,由此构建欧拉数指数函数作为子指标的拟合模型(张原、薛青梅,2016),则有

$$DRL_t = \frac{1}{2}(e^{-\frac{1}{Dup_t}} + e^{-\frac{1}{Dlow_t}}) \tag{8-11}$$

$$LRL_t = \frac{1}{2}(e^{-\frac{1}{Lup_t}} + e^{-\frac{1}{Llow_t}}) \tag{8-12}$$

$$LRL1_t = \frac{1}{2}(DRM_t + LRM_t) \tag{8-13}$$

由推导公式可知,当人民银行限制利率波动时,存贷款利率自由化程度指数为 0;当利率管制完全解除时,存贷款利率自由化综合指数为 1。其各指标定义见表 8-2。

表 8-2　利率波动范围与幅度各指标定义

指　标	定　义
LRL1$_t$	表示第 t 年人民币存贷款利率波动幅度指数
DRL$_t$	表示第 t 年存款利率自由化指数,其中 Dup$_t$ 表示第 t 年的存款利率波动上限,Dlow$_t$ 表示第 t 年的存款利率波动下限
LRL$_t$	表示第 t 年贷款利率自由化程度指数,其中,Lup$_t$ 表示第 t 年的贷款利率波动上限,Llow$_t$ 表示第 t 年的贷款利率波动下限

2. 利率决定自主化指数(IRL2)

利率决定自主化指数是中国人民银行依次于各类金融市场,实施利率管制的彻底放开,促使各类金融市场自主定价的权重被赋值的指标。依照人民银行针对不同金融市场的利率改革措施,我国的利率市场化改革针对各类金融市场的框架体系如图 8-6 所示。

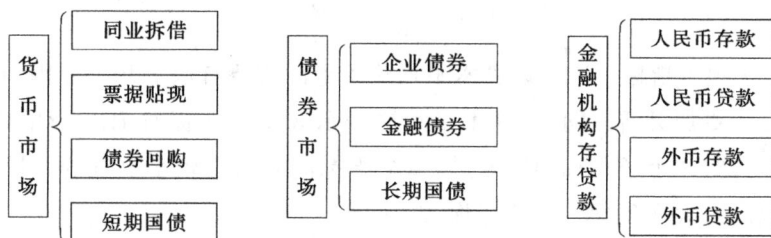

图 8-6　各类金融市场的框架体系

该指数的计算依据中国人民银行对各类金融市场彻底放开利率管制后,对各市场自主定价的权重进行赋值,其指标体系见表 8-3。由表可知,我国的利率体系分为货币市场、债券市场、金融机构存贷款 3 大类共 11 个子市场。在赋值方面,人民银行每放开一个子市场的利率管制则对其赋值为 1,其中关于人民币存贷款利率的赋值,考虑到其对于宏观经济和微观企业的发展具有深远影响,因此对其赋值为 3。

表 8-3　利率决定自主化指数体系(IRL2)

市　场	项　目	评分
货币市场	同业拆借	1
	票据贴现	1
	债券回购	1
	短期国债	1
债券市场	企业债券	1
	金融债券	1
	长期国债	1
金融机构存贷款	外币贷款	1
	外币存款	1
	人民币存款	3
	人民币贷款	3

3. 实际存款利率指数(IRL3)

本书参考陶雄华、陈明钰(2013)的方法,将实际利率水平定义为一年期存款利率减去消费者价格指数,同时考虑到实际利率水平还受到其他因素影响,本书进一步选择构造隶属函数。在之前数据的基础上以模糊综合评价法构造函数,得到在 $0\sim1$ 之间界线模糊但概念清晰的数值来评价实际利率水平(张原,薛青梅,2016),其隶属函数为

$$IRL3_t = \frac{AR_t - AR_{min}}{AR_{max} - AR_{min}} \tag{8-14}$$

$$AR_t = NR_t - CPI_t \tag{8-15}$$

式中:AR_t 代表第 t 年的实际利率;NR_t 代表第 t 年的名义利率,以一年期存款利率测度。

4. 利率市场化综合指数

利率市场化进程综合指数(IRL)由 3 个子指标的算数平均所得。模型如下:

$$IRL = \frac{1}{3}\sum_{n=1}^{3} IRL_n \tag{8-16}$$

式中:IRL_n 为第 n 项子指标。IRL 以算术平均法衡量的主要有以下几个原因:首先,算术平均法相较于其他方法更加灵活。同时,算术平均法表示 3 个子指标对 IRL 影响的重要性相同。因此在改革中应当对 3 个子指标同时改进,每个指标同时出现较小改进的共同作用要强于其中某个指标出现的重大变化(张原,薛青梅,2016)。

8.5.2 量化分析

将上述 3 个子指标作算术平均处理,得到利率市场化综合指数 IRL,其结果见表 8-4。

表 8-4 我国利率市场化进程综合指数测度结果

年 份	IRL1	IRL2	IRL3	IRL
2010 年	0.511 4	0.732 2	0.525 9	0.594 3
2011 年	0.511 4	0.743 2	0.526 5	0.589 8
2012 年	0.519 8	0.743 2	0.494 8	0.588 1
2013 年	0.762 8	0.843 2	0.495 3	0.699 8
2014 年	0.769 7	0.843 2	0.456 6	0.699 7
2015 年	1.000 0	0.943 2	0.473 4	0.799 9
2016 年	1.000 0	0.943 2	0.478 9	0.814 8
2017 年	1.000 0	0.944 4	0.647 8	0.864 1
2018 年	1.000 0	0.944 4	0.622 9	0.855 8
2019 年	1.000 0	0.944 4	0.632 5	0.867 6

表 8-4 给出了我国 2010—2019 年利率市场化进程综合指数测度结果,2019 年我国利率市场化程度为约为 86.76%,更符合我国的现实情况,反映了现阶段我国利率市场化尚未完全实现。

8.6　小　　结

　　本章主要对商业银行资金配置效率的评价模型的种类以及相关的指标选择进行了探讨，这是进行实证研究之前必不可少的过程。当前关于商业银行资金配置效率的测度方法，主要有财务指标分析法以及前沿分析法，其中前沿分析法在实际研究中运用较为广泛，由于传统的商业银行效率的测度方法大都属于"黑箱评价法"，存在一定的缺陷，并且单一的选用一种测度模型其结果的可信赖程度缺乏，因此基于以上考量，本书选择两阶段 DEA 分析法以及两阶段 SFA 分析法下的商业银行资金配置效率评价模型作为后续的实证分析研究模型。国有银行和股份制银行区别明显，对于产权比例的衡量一般采用股权集中度这一指标，商业银行的股权是集中还是分散将会影响信息透明度，产权比例不同对于其资金配置效率的影响是不同。资本市场中对于资金的使用需要支付一定的代价，市场主体之间应当考量其潜在的市场风险从而确定要求的预期回报率，这种预期回报率（利率）的高低会影响资本市场的资金成本高低。利率的确定应当由市场来决定，通过市场机制的调节作用来优化资金等资源的分配，这是我国进行利率市场化改革的主要目的，但我国国情特殊，利率的市场化程度尚且存在争议。赋值法虽然简单但是处理过于粗糙，忽略了指标个体间差异，该计量方法不足以准确反映我国利率市场化水平，本书在借鉴前人思路的基础上，构建欧拉数指数函数用以衡量，以利率变动范围与幅度、利率自主化决定指数及存款利率指数三项指标为基础数据计算利率市场化综合指数。

第9章　我国商业银行资金配置效率评价分析

本章首先对商业银行的经济资本进行测算和分析,确定商业银行经济利润,然后通过两阶段 DEA 和两阶段 SFA 两种效率方法测算大型国有商业银行和全国股份制商业银行资金配置来源效率、配置效率和总效率,并对 DEA 和 SFA 测算的总体效率进行配对样本 T 检验。

9.1　研究样本和数据来源

本书选择 2013—2019 年利率市场化深化改革时期,我国总资产占比较大,具有代表性的五家国有商业银行和 12 家股份制商业银行为研究样本。选取 2013—2019 年 7 年间的相关数据来研究利率市场化对我国商业银行利差的影响:①因为利率市场化初期处于缓慢推行阶段,从 2010 年之后相关政策才相继出台,改革速度得到提升;②因为初期阶段其他商业银行,尤其是城市商业银行和农村商业银行数据相对不完整,所以本着数据可得的原则选择近 7 年数据。本书银行方面的数据主要来自 ORBIS Bank Focus 数据库、Wind 数据库、2013—2019 年的《中国金融年鉴》、中国人民银行、中国银监会网站公布的年报和各样本银行网站公开的年报以及其他公开资料。宏观经济环境数据主要来自《中国统计年鉴》。样本为商业银行 2019 年末资产规模达到商业银行资产总规模的 84%,期间数据涵盖了我国利率市场化以及商业银行改制上市等事件,具有代表性,能够反映期间我国银行经营状况。本书运用 Frontier 软件进行 SFA 效率分析,采用 DEAP 软件又进行 DEA 效率分析。对于个别指标的缺失问题,采用插值法作了补全处理。

9.2　经济资本测算和分析

9.2.1　经济资本指标测算

资本作为一种稀缺资源,对商业银行的意义不仅体现在业务扩展层面,更重要的是银行能够利用资本进行风险的覆盖。在全球银行业《巴塞尔协议》的趋势下,经济资本管理理念应该在中国银行业中更加深入渗透。建设完善全面的经济资本管理体系也是增强银行真实经济利润,提高银行风险管理能力。经济资本管理框架包括了经济资本计量、经济资本配置、基于风险调整的经济资本回报率在银行绩效方面的应用、利用经济增加值衡量企业真实经济利润等方面的内容,还包括了运用经济资本管理理念与体系在企业经营决策、资产配置、调整业务结构、绩效评价等各方面的应用。

本部分只列出我国五家国有商业银行 2017—2019 年 3 年的经济资本计算情况,表 9 - 1 分别是从整体层面以及分业务层面对各银行经济资本(EC)、经济增加值(EVA)与经济资本回报率(RAROC)进行测算的结果;表中不仅给出了经济资本相关指标的值,还对运算目标指标过程中涉及的一些指标值进行了列示。其中总资本净额、资产减值损失、税后净利、资本成本、经济资本与经济增加值的单位都是百万元,经济资本回报率是比率指标,实际值就是表中所列值。

表 9 - 1　2017—2019 年国有商业银行集团整体层面的经济资本指标测算结果

银行名称	指标	2017 年	2018 年	2019 年	均值
工商银行	总资本净额	2 011 472	2 233 434	2 361 483	2 202 130
	资产减值损失	62 969	96 562	97 562	85 698
	税后净利	306 677	308 269	309 807	308 251
	资本成本	145 767	164 853	208 557	173 059
	经济资本(EC)	1 948 503	2 136 872	2 263 920	2 116 432
	经济增加值(EVA)	160 911	143 416	101 249	135 192
	RAROC	0.091 7	0.074 5	0.049 6	0.071 9
建设银行	总资本净额	1 683 790	1 831 692	1 980 146	1 831 876
	资产减值损失	68 721	103 939	103 456	92 039
	税后净利	253 354	254 063	257 952	255 123
	资本成本	110 601	133 774	181 833	142 069
	经济资本(EC)	1 615 069	1 727 753	1 876 689	1 739 837
	经济增加值(EVA)	142 754	120 289	761 18	113 054
	RAROC	0.098 1	0.077 3	0.045 0	0.073 5
中国银行	总资本净额	1 545 501	1 680 500	1 804 990	1 676 997
	资产减值损失	53 703	65 794	98 870	72 789
	税后净利	196 690	199 153	204 297	200 046
	资本成本	99 354	114 356	165 110	126 273
	经济资本(EC)	1 491 798	1 614 706	1 706 120	1 604 208
	经济增加值(EVA)	97 336	84 796	39 187	73 773
	RAROC	0.072 4	0.058 3	0.025 5	0.052 1
农业银行	总资本净额	1 544 630	1 633 498	1 716 615	1 631 581
	资产减值损失	75 448	93 431	95 955	88 278
	税后净利	199 256	200 659	204 307	201 407
	资本成本	104 668	129 464	167 128	133 754
	经济资本(EC)	1 469 183	1 540 067	1 620 660	1 543 303
	经济增加值(EVA)	94 588	71 195	37 178	67 654
	RAROC	0.071 5	0.051 3	0.025 5	0.049 4

续　表

银行名称	指　标	2017 年	2018 年	2019 年	均　值
交通银行	总资本净额	648 797	696 927	803 597	716 440
	资产减值损失	25 381	32 095	33 535	30 337
	税后净利	73 094	73 846	74 603	73 848
	资本成本	42 116	48 021	69 776	53 304
	经济资本（EC）	623 416	664 832	770 061	686 103
	经济增加值（EVA）	30 977	25 825	48 27	20 543
	RAROC	0.055 2	0.043 1	0.007 0	0.035 1

由表 9-1 可知，工商银行 RAROC 3 年均值为 0.071 9，建设银行 RAROC 3 年均值为 0.073 5，中国银行 RAROC 3 年均值为 0.052 1，农业银行 RAROC 3 年均值为 0.049 4，交通银行 RAROC 3 年均值为 0.035 1。表 9-2～表 9-4 是 2017—2019 年各银行分业务层面的经济资本相关指标测算结果，将其业务分为公司金融业务、个人金融业务、资金交易业务和其他业务。

表 9-2　2017 年国有商业银行分业务层面的经济资本相关指标测算结果

银行名称	指　标	公司金融业务	个人金融业务	资金交易业务	其他业务	均　值
工商银行	EC	1 391 006	552 721	4 946	172	487 211
	EVA	36 083	67 515	55 095	2 190	40 221
	RAROC	0.028 8	0.135 6	12.364 6	14.157 8	6.671 7
建设银行	EC	1 193 112	361 904	24 443	35 609	403 767
	EVA	6 665	30 728	51 405	−1 951	21 712
	RAROC	0.006 2	0.094 3	2.334 4	−0.060 8	0.593 5
中国银行	EC	1 138 004	296 935	20 998	35 860	372 949
	EVA	12 143	23 051	65 595	2 001	25 697
	RAROC	0.011 8	0.086 2	3.467 5	0.061 9	0.906 9
农业银行	EC	1 215 078	205 147	39 987	8 970	367 295
	EVA	−28 270	48 239	15 869	−92	8 937
	RAROC	−0.025 8	0.261 0	0.440 5	−0.011 4	0.166 1
交通银行	EC	253 009	311 708	53 082	5 616	155 854
	EVA	23 543	−26 410	12 616	690	2 610
	RAROC	0.103 3	−0.094 1	0.263 8	0.136 3	0.102 4

表 9-3　2018 年国有商业银行分业务层面的经济资本相关指标测算结果

银行名称	指　标	公司金融业务	个人金融业务	资金交易业务	其他业务	均　值
工商银行	EC	1 570 899	547 059	4 962	13 952	534 218
	EVA	22 094	61 111	60 533	−322	35 854
	RAROC	0.015 6	0.124 0	13.541 5	−0.025 6	3.413 9

续　表

银行名称	指　标	公司金融业务	个人金融业务	资金交易业务	其他业务	均　值
建设银行	EC	1 613 152	21 736	−3 838	96 721	431 943
	EVA	−107 622	93 227	59 068	−8 184	9 122
	RAROC	−0.074 1	4.761 0	−17.084 0	−0.093 9	−3.122 8
中国银行	EC	1148 306	391 241	49 034	26 124	403 676
	EVA	−39 722	3 548	65 987	4 082	8 474
	RAROC	−0.038 4	0.010 1	1.493 8	0.173 4	0.409 7
农业银行	EC	1 454 585	35 203	31 251	19 029	385 017
	EVA	−13 662	82 633	22 931	−2 228	22 418
	RAROC	−0.010 4	2.605 5	0.814 5	−0.130 0	0.819 9
交通银行	EC	500 590	136 788	18 671	8 783	16 6208
	EVA	−16 506	−4 711	22 144	487	354
	RAROC	−0.036 6	−0.038 2	1.316 5	0.061 5	0.325 8

表 9 - 4　2019 年国有商业银行分业务层面的经济资本相关指标测算结果

银行名称	指　标	公司金融业务	个人金融业务	资金交易业务	其他业务	均　值
工商银行	EC	1 883 716	337 113	25 860	17 232	565 980
	EVA	−32 973	80 932	54 628	−1 363	25 306
	RAROC	−0.019 4	0.266 5	2.344 8	−0.087 8	0.626 0
建设银行	EC	1 718 808	29 861	49 654	78 367	469 172
	EVA	−155 742	103 489	48 088	−9 498	−3 416
	RAROC	−0.100 6	3.846 9	1.075 0	−0.134 5	1.171 7
中国银行	EC	1 257 505	408 142	16 147	24 326	426 530
	EVA	−108 157	−2 908	39 363	29 476	−10 556
	RAROC	−0.095 5	−0.007 9	2.705 9	1.345 0	0.986 9
农业银行	EC	1 042 595	450 900	115 992	11 174	405 165
	EVA	−53 107	4 238	8 710	−935	−10 274
	RAROC	−0.056 5	0.010 4	0.083 3	−0.092 9	−0.013 9
交通银行	EC	633 060	117 885	15 472	3 645	19 2515
	EVA	−40 776	1 881	15 737	1 779	−5 345
	RAROC	−0.071 5	0.017 7	1.129 0	0.541 7	0.404 2

9.2.2　经济资本指标分析

根据上述的测算结果从银行整体层面、不同银行分业务类型层面对经济资本、经济增加值以及基于风险调整的经济资本回报率这几个指标进行了细致的分析。

(1)所示银行整体层面。图9-1所示是2017—2019年国有商业银行的经济资本情况。从银行集团层面来看,工商银行的经济资本总量最高,建设银行、中国银行与农业银行的经济资本总量基本相当,而交通银行的经济资本总量在五家国有商业银行中最低。工商银行在业务体量、资产配置多样化方面都较优于其他几家银行,更多的风险暴露也就需要更多的经济资本与之协调。按照年度时间顺序来看,随着时间的递进,各银行的经济资本总量需求都呈现增加的趋势,这也说明商业银行面临的风险是越来越高的。

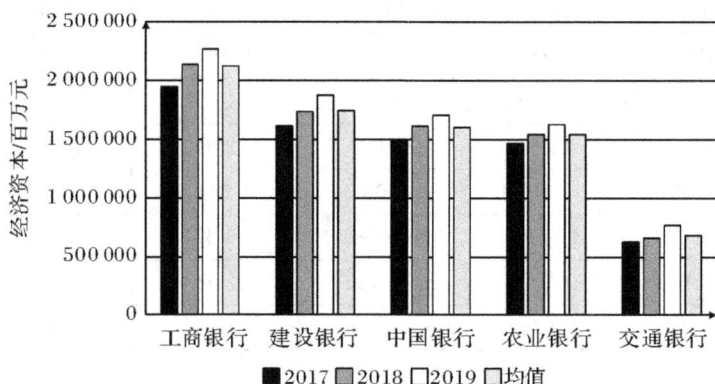
图9-1 2017—2019年国有商业银行的经济资本

由图9-2的分析结果来看,工商银行的经济增加值最高,建设银行、中国银行、农业银行与交通银行的经济增加值水平呈现逐渐递减趋势。整体上来看,各银行的经济增加值随着年份的增加呈现减少的趋势,而且从柱状图中能够看出,各银行2018年与2017年的经济增加值差值比各银行2019年与2018年的经济增加值差值小,这说明2018年至2019年各国有商业银行的企业经济利润情况不佳,下降的幅度较大。这和我国宏观经济从2018年开始步入经济转型期有密切关系。

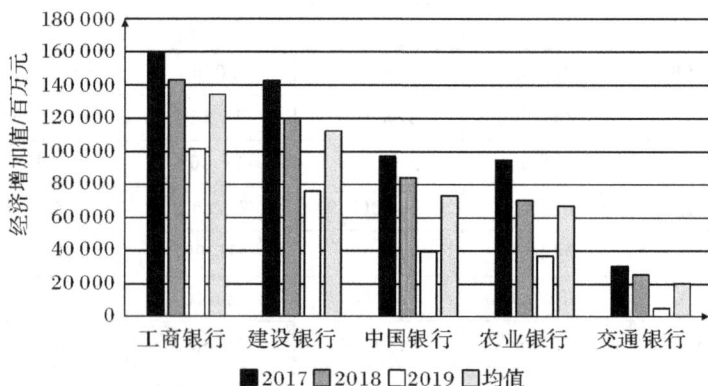
图9-2 2017—2019年国有商业银行的经济增加值

由图9-3的分析结果来看,建设银行的经济资本回报率最高,说明建设银行在考虑风险与资本约束之后的经济效益水平是最优的。建设银行也是五家大型国有商业银行中最早开展经济资本配置的银行,并且其经济资本的计量充分考虑了商业银行面临的市场风险、信用风险与操作风险,迄今为止已经在经济资本管理方面拥有了15年以上经验的建设银行在经济资本管理效果上取得了不错的成绩。

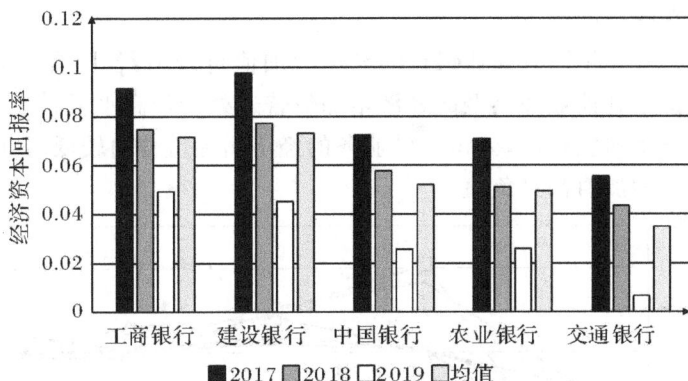

图 9-3　2017—2019 年国有商业银行的经济资本回报率

(2)不同银行分业务类型层面。图 9-4 所示是 2019 年五大商业银行分类业务的经济资本情况。由图 9-4 能够分析出,2019 年国有商业银行的经济资本占用中,公司金融业务普遍占用较高的经济资本量,原因在于国有商业银行在国家政策和产业政策扶持之下,更加倾向于发放贷款给企业,而且在企业贷款额度上也逐渐放宽,这势必需要对公司金融业务配置较多的经济资本。从经济增加值上来看,资金交易业务、个人金融业务相比于其他业务类型,能够给银行带来更多的盈利,资金交易业务相比于公司业务,具有高风险、高收益的特性,在风险控制良好的情况下,给银行带来的盈利贡献会更多。从各银行的经济增加值可以看出,工商银行与农业银行的个人金融业务经济增加值水平较高,很大程度上是因为这两家银行在个人信用评级以及财务状况分析方面下了功夫,使得个人的违约风险概率降低,在经济资本较少且经济资本成本更低的情况下,这两家银行个人业务的经济增加值处于较高水平。鉴于其他业务在银行各类业务中处于次要地位,在进行 RAROC 与 EVA 评价时不对其他业务的表现进行评述。工商银行的资金交易业务 RAROC 水平相比于其他 4 家银行都较高,这说明经济资本在工商银行绩效评价方面的应用效果明显。

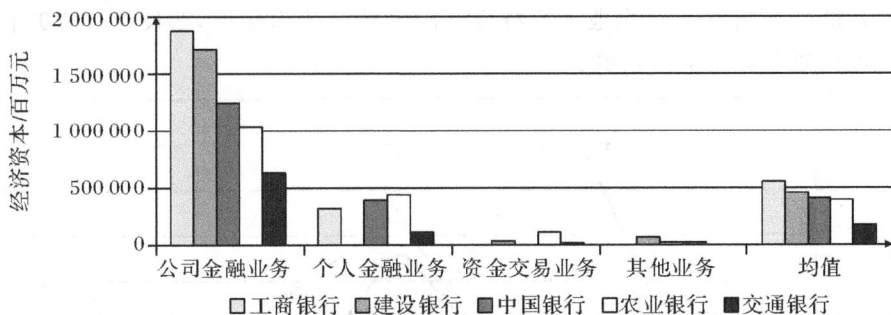

图 9-4　2019 年国有商业银行分类业务的经济资本

与 2017 年的结果相似,在 2018 年各国有商业银行的经济资本占用中,公司业务普遍占用较高的经济资本量,各银行资金交易业务的经济增加值相比于其他业务类型的经济增加值普遍处于较高水平,且都为正值。公司金融业务的经济增加值在其中 4 家商业银行都是负值,这也说明了近两年利率市场化的深入使得存贷利差收紧对公司业务对银行的利润贡献产生了较大冲击。2018 年银行资金交易业务的 RAROC 波动较大,工商银行的资金交易业务RAROC明显高于其他几家银行,而建设银行的 RAROC 却是负值,说明建设银行在资金交易业务的经济资本配置上存在一些问题。

图 9-5 所示为 2019 年国有商业银行的经济增加值折线图,各国有商业银行资金交易业务的经济增加值相比于其他业务类型的经济增加值普遍处于较高水平。工商银行与建设银行的个人金融业务经济增加值较高,公司金融业务的经济增加值普遍较低,其中除工商银行之外的 4 家商业银行经济增加值都是负值。

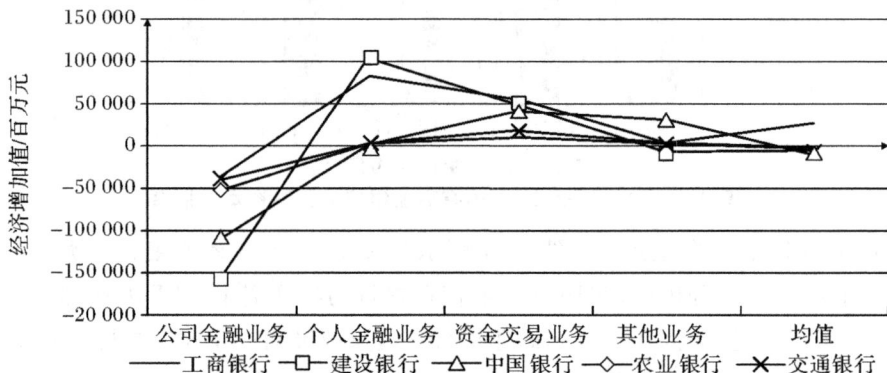

图 9-5　2019 年国有商业银行分类业务的经济增加值

由图 9-6 可以得出,工商银行的资金交易业务的经济资本配置效率在各年度都处于较高水平,而个人金融业务与公司金融业务的经济资本配置效率很低。建设银行的个人金融业务经济资本配置效率相比其他业务类型更高,而其资金交易业务在 2018 年甚至出现了负值的状况。中国银行资金交易业务的经济资本配置效率明显高于其他业务类型,个人金融业务与公司金融业务的经济资本配置效率很低,在 2017 与 2019 年都出现了负值。农业银行在个人金融业务的经济资本配置效率上相比于其他业务类型明显具有优势。资金交易业务虽然都为正,且普遍也处于较高水平,但是在 2018 年,农业银行个人金融业务的经济资本配置效率明显高于资金交易的经济资本配置效率。交通银行的资金交易业务经济资本配置效率在各业务类型中处于较高水平,但值得关注的是其个人金融业务与公司金融业务的经济资本配置效率状况较差,2017 和 2018 年个人金融业务经济资本配置效率均为负值,2018 和 2019 年公司金融业务经济资本配置效率也均为负值。

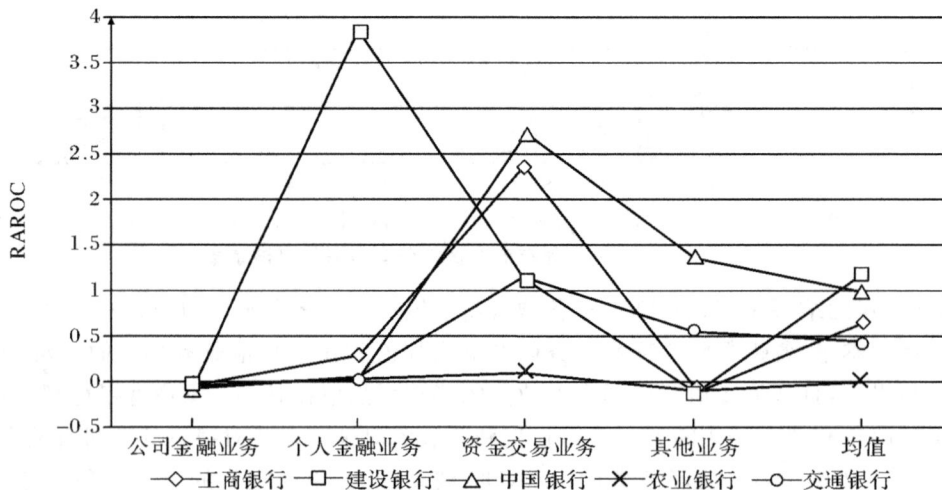

图 9-6　2019 年国有商业银行分类业务的 RAROC

综上,通过对同一类型的五家国有上市商业银行进行细致的分析可以得出:整体上中国工商银行的 EVA 是五家银行中最高的,即实现的经济利润是最多的。中国建设银行的 RAROC 在五家银行中是最高的,这说明建设银行在经济资本管理的应用方面优于其他几家银行,且能够在较少占用资本的状况下,实现经济利润。各银行资金交易业务的经济增加值普遍都较高,不同银行的不同业务在 RAROC 方面的表现各异,工商银行、中国银行与交通银行的 RAROC 水平在各年都较高,而比较不同的是,建设银行与农业银行在个人金融交易业务上的 RAROC 相比于其他业务类型处于较高水平。

9.3　银行资金配置效率测算

9.3.1　数据的统计分析

为了测算商业银行两阶段 DEA 和 SFA 效率值,选择投入产出指标见表 8－1,测算 SFA 效率值则需要各项投入指标的价格值,最终的投入产出指标见表 9－5。

表 9－5　两阶段 DEA 和 SFA 效率值测算投入产出指标

指标分类	指标名称	指标定义
投入指标	员工人数(X_1)	银行期末员工人数
	固定资产(X_2)	银行固定资产原始价值或重置完全价值减去已提折旧后的净额
	营业费用(X_3)	银行在经营活动中各项支出的总数
	劳动力价格(W_1)	员工薪酬支出/员工人数
	资金成本(W_2)	营业支出/总负债
	物质资本成本(W_3)	业务及管理费用/股东权益
中间产出指标	存款总额(X_4)	客户在银行存入款项的总数
	可贷资金价格(W_4)	利息支出/存款
产出指标	经济利润(Y_1)	拨备后利润－法定所得税－经济资本×经济资本成本率

将上述投入产出变量进行描述性统计分析,结果见表 9－6。

表 9－6　银行效率投入产出指标描述统计

指标分类	指标名称	变量	最小值	最大值	平均数	标准差
投入指标	员工人数	X_1	2 976/人	528 236/人	125 668/人	156 777
	固定资产	X_2	1 009/百万	255 800/百万	48 863/百万	62 227
	营业费用	X_3	338/百万	313 698/百万	84 716/百万	84 152
	劳动力价格	W_1	0.065 (百万/人)	0.450 6 (百万/人)	0.224 4 (百万/人)	0.252 5 (百万/人)
	资金成本	W_2	0.001 6	0.038 8	0.015 1	0.817 1
	物质资本成本	W_3	0.030	0.681	0.136	3.776

续　表

指标分类	指标名称	变量	最小值	最大值	平均数	标准差
中间产出指标	存款总额	X_4	20 988.2/百万	15 228 715/百万	201 629.3/百万	30 500
	可贷资金价格	W_4	0.008	0.089 8	0.030 9	0.013
产出指标	经济利润	Y_1	10 065.5/万	10 973 925/万	114 924.6/万	29 676

从表9-6列出的描述性统计表中可以看出,我国商业银行的员工人数、固定资产和营业费用,标准差分别为156 777、62 227和84 152,表明不同类型的商业银行利差均值差异性很大。存款总额和经济利润的标准差也很大,说明我国国有商业银行和股份制商业银行的业务能力和资产结构差异性较大。

9.3.2　两阶段 DEA 资金配置效率测算与分析

1.资金配置效率值测算

选用模型式(8-2)、模型式(8-3)分别测算本书银行2013—2019年的技术效率、纯技术效率以及规模效率。表9-7～表9-9为对测算出的样本银行的效率值,经过整理后所得的结果。

表9-7　商业银行 2013—2019 年技术效率平均值

阶段	银行	2013 年	2014 年	2015 年	2016 年	2017 年	2018 年	2019 年	均　值
来源效率	国有商业银行	0.494 8	0.667 0	0.700 1	0.747 0	0.822 8	0.915 2	0.975 7	0.760 4
	股份制商业银行	0.922 0	0.898 1	0.907 4	0.922 2	0.926 0	0.934 5	0.912 5	0.917 5
	总均值	0.708 3	0.782 5	0.803 8	0.834 6	0.874 4	0.924 8	0.944 1	0.838 9
运用效率	国有商业银行	0.589 7	0.500 6	0.680 6	0.648 5	0.581 9	0.528 4	0.487 4	0.573 9
	股份制商业银行	0.690 3	0.594 3	0.731 7	0.789 7	0.900 7	0.930 9	0.910 7	0.792 6
	总均值	0.640 0	0.547 5	0.706 2	0.719 0	0.741 3	0.729 6	0.699 0	0.683 2
总效率	国有商业银行	0.676 8	0.668 9	0.818 0	0.714 4	0.614 5	0.586 7	0.673 3	0.678 9
	股份制商业银行	0.816 3	0.865 3	0.916 9	0.956 0	0.965 3	0.986 3	0.993 7	0.928 5
	总均值	0.746 6	0.767 0	0.867 4	0.835 3	0.789 8	0.786 6	0.833 5	0.803 7

(1)技术效率的测算结果显示:①股份制商业银行来源效率的均值为0.917 5,大于我国国有商业银行来源效率的均值0.760 4,2013—2019年股份制商业银行最高的技术效率值为0.934 5,而国有商业银行最高的技术效率值为0.975 7,表明我国国有和股份制商业银行技术效率仍有提高空间,也表明我国商业银行吸收存款类资金的效率有待进一步提高。②在银行运用效率方面,测算的2013—2019年股份制商业银行的效率平均值为0.792 6,也高于国有商业银行的平均效率值0.573 9,两者均处于较低水平状态,说明我国商业银行在不变规模的情况下对所吸收的资金运用的效率不高。③从总效率看,我国股份制商业银行效率值测算为0.928 5,也远高于国有商业银行的0.678 9,这种差别主要是资金运用的差别。

表 9-8　商业银行 2013—2019 年纯技术效率平均值

阶　段	银　行	2013 年	2014 年	2015 年	2016 年	2017 年	2018 年	2019 年	均　　值
来源效率	国有商业银行	0.932 8	0.949 4	0.949 4	0.969 2	0.996 3	1.000 0	0.994 8	0.970 3
	股份制商业银行	0.938 6	0.926 5	0.937 2	0.933 6	0.937 3	0.943 0	0.923 8	0.934 3
	总均值	0.935 8	0.938 0	0.943 3	0.951 4	0.966 8	0.976 5	0.964 1	0.953 7
运用效率	国有商业银行	0.970 2	0.929 0	0.900 5	0.896 9	0.898 1	0.908 6	0.930 4	0.919 1
	股份制商业银行	0.856 7	0.797 8	0.802 7	0.859 0	0.894 2	0.917 4	0.928 7	0.865 2
	总均值	0.913 4	0.863 4	0.851 6	0.878 0	0.896 1	0.912 9	0.929 6	0.892 2
总效率	国有商业银行	0.994 2	0.950 6	0.909 8	0.905 0	0.914 1	0.952 0	0.981 9	0.943 9
	股份制商业银行	0.932 1	0.935 5	0.917 1	0.935 5	0.945 4	0.968 8	0.973 4	0.944 0
	总均值	0.963 0	0.942 0	0.913 3	0.920 1	0.929 6	0.960 3	0.977 6	0.943 7

　　(2)纯技术效率计算结果显示:①国有商业银行来源效率在 2013—2019 这 7 年间平均值为 0.970 3,大于股份制商业银行效率平均值 0.934 3,我国股份制商业银行的纯技术效率平均值达到 0.934 3,处于比较高的水平,其中工商银行、平安银行、浙商银行和恒丰银行在计算期间 2013—2019 年期间效率值测算为 1,均处于来源阶段纯技术有效状态。由此可见,我国国有和股份制商业银行在吸收资金方面纯技术效率都大于 0.75,部分商业银行效率值达到 1,表明在目前的技术水平上,商业银行在吸收资金方面的投入是有效的。②在银行运用效率方面,我国国有商业银行效率平均值为 0.919 1,大于股份制商业银行的 0.865 2,其中工商银行和兴业银行在统计期间内效率值为 1,处于纯技术有效状态,较之资金来源阶段,运用阶段处于纯技术有效状态的商业银行数量明显减少,并且银行在资金运用方面纯技术效率值差别较大且总体低于来源阶段的效率值,这也证明了我国商业银行资金的运用效率并不高。③从总效率看,国有商业银行和股份制商业银行差别不大。

表 9-9　商业银行 2013—2019 年规模效率平均值

阶　段	银　行	2013 年	2014 年	2015 年	2016 年	2017 年	2018 年	2019 年	均　　值
来源效率	国有商业银行	0.509 1	0.674 9	0.709 5	0.741 2	0.796 2	0.872 7	0.935 6	0.748 5
	股份制商业银行	0.946 1	0.930 7	0.932 0	0.948 9	0.950 3	0.953 6	0.951 6	0.944 8
	总均值	0.727 6	0.802 8	0.820 8	0.845 0	0.873 2	0.913 2	0.943 6	0.846 6
运用效率	国有商业银行	0.587 4	0.518 5	0.729 1	0.699 5	0.631 8	0.572 3	0.509 1	0.606 8
	股份制商业银行	0.756 8	0.707 7	0.867 6	0.876 6	0.965 1	0.975 3	0.941 9	0.870 1
	总均值	0.672 1	0.613 1	0.798 4	0.788 1	0.798 4	0.773 8	0.725 4	0.738 5
总效率	国有商业银行	0.655 1	0.675 3	0.863 7	0.759 8	0.652 2	0.597 6	0.661 9	0.695 1
	股份制商业银行	0.830 9	0.885 7	0.955 0	0.982 1	0.981 0	0.979 0	0.982 0	0.942 2
	总均值	0.743 0	0.780 5	0.909 4	0.870 9	0.816 6	0.788 2	0.821 9	0.818 6

　　(3)规模效率计算结果显示:①股份制商业银行在 2013—2019 年期间来源效率平均值为 0.944 8,大于国有商业银行的效率平均值 0.748 5,并且两类银行之间差距比较大。可见由于

股份制商业银行规模比国有商业银行小,船小好调头,并且获得国家政策支持,能高效地吸收资金。②在资金运用效率方面,2013—2019 年股份制商业银行平均效率值为 0.870 1,也大于国有商业银行平均效率值的 0.606 8。③从资金总效率分析,我国股份制商业银行 2013—2019 年平均效率值为 0.942 2,也大于国有商业银行的平均效率值 0.695 1,两者之间差距达 0.247 2。

综合三类效率分析结果,在银行资金来源阶段,总效率均值中纯技术效率平均值为 0.953 7,大于规模效率平均值的 0.846 6,也大于银行技术效率平均值的 0.838 9,表明了我国国有商业银行和股份制商业银行在资金来源阶段吸收存款资金方面,是较为有效率的,而总体技术效率偏低是由于规模效率无效导致,因此创新资金吸收方式,提高吸收资金效率的关键在于提高各类商业银行的规模效率。在资金运用阶段,规模效率、纯技术效率和技术效率平均值均低于资金来源阶段的三种银行效率值,这表明我国商业银行在资金运用上的效率要远低于吸收资金,表明了我国商业银行如何高效地运用吸收进来的资金以创造更高的收益是目前亟须解决的问题。总体来看,我国 2013—2019 年银行技术效率中股份制商业银行效率平均值要大于国有商业银行,纯技术效率中两类银行效率平均值在 2013—2019 年基本相等,而商业银行规模效率中国有商业银行要远低于股份制商业银行,因此综合来看,全国股份制商业银行比大型国有商业银行在整体运营上有更大的优势。

2. 测算结果分析

从大型国有商业银行和全国股份制商业银行分析其规模效率、纯技术效率和技术效率,将 2013—2019 年两种类型商业银行的三类效率平均值绘制成折线图,规模效率、纯技术效率和技术效率分别用 SCALE、VRS、CRS 来表示,并且将资金来源阶段用"1"表示,银行资金运用阶段用"2"来表示,总体过程采用"3"来表示绘制折线图。图 9-7 和图 9-8 所示分别为大型国有商业银行和全国股份制商业银行 2013—2019 年各资金来源和运用阶段的 3 种效率平均值的折线图。

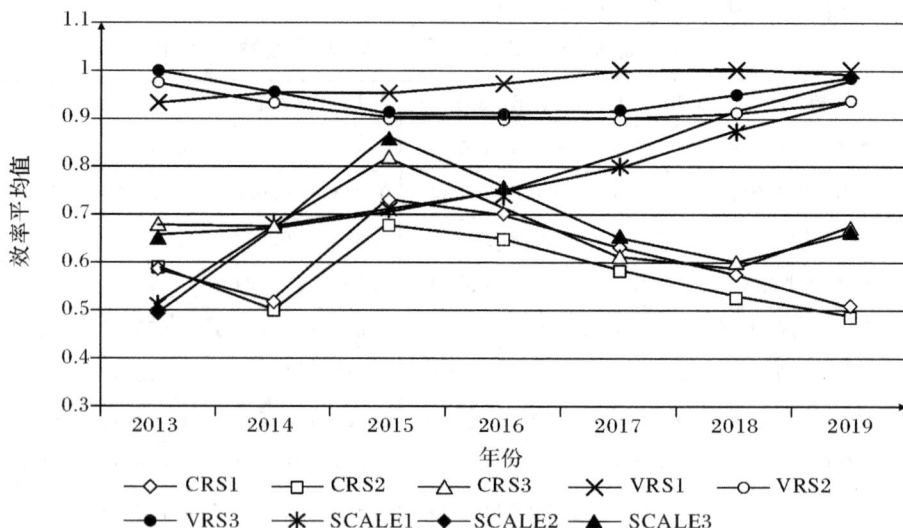

图 9-7 2013—2019 年国有商业银行各阶段 3 种效率平均值

图 9-7 所示为 2013—2019 年我国国有商业银行 3 种效率平均值,可见,从国有商业银行

各阶段 3 种效率值来看：资金来源阶段效率值大于总过程平均效率值，大于资金运用阶段平均效率值。并且资金来源阶段的 3 种效率值从 2013 年到 2019 年总体呈现增长的势态，说明我国国有商业银行吸收存款资金的能力逐年稳步提升。从资金运用阶段的 3 种效率值分析，技术效率和规模效率仅在 2014 年到 2015 年有较为明显的增长，自 2015 年开始整体呈现下降态势，表明国有商业银行运用资金的效率较低，放贷能力增长乏力，利润实现越来越困难。一方面说明了企业融资渠道多元化，互联网金融发展对商业银行业务造成了冲击，另一方面也说明商业银行竞争越来越激烈，国有商业银行在实现利润时更加关注市场金融风险，为保持低水平的不良贷款率，宁可不放贷也不轻易冒风险，造成大量可贷资金滞留在银行体系内部而不能有效地运用起来为银行带来利润，并且新型金融创新业务开展缓慢造成创收效果不佳。由于资金来源过程差别不大，所以总过程趋势与资金运用阶段基本一致，说明影响国有商业银行整体效率提高的关键阶段在于对所吸收资金进行合理有效的运用。同时 3 个阶段效率均值均表现出商业银行纯技术效率高于银行规模效率，而规模效率则高于银行技术效率，这进一步证明了我国国有商业银行效率提高的制约因素在于规模问题，规模不经济限制了其自身效率的进一步提升。

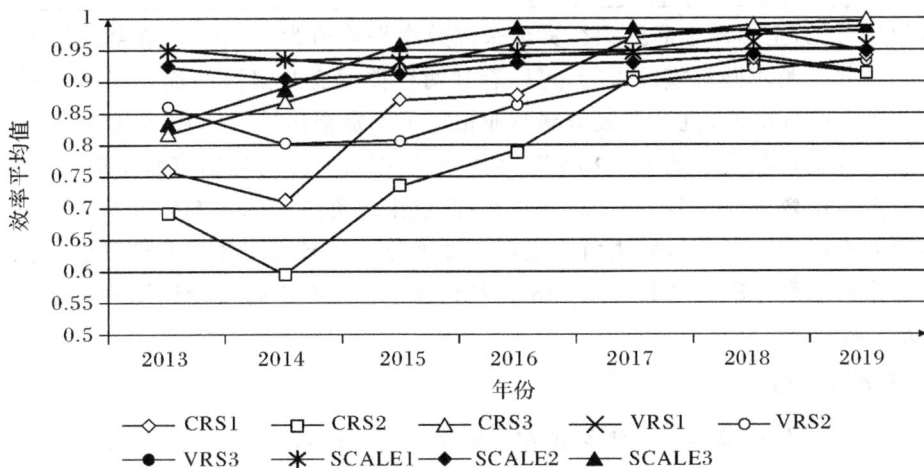

图 9 - 8　2013—2019 年股份制商业银行各阶段 3 种效率平均值

图 9 - 8 所示为 2013—2019 年我国全国股份制商业银行 3 种效率平均值，可见，从各阶段 3 种效率值比较来看，资金来源阶段与总过程相差不大，且两者均高于资金运用阶段的效率平均值。商业银行资金来源阶段的规模效率、纯技术效率和技术效率均值在测算期间均处于较高水平，没有较大幅度的波动，表明我国股份制商业银行在吸收资金方面一直处于较高水平且保持持续稳定状态。同时，资金运用阶段的 3 种效率值在 2014 年后呈现较大幅度的增长，说明股份制商业银行对所吸收资金的运用较为有效，资金运用效率高，其银行创收能力强。总体过程的 3 种效率值在 2015 年后要高于资金来源阶段，这是由资金运用阶段效率的提升带来的。同时规模效率、纯技术效率和技术效率阶段效率值均呈现纯技术效率大于技术效率，规模效率大于纯技术效率，尤其是 2015 年以后测算结果显示更为明显，这表明全国股份制商业银行效率提高的关键因素并不在于规模问题，资金来源阶段的效率处于较高水平且保持稳定，资金运用阶段效率的不断提高需进一步提高高水平的吸收资金的效率。

9.3.3 两阶段 SFA 资金配置效率测算与分析

1. 效率测算

测算了全部样本银行、国有银行与股份制银行资金来源和资金运用效率,结果见表 9-10。

表 9-10　我国商业银行两阶段效率测算结果

种 类	国有商业银行		股份制商业银行		全部样本银行	
类 型	来源效率	运用效率	来源效率	运用效率	来源效率	运用效率
最小值	0.834 8	0.825 1	0.774 1	0.643 3	0.774 1	0.643 3
最大值	0.930 9	0.929 1	0.948 0	0.926 5	0.948 0	0.929 1
中位数	0.877 6	0.892 4	0.893 5	0.789 9	0.892 6	0.798 3
标准差	0.036 9	0.049 6	0.042 8	0.083 5	0.040 9	0.087 0
平均值	0.878 2	0.880 1	0.888 1	0.777 5	0.885 9	0.791 6
标准差系数	0.042 0	0.056 4	0.048 2	0.107 4	0.055 3	0.109 9

分析数据可见,全部样本商业银行资金来源效率平均值为 0.885 9,资金运用效率平均值为 0.791 6,比较两类不同规模的银行,可以看到两种类型商业银行的资金来源效率均高于银行资金运用效率的标准差,且全国股份制商业银行平均资金运用效率较高,达到 0.888 1,国有商业银行平均资金来源效率则为 0.878 2。而资金运用效率高的是国有商业银行,股份制商业银行平均资金运用效率为 0.777 5。总体来看,商业银行资金来源效率标准差系数为 0.055 3,而资金运用效率则为 0.109 9,表明商业银行资金来源效率与运用效率差异较小,其中,股份制银行的资金来源效率标准差系数为 0.048 2,差异较大。国有银行资金运用效率标准差系数为 0.056 4,差异较小。

2. 测算结果分析

2013 年以来银行资金来源效率变化分析如图 9-9 所示。

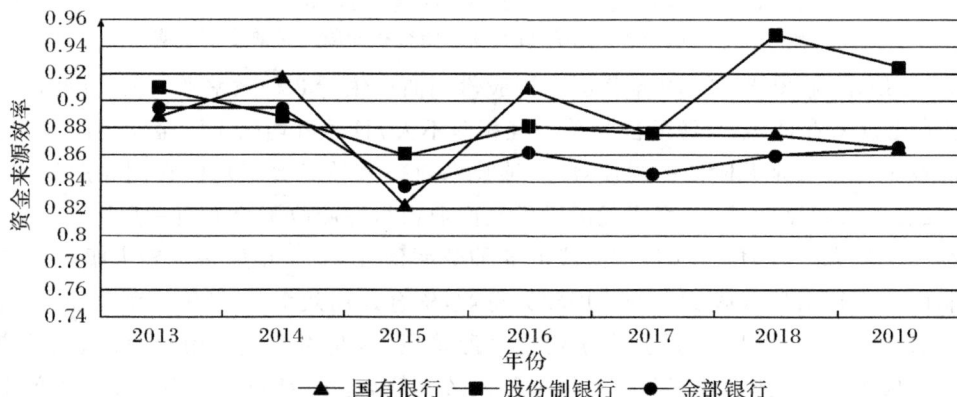

图 9-9　商业银行 2013—2019 资金来源效率情况图

可见股份制商业银行提高较快,尤其是 2015 年以后,股份制商业银行资金来源效率有大幅提高,其平均资金来源效率均超过国有商业银行。而与此相对应,国有银行在 2015—2016 年有较大提高以后,从 2016 年开始逐渐下降,与股份制商业银行的差距逐渐有扩大的趋势。

银行资金运用效率变化分析如图 9 - 10 所示,在 2013—2019 年间,国有银行资金运用效率一直较股份制商业银行高,从资金运用效率波动幅度来看,股份制银行资金运用效率波动最大,且两类银行之间效率变化的方向基本一致。股份制银行资金运用效率在 2017 年有大幅提高,但与国有银行的资金运用效率仍有较大差距。

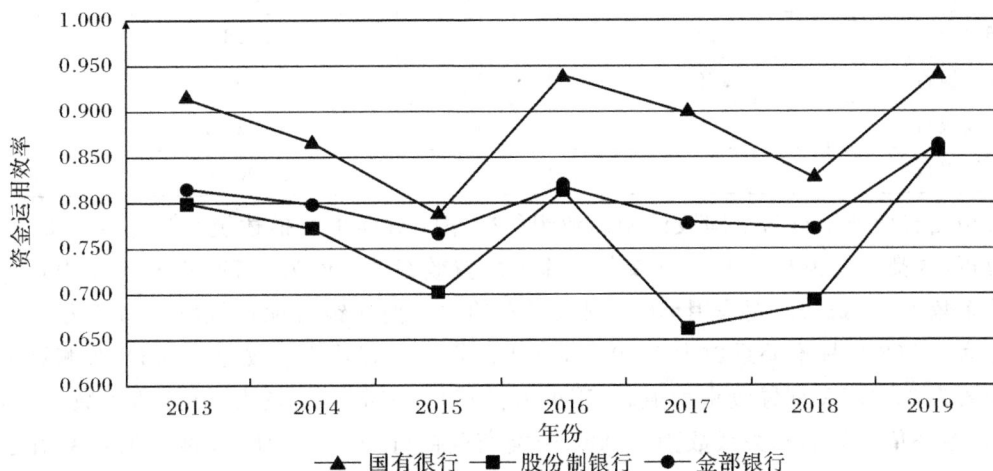

图 9 - 10　商业银行 2013—2019 资金运用效率情况图

9.4　SFA 与 DEA 效率的配对样本检验

为检验 SFA 和 DEA 的效率值差异,并在选择商业银行效率的影响因素中采用的效率值,对 SFA 与 DEA 方法测算出来的大型国有商业银行与全国股份制商业银行资金效率总值进行配对样本检验,考察采用两种不同效率方法测算出来的配置效率值是否存在显著的差异性。测算结果的效率均值排序情况见表 9 - 11。

表 9 - 11　SFA 与 DEA 法计算的平均配置效率情况表

银　行	SFA 配置效率值	排　序	DEA 配置效率值	排　序
工商银行	0.922 9	2	0.766 7	10
农业银行	0.892 4	3	0.549 0	17
中国银行	0.825 1	6	0.637 1	14
建设银行	0.929 1	1	0.660 7	13
交通银行	0.831 0	5	0.619 4	15
兴业银行	0.869 2	4	1.000 0	1
招商银行	0.816 7	7	0.896 6	8
上海浦东发展银行	0.804 0	8	0.823 3	9
中信银行	0.798 3	9	0.699 7	12
光大银行	0.790 0	10	0.766 0	11
浙商银行	0.789 0	11	1.000 0	4

续　表

银　行	SFA 配置效率值	排　序	DEA 配置效率值	排　序
平安银行	0.759 3	12	0.984 6	5
民生银行	0.748 9	13	0.962 9	6
华夏银行	0.722 4	14	0.558 3	16
恒丰银行	0.663 5	15	1.000 0	2
广发银行	0.652 7	16	0.920 4	7
渤海银行	0.643 3	17	1.000 0	3

　　大型国有商业银行与全国股份制商业银行效率配对样本的描述统计见表 9-12,从统计结果分析,两类商业银行采用 SFA 测算出来的配置效率的均值为 0.791 6,标准差为 0.087 0,标准差系数为 0.109 9。而采用 DEA 测试出来的两类商业银行配置效率的均值为 0.814 3,标准差为 0.168 4,标准差系数为 0.206 8,SFA 测算出的有效值个数为 0,而 DEA 测算出的有效值个数为 3。DEA 配置效率均值较 SFA 大,而效率离散程度较大,有效值个数较多,SFA 和 DEA 效率值之间的相关系数为 0.026,两类商业银行 2013—2019 年测算的效率值之间相关程度较低。

表 9-12　配对样本描述性统计

Index	Data	Min	Max	Mean	Std	Coe of var
SFA 配置效率	17	0.643 3	0.929 1	0.791 6	0.087 0	0.109 9
DEA 配置效率	17	0.549 0	1.000	0.814 3	0.168 4	0.206 8

　　大型国有商业银行与全国股份制商业银行效率配对样本的 T 检验结果见表 9-13,从表中分析两类商业银行 SFA 与 DEA 配置效率值配对差的均值为 0.0413,标准差为 0.2074,T 统计量值为 1.833,自由度为 9,T 检验的显著性概率值为 0.877 5,远大于 0.05 的临界值,证明了两类商业银行 SFA 效率均值和 DEA 效率均值没有显著的差异。

表 9-13　配对样本 T 检验

Index	Mean	Std. Dev.	T Statistic	Df	Prob> t
SFA 值-DEA 值	0.041 3	0.207 4	1.833	9	0.877 5

　　通过比较分析可见,大型国有商业银行与全国股份制商业银行 SFA 测算的配置效率均值均大于采用 DEA 方法测算的配置效率均值,而测算的效率离散程度较低,表明大型国有商业银行与全国股份制商业银行 SFA 和 DEA 效率均值没有显著的差异。

9.5　小　　结

　　本章首先确定了研究样本和研究时间,选择 2013—2019 年利率市场化深化改革时期我国五家国有商业银行和 12 家股份制商业银行为研究样本,并对商业银行的经济资本进行了测算和分析,分析不同年度和类型的商业银行经济资本占用情况,结果显示工商银行的经济资本总量最高,交通银行的经济资本总量在五家国有商业银行中最低。工商银行的经济增加值最高,建设银行、中国银行、农业银行与交通银行的经济增加值的变化呈现递减趋势。2019 年国有商业银行的经济资本占用中,公司业务普遍占用较高的经济资本量。其次,通过两阶段 DEA 和两阶段 SFA 两种效率方法测算了大型国有商业银行和全国股份制商业银行资金配置来源效率、配置效率和总效率。采用 DEA 方法测算国有商业银行各阶段效率值表明,资金来源阶段效率值大于总过程平均效率值,大于资金运用阶段平均效率值,并且资金来源阶段的三种效率值从 2013 年到 2019 年总体呈现增长的势态。资金运用阶段国有商业银行运用资金的效率较低,同时三个阶段效率均值均表现出商业银行纯技术效率高于银行规模效率,而规模效率则高于银行技术效率。全国股份制商业银行资金来源阶段与总过程相差不大,且两者均高于资金运用阶段的效率均值。商业银行资金来源阶段的规模效率、纯技术效率和技术效率均值在测算期间均处于较高水平,没有较大幅度的波动。采用两阶段 SFA 效率方法测算结果表明,两种类型商业银行的资金来源效率均高于银行资金运用效率的标准差,且全国股份制商业银行平均资金来源效率较高,商业银行资金来源效率与运用效率差异较小。最后,对 DEA 和 SFA 测算的总体效率进行了配对样本 T 检验,大型国有商业银行与全国股份制商业银行 SFA 测算的配置效率均值均大于采用 DEA 方法测算的配置效率均值,而测算的效率离散程度较低,表明大型国有商业银行与全国股份制商业银行 SFA 和 DEA 效率均值没有显著的差异。

第10章 利率市场化下商业银行产权结构对资金配置效率影响实证分析

本章在国有、全国股份制以及城市商业银行产权结构对资金配置效率的影响分析基础上，以 SFA 效率和 DEA 效率测算值为资金配置效率的衡量指标，以宏观经济指标和银行自身因素为解释变量，采用 Tobit 模型测算利率市场化和产权结构对资金配置效率的影响，并做稳健性检验。

10.1 产权结构对银行资金配置效率的影响分析

10.1.1 国有商业银行产权结构的影响分析

由我国国有商业银行股权结构分析可知，国有股占比"一股独大"是其最突出的特征，一方面给银行资产配置效率产生有利的影响，另一方面也带来了负面的影响。国家作为第一大股东对银行事务拥有绝对的掌控权，同时其权威性也使得其他股东对于银行做出的决策不会持反对意见。这样，国家拥有对商业银行事务绝对的决策权，既保证了银行各项事务的顺利实施，也无形中加强了银行的信誉度，方便了各项业务的经营与拓展。

我国五大国有银行均在上交所与深交所同时挂牌上市，工商银行、农业银行、中国银行、建设银行四大国有商业银行的第一大股东均是属于国家股权的汇金公司，截至 2019 年中国银行汇金公司持股比例达 64.02%，建设银行持股达 57.11%，两家银行持股比例均超过 50%，国有股占绝对控股，这说明了国家对银行调控的绝对控制权。农业银行也持股 40.03%，工商银行持股也达 34.71%，交通银行作为中国第一家全国性的国有股份制商业银行，第一大股东为中央财政部，占比 26.53%，其中前五大股东占总股数的 72.06%。从上述数据分析看出，我国国有银行国有股份仍然占据着股权结构中的重要地位。国有大行汇金和财政部持股比例高，持股高度集中。四大商业银行的财政部和汇金合计持股均超过 50%，交通银行财政部持股 26%，汇丰持有 19%，社保持有 14%，前三大股东合计持股占比达到 59%。与此同时，除交通银行外，其他四大行前五大股东持股比例综合均高达 90%以上，股权高度集中于大股东手中。

但是国家作为国有商业银行的第一大股东持股占比过高也对银行效率的提高造成一定的负面影响。持股很大的大股东容易发生为了私人利益而不顾银行利益从而发生使其他股东的利益受损的行为,国家是第一大股东同样也会如此。因为国家自身代表的政治立场以及社会职能要求国家的目标是维持社会经济秩序稳定、经济持续增长等目标,这与银行作为一个企业要追求利润最大化的目标有时是互相矛盾的。当经济萧条时,国家行使其权威强制要求银行向中小企业输出贷款,但是宏观大环境的影响下,中小企业仍然会破产,从而会使商业银行的不良贷款率增加。而当经济回温直至过度繁荣时,国家为了维护宏观经济稳定,会限制商业银行的贷款量,中小企业不能获得大量贷款,被迫放弃好的利润丰厚的项目,那样不但企业的收入减少,同时也会造成银行的收入减少。这两种情况的出现都违背了银行利润最大化的经营目的。

同时,国有商业银行中国家是委托人,但国家并不是一个具体的人,因此其中存在委托人虚置的问题。国有产权的非人格化,将导致委托人不能由某个个体承担,而存在着多个代理人问题,这反而弱化了委托人对代理人的约束和监督,形成“内部人控制”的现象。

10.1.2　股份制银行产权结构的影响分析

股份制商业银行股权结构分化,集团公司不但持股银行比例较高,而且具有较强的增持的动力。截至 2019 年年底,中信有限公司持有中信银行 65.37% 股份,中国平安保险(集团)股份有限公司持有平安银行 49.56% 的股份,中国光大集团股份公司持有光大银行股份 25.43%。另外,股份制商业银行比起国有商业银行股权集中度较低。从前五大股东持股比例来看,截至 2019 年,12 家股份制商业银行中持股比例最高的为中信银行,持股比例高达 96.21%。其次为恒丰银行,持股比例也高达 93.74%。广发银行和渤海银行前五大股东持股比例也较高,分别达到 87.039% 和 82%。除过这四家银行以外,其余各股份制商业银行的前五大股东持股比例也相对不高,华夏银行前五大股东持股比例为 69.07%,浦发银行前五大股东持股比例为 59.98%。股份制商业银行中前五大股东持股比例最低的为兴业银行,持股比例为 35.77%,其次为招商银行,持股比例为 47.29%,民生银行持股比例为 47.65%,也比较低。股权相对分散。

股份制商业银行股权争夺非常激烈,股权价值也值得高度关注。由集团公司控股的商业银行,股权都较为集中,股东为了保证自己的股份份额与话语权,增持股份的动力很足。相对较为分散的股份带来商业银行的激烈股权争夺。此前民生银行、浦发银行和招商银行的争夺比较突出,控制权能取得的商业银行已经尘埃落定,对参股价值的追求也日益激烈。第二大股东、第三大股东的排位也逐步明确。随着股份制银行参股瓜分殆尽,参股公司进一步关注城市商业银行,最优选择就是股权较为分散的银行如北京银行等。各投资方均不断有行动,人保、天安、华夏人寿也不断增持银行股份。

全国性股份制商业银行的产权结构各异,其产权集中度总体介于全国性商业银行和城市商业银行之间,有的银行国有股占比很高,第一大股东占比高,产权结构集中,如中信银行。而有的银行与之相反,产权结构分散程度很高,如民生银行。较为分散的股权结构提高了银行的资产配置效率。首先对于这类型银行而言,国家的股权相对较低,不再有绝对的控股权,此时尽管政府的一些企业贷款政策措施也会波及到银行的经营,但影响相对来说较小,此类商业银行股东会更多的出于自身的利益最大化角度开展业务,甚至会有一些银行巧妙地采取措施来规避政府政策带来的不利影响,从而达到银行利润最大化的经营目标。其次,全国性股份制商业银行采用内部产权结构多元化和明晰化模式,将更多的股权下放,由其他境内投资人持有,并且引入多元化产权,包括境外投资人。产权制度的明晰化避免了经济行为过程中出现的很多不确定性,大大降低了企业的经营成本,减少了"搭便车"行为的产生。内部产权结构多元化与外部市场竞争性机制结合起来,委托代理人开始有了种瓜得瓜的心理,为了使自身利益的最大化,业务经营的积极主动性有了很大的提高。同时股东之间相互制约,起到了互相监督的作用,使得银行效率得到了很大的提高。

10.1.3　城市商业银行产权结构的影响分析

城市商业银行大多由地方国资主导,其产权对国企、央企和外资的参股较易接受,如北京银行的第一大股东为 ING BANK N. V. ,占比为 14.87%,杭州银行的第一大股东为澳大利亚联邦银行(Commonwealth Bank of Australia),占比 18.00%,西安银行第一大股东为加拿大丰业银行,占比 17.99%。城市商业银行股权主导归属地方国有资产,上市银行作为地方政府的优质资产,大部分政府出让大股东地位以分散股权,地方政府出资能力有限,并且上市银行二级市场买入不可控,与此同时银行需要资本的补充,所以对于外来股东也是持相对更加宽容的态度。

尽管我国城市商业银行是股份制,然而,由于其本身发展背景使其与其他商业银行还是有以下区别:①城市商业银行以前是城市信用合作社,所以包含了其合作制的经营特点、地域性经营等特点。②城市商业银行的大部分股本是来自于各地方的政府、企业和居民,地域对其发展起限制的作用,而且各地方政府在对银行参股进行资金支持的同时,也会更多干涉银行的经营活动。③城市商业银行由于受限于其所在地域,对当地企业和居民进行服务,所以经营业务的扩展有较大难度。

城市商业银行的产权结构中国有股占有一定的比例,这点类似于股份制商业银行。但是不同的是,股份制商业银行的国有股持有人是国家,而城市商业银行的国有股持有人多是地方政府。国有股的存在同样对企业存在有利有弊的影响:①地方政府对银行起到了监督作用,同时地方政府持有的大量闲置资金都存入由其控股的城市商业银行中,大量的存款为商业银行提供了相当数量的可贷资金,政府的项目也会交给城市商业银行来完成,促进了银行自身的发展。②地方政府的控股也给城市商业银行带来一些不利影响,比如地方政府作为持股股东,其收益并不由个人所有,且地方政府不必承担风险,利润激励和风险激励的缺乏使得地方政府在经营方面关注度不够,也成为地方政府干预市场经济运行的工具。

城市商业银行普遍第一大股东持股比例较低,股权高度分散,此时每个股东所持股份较少,避免了"一股独大"带来的弊端,可以在股东之间形成一种互相制衡的机制,但是每个股东都持有比较低的股份时,他们自己起到的作用有限且对其他股东的制约作用有限,容易出现懒散心理,缺乏经营动力,也不利于股东内部互相监督制衡机制发挥作用。

城市商业银行股权高度分散的情况下,股东持有很低的股份,此时代理人掌握了银行经营的实际控制权,但是股东和代理人目标的不一致使得代理人在战略抉择方面易使股东的利益受损,而分散的股权又使得个别股东没有能力去干预经理人的决策,从而一定程度上造成银行效率的低下。

10.2 宏观经济因素对银行资产配置效率影响分析

影响银行效率的因素,不仅有各商业银行经营管理的内部原因,也有商业银行作为特殊的企业所面临且无法控制的外部环境因素。宏观经济因素会对商业银行的资产负债规模、银行的集中度、营业成本以及不良贷款率等各方面产生直接影响,从而对银行的效率与生产增加值施加影响。宏观的层面可以将驱动金融机构绩效的因素分为战略、战略执行及环境三个层面。具体来说,可以将影响银行业的主要因素归为银行规模、专业化程度、银行的风险特征和外部市场 4 种。

金融体制改革、通胀率、税收以及整个金融行业的市场现状都能够对商业银行的资金配置效率产生不同的影响。在存贷利率市场化背景下,资金成本和利润来源不仅加剧了银行业同业之间的竞争,银行内部的经营管理与发展战略计划也要重新进行布局。中央银行仅对存款与贷款利率设置警戒线与浮动比例,那么各商业银行则在存贷款利差缩小情况下需要积极的探索表外业务,开展各种其他金融投资形式与业务创新。在这种背景下,势必会对经营资金的商业银行的资金配置效率产生影响。

国家金融监管政策的变动对于银行进行资金管理也会产生影响,监管机构如果对银行业设置较高的不良贷款率,商业银行的资金配置效率就会降低。这也说明不良贷款率对于银行资金配置效率是有负向影响的。

银行业之间的良性竞争、银行业的改革对于资金配置效率是有一定促进作用的。现阶段,整个金融行业中各类金融机构的类型丰富,这几年互联网金融的发展更是丰富了整个金融行业的结构。银行业作为金融行业中较早也较为成熟的行业,面临更多的内外部竞争,银行业之间的良性竞争能够激发各银行内部加强风险管理,改变经营思路,从而间接地影响其资金配置的效率。

10.2.1 国内生产总值(GDP)的影响分析

国内生产总值(GDP)被公认为是衡量国民经济总体状况的重要指标。国家经济状况良好,意味着在全国范围内有良好的经济环境,也为商业银行的迅速发展提供了和平稳定的外界环境,有利于银行扩大信贷规模、优化资产结构从而提高资产配置效率。

从存贷款角度来看,GDP 增速快,意味着居民有更多的可支配资金,那么企业的盈利能力也将得以加强,整体经济状况良好,人们在合理支出后可以有更多的钱进行储蓄,企业也有更多的闲置的钱存在银行,银行的存款量增加,将会有更多的可贷资金用于其他方面的投资。反之,如果 GDP 增速减少,说明整体经济状况不好,无论是个体还是企业的可用资金不多,这样银行不仅不能获得更多的存款,有些企业为了能维持经营还需要向银行进行贷款,经济整体呈衰退态势,一些企业的破产导致银行贷款转变为坏账,银行资产配置效率降低。

从商业银行经营角度看,GDP 的变化也给银行决策者关于经济形势的信号,银行决策者据此对各项事务进行决策,从而改变了商业银行经营的目标以及方式,最终对资产配置效率造成影响。当 GDP 增加时,银行决策人收到经济形势好的信号,开始扩大业务量,以期获得更多的利润。当 GDP 减少时,银行决策人收到经济形势转差的信号,加强风险防范,缩减借贷规模,以减少损失。

10.2.2 货币供应量(M_2)的影响分析

货币供应量一般划分为狭义货币供应量(M_1)以及广义货币供应量(M_2),本书中货币供应量指的是广义货币供应量(M_2),包括货币和准货币,对银行资产配置效率产生影响可以从两个角度出发,即 M_2 对资产配置效率的直接影响,还有通过影响市场资本环境从而间接影响银行资产配置效率。

M_2 对银行的影响取决于存贷利差值,而这几年来 M_2 直接对银行有下述两种影响:①M_2的增加可以使得市场的流通资金增加,增加了商业银行的可贷资金,贷款余额的增加会带来商业银行的利息收入的增加,从而使得银行经营利润增加,资产配置效率上升。②M_2 增加,货币供应量大于需求量,市场利率整体下降,从而造成银行存贷款利率下降,由各项贷款增加带来的利息收入的下降和各项存款引起的利息支出的增加。因此 M_2 对银行的影响取决于存贷利差值,而这几年来银行数量众多且银行业竞争激烈,存贷利差的缩减为不争事实,所以存贷利差对银行效率的影响不能忽略。理论上来说,M_2 增加对银行的影响为正相关关系。

从 M_2 通过资本环境对商业银行影响的角度看,M_2 的变化影响银行的经营决策,银行会根据 M_2 变化来调节经营目标和经营策略。同时这也影响商业银行在运营过程中的成本和利润,M_2 的变化还会造成企业投资热情的变动,经济繁荣时期可以增加利润量,经济衰退或者泡沫时期会增加商业银行的不良贷款,导致效率的下降。

10.3 银行自身因素对资产配置效率影响分析

10.3.1 总资产(TS)的影响分析

我国商业银行普遍具有规模经济效应,资产配置效率与总资产(TS)呈倒 U 形关系,即在资产扩张初期,银行资产配置效率随着总资产的增加而增加,当总资产达到最高点时,资产配置效率开始随着总资产的增加而下降。

这一变化是由银行自身发展情况决定的。初期,随着 TS 的增加,银行投资热情上升,有更多的资金用于优化资产配置,收入也相应的增加,同时促进了银行内部分工专业化,降低了经营成本,利润增加。TS 的增加也加强了银行防范风险的能力,降低了银行受到的挤兑风险,雄厚的资金可以帮助银行抵御部分风险,面临资金缺口时可以在短时间内获得资金。但资产扩张后期,银行在组织经营和监督管理方面压力上涨,效率低下。

10.3.2 资本充足率(CAR)的影响分析

资本充足率(CAR)指的是银行资本与加权风险资本的比例,往往起到监测抵御银行风险、化解吸收风险的作用。CAR 对于银行资产配置效率也起到一定的作用,当资本充足率过低时,商业银行资产配置效率则随着 CAR 的增加而增加,而当资本充足率超过一定临界点时,银行资产配置效率也会随着 CAR 的增加而降低。

当 CAR 低于临界值时,随着资本投入的增加,CAR 上升,自有资本的增加使得银行股东更加关注经营管理,努力经营增加利润。同时高 CAR 也提高了银行的信誉度和抵抗风险的能力,私人和公司更加愿意选择这种类型银行进行存贷业务,提高了银行的业务量。最后 CAR 的上升也使得银行有足够的资金优化资产配置,提高了效率。而当 CAR 高于临界值时,高 CAR 意味着银行有大量的资金用于满足资本充足率的要求,这些资金被闲置并不能为银行带来利润或者只能带来极低的利润,降低了银行的效率。

10.3.3　不良贷款率(NPL)的影响分析

不良贷款率(NPL)是银行不良贷款余额与总的各项贷款的比例,不良贷款是各项贷款发放后出现违约的贷款,NPL 代表着贷款质量的好坏程度。

当 NPL 高时,即贷款质量不佳,不良贷款清收的可能性不大,而银行利润主要来自于存贷利差,贷款利息收入降低,存贷利差也随之降低,银行利润不高即资产配置效率不高。反之 NPL 越低,说明商业银行收回贷款本金和利息的风险小,不良贷款占总贷款的比例低,银行获得贷款利息收入高,获得的利润也高,从而资产配置效率高。不良贷款的变化对银行的经营产生影响,银行不得不针对不良贷款率的变化及时调整发展战略以获得更多的利润,但高 NPL 带来的低效率情况是无法阻挡的,从而导致银行竞争力降低,阻碍了银行迅速发展的脚步,降低银行效率,削弱了核心竞争力。表 10-1 列出了各变量的定义。

表 10-1　各变量定义及描述

指标解释		变量名称	变量
因变量	资金配置效率	AE	效率值
核心变量 利率	利率市场化指数	IRLI	利率市场化综合指数
	第一大股东所占比例	CR_1	第一大股东持股比例
产权结构	前三大股东所占比例	CR_3	前三大股东持股比例之和
	前五大股东所占比例	CR_5	前五大股东持股比例之和
控制变量 经营环境变量	GDP 增长率	GDP	GDP 增长率
	M_2 增长率	M_2	M_2 增长率
	固定资产投资增长率	GROW	$\dfrac{\text{本期净增固定资产原值}}{\text{期初固定资产原值}} \times 100\%$
银行特征变量	银行规模	SIZE	银行总资产自然对数
	总资产收益率	ROA	净收益除以总资产的比值
	非利息收入占比	NIIR	非利息收入/总收入
	资本充足率	CAR	银行资本对其加权风险比例
	不良贷款率	NPLR	不良贷款/各项贷款

10.4 Tobit 模型设定

Tobit 回归模型最早是由托宾在 1958 年提出的,是针对受限因变量的一种回归模型。由于本书的因变量银行效率由前沿效率方法 DEA 和 SFA 测算,其取值范围在 0 到 1 之间,是一个截断数据,所以选择 Tobit 回归模型来计量我国商业银行效率影响因素。选择前面由前沿效率方法 DEA 和 SFA 测算的我国商业银行的不同年份的效率值作为被解释变量,解释变量为本章选择的内外部因素,Tobit 回归模型为

$$AE_{it} = \alpha_0 + \alpha_1 IRLI + \alpha_2 CR + \alpha_3 GDP + \alpha_4 M_2 + \alpha_5 GROW +$$
$$\alpha_6 SIZE + \alpha_7 ROA + \alpha_8 NIIR + \alpha_9 CAR + \alpha_{10} NPLR + \mu_i \qquad (10-1)$$

式中:AE_{it} 为 DEA 和 SFA 测算出的商业银行的资金配置效率值;$\alpha_1 \sim \alpha_{10}$ 为各因变量的未知系数;α_0 代表截距项;μ_i 则为误差项。

10.5 SFA 效率实证检验与影响因素分析

10.5.1 描述性统计

为全面详细地展现所选自变量的特征,对样本数据进行描述性统计,其中商业银行效率值的测算和结果在第 9 章中已经论述,此处不再赘述,核心变量和控制变量的具体情况见表 10-2。

表 10-2 各变量描述统计值

变量名称	变 量	指标解释	最小值	最大值	中位数	标准差
核心变量	IRLI	利率市场化综合指数	0.579 0	0.798 8	0.688 6	0.087 1
	CR$_1$	第一大股东持股比例	6.030 0	67.720 0	13.640 0	18.277 7
	CR$_3$	前三大股东持股比例	16.210 0	97.160 0	27.820 0	29.943 5
	CR$_5$	前五大股东持股比例	21.570 0	97.330 0	36.180 0	0.369 1
控制变量	GDP	GDP 增长率	6.680 0	10.300 0	7.700 0	1.207 2
	M$_2$	M$_2$ 增长率	11.300 0	19.730 0	13.600 0	2.515 8
	GROW	$\frac{本期净增固定资产原值}{期初固定资产原值} \times 100\%$	7.900 0	23.800 0	19.300 0	5.904 7
	SIZE	银行总资产自然对数	10.148 9	16.999 3	12.713 9	0.649 9
	ROA	净收益除以总资产的比值	0.001 0	1.720 0	0.850 0	0.523 4
	NIIR	非利息收入/总收入	0.007 6	62.380 0	0.195 5	3.431 5
	CAR	银行资本对其加权风险比例	0.092 0	17.230 0	11.200 0	0.336 5
	NPLR	不良贷款/各项贷款	0.030 0	7.210 0	0.990 0	3.574 7

由表 10-2 可知,核心变量中利率市场化综合指数最小值为 0.579 0,最大值为 0.798 8,中位数为 0.688 6。第一大股东持股比例最小为 6.030 0%,中位数为 13.640 0%,标准差为

18.277 7。前三大股东持股比例为最小值 16.210 0%，最大值为 97.160 0%，中位数为 27.820 0%，标准差为 29.94。前五大股东持股比例最小值为 21.570 0%，最大值为 97.330 0%，中位数为 36.180 0%，标准差为 0.369 1。银行特征变量中银行总资产中位数为 12.713 9，标准差为 0.649 9；净收益除以总资产的比值中位数为 0.850 0，标准差为 0.523 4，非利息收入/总收入中位数为 0.195 5，标准差为 3.431 5；银行资本对其加权风险比例中位数为 11.200 0，标准差为 0.336 5；不良贷款/各项贷款中位数为 0.990 0，标准差为 3.574 7。

10.5.2　利率市场化的影响分析

为了更加详细深入的分析我国利率市场化对商业银行配置效率的影响，本书分别就不同规模的两类银行资金来源和运用效率进行 Tobit 逐步回归分析，结果见表 10-3。

表 10-3　商业银行效率测算结果

种类	国有银行		股份制银行		全部样本银行	
类型	资金来源效率	资金运用效率	资金来源效率	资金运用效率	资金来源效率	资金运用效率
C	−0.376 5 (0.442 8)	−0.379 6 (0.622 5)	−0.075 8 (0.800 4)	−0.469 8 (0.397 2)	0.2774** (0.042 7)	0.908 8*** (0.000 0)
IRLI	0.7665*** (0.000 9)	0.907 9*** (0.006 3)	0.372 5* (0.063 1)	0.459 1 (0.339 7)	0.209 4* (0.054 3)	
GDP	0.037 8** (0.047 1)	0.053 4 (0.119 4)	0.029 5** (0.013 1)	0.104 0*** (0.008 5)	0.043 3*** (0.000 4)	0.057 8*** (0.005 8)
M_2	−0.013 8** (0.011 7)	−0.011 2 (0.303 3)	—	−0.011 6 (0.326 8)	−0.006 6 (0.109 9)	−0.009 6 (0.137 6)
GROW	0.008 3 (0.117 1)	—	—	−0.015 3 (0.126 9)	—	−0.013 8*** (0.000 0)
SIZE	0.039 2 (0.125 0)	0.0320 6 (0.435 6)	0.024 3** (0.047 8)	0.033 1 (0.180 1)	0.015 7*** (0.002 6)	−0.012 0 (0.181 1)
ROA	0.125 9* (0.098 3)	0.265 7** (0.034 7)	—	0.151 9 (0.148 7)	0.072 3*** (0.007 6)	
NIIR	−0.428 4 (0.108 9)	—	0.002 0 (0.163 4)	−0.003 3 (0.210 3)	−−0.000 6 (0.389 8)	−0.006 9*** (0.000 0)
CAR	−0.020 7 (0.148 3)	−0.034 8 (0.143 0)	0.009 4 (0.352 2)	—	−0.002 8** (0.043 4)	—
NPLR	0.047 3 (0.192 1)	—	0.023 4 (0.459 2)	−0.113 2* (0.082 2)	0.008 8 (0.345 8)	−0.059 0*** (0.000 2)
R-squared	0.710 1	0.415 6	0.171 0	0.242 5	0.098 4	0.142 5

注：*，**，***分别代表在 10%，5%，1%置信水平显著，括号内值为 P 值。

由表 10-3 回归结果分析,利率市场化指数 IRLI 对全部样本银行资金来源效率在 10% 的置信度下影响显著,而对资金运用效率不显著。从不同类型银行来看,国有商业银行利率市场化指数与银行资金来源和运用效率 P 值分别为 0.000 9 和 0.006 3,都在 1% 下显著正相关,而股份制银行资金来源效率 P 值为 0.063 1,在 10% 置信度下影响显著,资金运用效率 P 值为 0.339 7,不显著相关。

10.5.3 产权结构影响分析

研究产权结构对银行效率影响分析,选定了第一大股持股比例作为产权结构的代理变量,分析产权结构对不同规模的三类银行资金来源和运用效率的影响情况,第一大股东持股比例与银行效率的实证结果见表 10-4。

表 10-4 产权结构与银行资金配置效率的实证结果

种类	国有银行		股份制银行		全部样本银行	
类型	资金来源效率	资金运用效率	资金来源效率	资金运用效率	资金来源效率	资金运用效率
C	1.321 6* (0.080 0)	−0.379 6 (0.622 5)	−0.075 8 (0.800 4)	−0.469 8 (0.397 2)	0.158 1 (0.249 8)	0.908 8*** (0.000 0)
IRLI	0.790 7*** (0.000 6)	0.907 9*** (0.006 3)	0.372 5* (0.063 1)	0.459 1 (0.339 7)	0.220 2** (0.032 8)	—
CR₁	−0.000 004* (0.097 2)	—	—	—	−0.001 2*** (0.002 7)	
GDP	0.039 5** (0.038 4)	0.053 4 (0.119 4)	0.029 5** (0.013 1)	0.104 0*** (0.008 5)	0.044 6*** (0.000 2)	0.057 8*** (0.005 8)
M₂	−0.014 8*** (0.007 7)	−0.011 2 (0.303 3)	—	−0.011 6 (0.326 8)	−0.006 2 (0.127 4)	−0.009 6 (0.137 6)
GROW	0.007 2 (0.164 2)	—	—	−0.015 3 (0.126 9)	—	−0.013 8*** (0.000 0)
SIZE	—	0.032 0 (0.435 6)	0.024 3** (0.047 8)	0.033 1 (0.180 1)	0.024 8*** (0.000 0)	−0.012 0 (0.181 1)
ROA	0.117 7 (0.122 1)	0.265 7** (0.034 7)	—	0.151 9 (0.148 7)	—	0.072 3*** (0.007 6)
NIIR	−0.442 7* (0.096 3)	—	0.002 0 (0.163 4)	−0.003 3 (0.210 3)	−0.000 5 (0.463 8)	−0.006 9*** (0.000 0)
CAR	−0.017 7 (0.219 5)	−0.034 8 (0.143 0)	0.009 4 (0.352 2)	—	−0.002 1 (0.134 5)	
NPLR	0.036 1 (0.346 2)	—	0.023 4 (0.459 2)	−0.113 2* (0.082 2)	—	−0.059 0*** (0.000 2)
R-squared	0.714 9	0.415 6	0.171 0	0.242 5	0.119 1	0.142 5

注:*、**、*** 分别表示在 10%、5%、1% 水平显著。

(1)加入产权结构变量以后,利率市场化指数 IRLI 对效率影响仍与表 10-3 分析结果相同,利率市场化指数 IRLI 在 5% 置信度下显著,即利率市场化对我国的商业银行资金来源效率具有显著的正向影响,且对国有银行的影响显著大于股份制银行。利率市场化指数 IRLI

国有商业银行在 1% 的置信度下显著,而对股份制商业银行则不显著,因此,利率市场化对我国国有商业银行资金运用的效率具有正向的积极影响,但对股份制商业银行资金的运用效率则影响并不显著。

(2)由表 10 - 4 回归结果进行分析,作为产权结构变量的第一大股持股比例对全部样本、国有银行资金来源效率显著负相关,对股份制银行资金来源效率不显著。而产权结构对所有类型银行资金运用效率均不显著。

10.5.4 宏观变量分析

从经营环境变量分析,对全部样本银行来说,GDP 对资金来源效率和资金运用效率均显著正相关;M_2 在实证检验中,只有对国有银行资金来源效率有显著影响,对其他类型银行两种效率影响都不显著;GROW 对全部样本银行以及城市商业银行的资金运用效率在 1% 置信度下显著,而对资金来源效率影响不显著,其他银行则资金来源和运用效率都不显著。

10.5.5 银行特征变量分析

由银行特征变量分析可知,银行规模对全部样本银行以及股份制银行资金来源效率显著正相关,与资金运用效率不显著相关,而对于国有银行均不显著。总资产收益率 ROA 对全部样本银行以及国有银行资金运用的效率显著正相关,与资金来源效率不显著相关;非利息收入占比 NIIR 与全部样本银行资金运用效率显著相关,与国有银行资金来源效率显著相关;资本充足率 CAPI 则与全部样本银行不相关,但对城市商业银行来说,CAPI 与两种效率均相关。不良贷款率 NPLR 与全部样本银行、股份制银行资金运用效率显著负相关,与资金来源效率不显著相关。

10.5.6 稳健性检验

为了进一步检验结果的科学性和稳健性,本书采取多组数据进行 Tobit 逐步回归检验,即分别以第一、前三大股东和前五大股东所占比例以及利率市场化指数与 CR_1,CR_3 和 CR_5 的相互交叉项为核心变量,控制变量中经营环境和银行特征变量仍然不变进行逐项检验,由于篇幅有限,将核心变量回归结果列于表 10 - 5,其中利率市场化指数 IRLI 系数反映的是核心变量同时选取 CR_1,CR_3 和 CR_5 时的回归结果,R-sguared 反映的是同时选取相互交叉项时的回归结果。

表 10 - 5 分析,利率市场化指数在添加 CR_1,CR_3 和 CR_5 后与表 10 - 3 和表 10 - 4 结果一致,即利率市场化指数对全部样本银行资金来源效率有正向的显著影响,对资金来源效率的影响远大于资金运用效率的影响。为了进一步研究不同规模银行利率市场化下的资金效率影响,采用了利率市场化指数和银行规模的交互项 IRLI×SIZE 进行分析,同样表明全部银行和国有、股份制银行交互项显著正相关。分析不同的产权代理变量 CR_3 和 CR_5 后,回归结果基本和表 10 - 4 一致。对资金运用效率来说,除全部样本银行 CR_5 对资金运用效率显著负相关以外,其余不同类型银行均与产权代理变量 CR_3 和 CR_5 对资金运用效率显著不相关。对资金来源效率来说,全部样本银 CR_3 和 CR_5 与资金来源效率显著负相关,国有商业银行仅 CR_1 与资金来源效率显著负相关,CR_3 和 CR_5 与资金来源效率显著不相关,而股份制银行则都不相关。

表 10-5　利率市场化下产权结构与银行资金配置效率的实证结果

种 类	国有银行		股份制银行		全部样本银行	
类型	资金来源效率	资金运用效率	资金来源效率	资金运用效率	资金来源效率	资金运用效率
IRLI	0.873 0***	0.907 9***	0.446 1**	0.459 1	0.183 0*	0.230 5
	(0.000 2)	(0.006 3)	(0.038 7)	(0.339 7)	(0.082 0)	(0.380 2)
CR_1	−0.000 004*	—	—	—	−0.001 2***	—
	(0.097 2)				(0.002 7)	
CR_3	—	−0.001 5	—	0.000 6	−0.000 8***	—
		(0.279 3)		(0.489 7)	(0.004 1)	
CR_5	—	—	—	—	−0.000 5*	−0.000 8*
					(0.089 6)	(0.053 7)
IRLI×CR_1	—	—	—	—	−0.001 4**	—
					(0.014 8)	
IRLI×CR_3	0.001 8**	—	—	0.0011 7	−0.000 9**	—
	(0.026 4)			(0.365 6)	(0.028 2)	
IRLI×CR_5	0.0021**	—	—	—	−0.000 3	−0.001 1*
	(0.0205)				(0.396 6)	(0.061 6)
IRLI * SIZE	0.049 3***	0.054 1***	0.033 3***	0.044 4*	0.024 3***	—
	(0.000 2)	(0.000 7)	(0.000 3)	(0.068 4)	(0.000 2)	
R-squared	0.804 3	0.541 7	0.159 9	0.315 0	0.162 0	0.212 2

注:*,**,***分别代表在10%,5%,1%置信水平下显著。

从利率与产权的交互项分析,就全部银行样本来说,利率与第一大股东占比、前三大股东持股比例占比交互项在资金来源效率方面呈显著负相关,而资金运用效率方面只有利率与前五大股东持股比例占比的交互项呈现显著负相关。国有银行利率与前三大股东、前五大股东持股比例占比交互项在资金来源效率方面呈显著负相关,资金运用效率方面则都不相关,股份制银行则与两者效率都不相关。以上分析均与上述结果相一致,再次肯定了前文的结论。

10.6　DEA效率实证检验与影响因素分析

10.6.1　回归结果与分析

1.国有商业银行回归结果与分析

利率市场化下国有商业银行产权结构对其效率影响回归结果见表 10-6,其中列(1)为来源阶段技术效率回归结果;列(2)为运用阶段技术效率回归结果;列(3)为总过程技术效率回归结果。所用方法皆为面板数据的 Tobit 模型,每次回归结果R_{-sq}均在60%以上,表明整体拟合效果良好。

从产权性质的角度来看,根据表 10-6 发现国有商业银行 3 个阶段回归中:国有产权(OS)的系数在 1% 的水平上显著为负,表明国有产权与国有商业银行整体效率呈显著负相关;民营产权(CS)的系数在 1% 的水平上显著为正,表明其与国有商业银行整体效率呈显著正相关;外资产权(WS)在 5% 的显著水平上与国有商业银行来源阶段技术效率呈现显著负相关,而其他两个阶段均达在 5% 的显著水平与其技术效率呈现显著正相关。这表明,国有商业银行产权结构中的国有部分限制其各阶段效率水平的提高,而民营产权则对其有促进作用,外资产权对于国有商业银行不同的经营阶段作用效果不同。

从产权集中程度来看,国有商业银行第一大股东持股比例(CR$_1$)与其 3 个阶段的效率均呈现 1% 显著水平上的显著负相关,这与国有商业银行第一大股东持股比例居高不下有关。前五大股东持股比例(CR$_5$)回归结果与前者相类似。就第一大股东控股能力(Con)而言,其与国有商业银行整体技术效率在 1% 的显著水平上呈显著正相关。

观察利率市场化综合指数(IRL)在国有商业银行的三个阶段均达到 1% 水平的显著相关。对于来源阶段的技术效率来说,利率市场化起到了正面影响,这与前文分析的我国国有商业银行来源阶段效率逐年稳步提高相一致。而回归结果指出,利率市场化对于国有商业银行运用阶段的技术效率有显著的负相关性,这一点也正契合我国国有商业银行在资金的运用阶段效率不高。然而在利率市场化的背景下,商业银行可以自主选择产品定价,参与市场竞争,运用阶段效率应呈现逐步提高的趋势。究其原因,在于我国国有商业银行产权结构中国有产权持股比例依旧过高,产权集中度居高不下,前五大股东持股将近 100%,其经营目标并非股东价值最大化而是强调国有产权的稳定以保证其国有属性,相比于创造经济效益其强调更多的是在金融环境中保持稳定的状态。

表 10-6　利率市场化下国有商业银行产权结构对其效率影响回归结果

变　量	(1)		(2)		(3)	
OS	−0.976 9	＊＊＊	−1.997 5	＊＊＊	−2.710 2	＊＊＊
	(−6.191 1)		(−6.361 1)		(−4.811 2)	
CS	0.043 1	＊＊＊	0.055 9	＊＊＊	0.092 5	＊＊＊
	(4.701 2)		(4.472 4)		(5.652 4)	
WS	−0.249 8	＊＊	0.882 6	＊＊	1.327 8	＊＊＊
	(−3.102 2)		(3.113 2)		(3.663 4)	
CR$_1$	−1.229 7	＊＊＊	−1.973 3		−2.229 9	＊＊＊
	(−3.913 2)		(−3.368 0)		(−3.387 0)	
CR$_5$	−2.960 1	＊＊＊	−2.623 8	＊＊	−2.481 7	＊＊
	(−5.234 2)		(−3.112 5)		(−3.102 0)	
Con	0.334 9	＊＊＊	0.266 6	＊＊＊	0.522 6	＊＊＊
	(6.964 2)		(6.283 2)		(5.463 2)	
IRL	0.627 9	＊＊＊	−0.370 5	＊＊＊	2.286 1	＊＊＊
	(7.733 1)		(−8.523 1)		(3.724 2)	
ROA	0.764 9	＊＊＊	−0.618 3	＊＊	−0.971 2	
	(3.635 1)		(−3.096 2)		(−1.439 2)	

续表

变 量	(1)		(2)		(3)	
CAR	−0.576 6		−1.115 6	**	−2.786 3	**
	(−1.136 2)		(−3.101 2)		(−3.111 2)	
NPLR	0.538 1	***	−1.096 2	***	−1.187 7	***
	(3.635 1)		(−3.810 5)		(−3.551 5)	
NIIR	0.298 4	**	0.353 9	**	0.617 0	
	(3.112 2)		(2.991 5)		(0.686 7)	
GDP	47.635 3	*	−92.584 7	**	−201.623 8	*
	(2.023 2)		(−3.023 2)		(−2.086 2)	
M₂	21.438 2		83.410 4	***	216.343 5	**
	(0.538 1)		(5.077 2)		(3.116 2)	
GROW	0.095 4	**	−0.286 1	***	−0.097 4	
	(3.113 2)		(−3.785 2)		(−0.963 2)	
S. E.	0.038 5		0.074 8		0.089 5	
R−sq	0.9676		0.6787		0.7262	
adj. R−sq	0.9420		0.4250		0.5100	

注：①括号内为 t 值；②***、**、*分别表示在1%、5%、10%的置信水平上显著；③(1)、(2)、(3)列为国有商业银行三个阶段分别的回归结果。

2. 股份制商业银行回归结果与分析

利率市场化下股份制商业银行产权结构对其效率影响回归结果见表10-7，其中列(1)为来源阶段技术效率回归结果；列(2)为运用阶段技术效率回归结果；列(3)为总过程技术效率回归结果。所用方法皆为面板数据的 Tobit 模型，每次回归结果R−sq均在40%以上，整体拟合优度较高，符合预期。

表 10-7 利率市场化下股份制商业银行产权结构对其效率影响回归结果

变 量	(1)		(2)		(3)	
OS	−0.031 4	***	−0.071 7	***	−0.041 6	***
	(−8.894 3)		(−7.503 7)		(−7.882 9)	
CS	0.049 6	***	0.024 4	**	0.013 2	***
	(4.273 7)		(2.990 3)		(4.252 5)	
WS	0.114 2	***	−0.101 1	**	0.044 9	***
	(3.790 0)		(−2.990 8)		(5.110 2)	
CR1	0.299 2	***	1.105 5	***	0.707 3	***
	(6.514 9)		(4.120 7)		(3.669 2)	
CR5	0.068 5	**	0.685 7	**	0.381 3	***
	(3.117 7)		(3.126 8)		(4.082 5)	

续　表

变　量	(1)		(2)		(3)	
Con	0.645 8	＊＊	2.176 0	＊＊＊	1.257 2	＊＊＊
	(2.987 8)		(4.806 8)		(3.811 5)	
IRL	0.347 9	＊＊＊	0.227 8	＊＊	0.026 7	＊＊＊
	(3.493 1)		(3.117 0)		(4.028 2)	
ROA	−0.315 5	＊	−0.099 6	＊＊	−0.090 9	＊＊
	(−1.986 1)		(−3.131 4)		(−3.128 6)	
CAR	0.413 8		−0.592 5	＊	−0.019 2	
	(1.030 8)		(−1.986 4)		(−0.035 6)	
NPLR	0.172 2	＊＊＊	−0.495 6	＊＊＊	−0.299 9	＊＊＊
	(3.706 3)		(−5.733 5)		(−3.512 9)	
NIIR	0.420 6	＊＊＊	0.251 6		0.325 5	＊
	(3.375 8)		(1.354 5)		(1.974 1)	
GDP	92.846 1	＊＊	−153.126 0	＊＊	16.277 6	
	(2.999 6)		(−3.126 4)		(0.175 0)	
M₂	−88.249 7	＊＊	173.040 7	＊＊	21.535 6	＊＊＊
	(−3.139 8)		(2.998 9)		(3.354 4)	
GROW	−0.026 3	＊＊＊	−0.258 4	＊＊＊	−0.032 0	＊
	(−3.389 3)		(−3.816 3)		(−1.982 6)	
S.E.	0.103 3		0.140 3		0.138 5	
R−sq	0.475 7		0.673 1		0.455 5	
adj. R−sq	0.237 9		0.600 9		0.335 4	

注：①括号内为 z 值；②＊＊＊,＊＊,＊分别表示在1%,5%,10%的水平上显著；③(1),(2),(3)列为股份制商业银行3个阶段分别的回归结果。

从产权性质的角度来看,分析表10-7可知股份制商业银行3个阶段回归中:国有产权(OS)的系数在1%的水平上显著为负,表明国有产权与股份制商业银行整体效率呈显著负相关;民营产权(CS)的系数在1%的水平上显著为正,表明其与股份制商业银行整体效率呈显著正相关;外资产权(WS)在5%的显著水平上与股份制商业银行运用阶段技术效率呈现显著负相关,而其他两个阶段均达在1%的显著水平与其技术效率呈现显著正相关。结果与上述国有商业银行相一致。股份制商业银行产权结构中的国有部分限制其各阶段效率水平的提高,而民营产权则对其有促进作用,外资产权对于股份制商业银行不同的经营阶段作用效果不同。

从产权集中程度来看,股份制商业银行第一大股东持股比例(CR₁)与其3个阶段的效率均呈现1%显著水平上的显著正相关,这与国有商业银行的回归结果相反,原因在于股份制商业银行第一大股东持股比例不高且其产权性质为民营产权。前五大股东持股比例(CR₅)回归结果也与国有商业银行相反,原因同上。就第一大股东控股能力(Con)而言,其与国有商业银行整体技术效率在1%的显著水平上呈显著正相关,这一点与国有商业银行回归结果相一致,说明一定程度的第一大股东控股能力有助于商业银行整体效率的提升。

分析利率市场化综合指数（IRL）在国有商业银行的 3 个阶段均达到 5％ 水平以上的显著相关。就其来源阶段技术效率来说，利率市场化起到正面作用，这与前文分析股份制商业银行来源阶段效率较高的结论相符合。进一步观察表 10-7 可知，利率市场化与股份制商业银行运用阶段的技术效率亦呈显著正相关，可知我国股份制商业银行来源阶段的效率处于高水平且稳定，运用阶段效率的不断提高需进一步加速以契合高水平的吸收资金的效率，而利率市场化因素正是起到"加速器"的作用。

这点与国有商业银行回归结果不尽相同的原因正契合前文所分析的，股份制商业银行产权结构中第一大股东性质多为民营产权，少有国有产权，其比例逐年虽有所上涨但不及 30％，前五大股东持股比例同样逐年上涨，但也只有 50％ 左右，集中度并不算高，并且除前五大股东外还有许多持股比例较小的股东，股权分布较之国有商业银行尤为分散，由此充分调动了民营资本的参与程度，使得股份制商业银行本身可借助利率市场化的改革达到提高自身整体效率的目的。

10.6.2 稳健性检验

考虑到研究结果的科学性和稳健性，将计量方法进行替代对主回归进行检验。用 OLS 回归计量模型替代 Tobit 回归模型进行回归检验，在国有商业银行和股份制商业银行的基础上添加全样本进行回归分析，见表 10-8。

表 10-8 利率市场化下商业银行产权结构对其效率影响稳健性检验

变 量	国有样本		股份制样本		全样本	
OS	−2.710 2	* * *	−0.041 6	* *	−0.047 6	* * *
	(−3.884 9)		(−2.990 2)		(−3.926 7)	
CS	0.092 5	* * *	0.013 2	* *	0.029 5	* * *
	(3.492 4)		(3.118 9)		(3.719 9)	
WS	1.327 8	* *	0.044 9	* *	0.066 8	* * *
	(2.991 4)		(3.006 2)		(3.552 4)	
CR$_1$	−2.229 9	* * *	0.707 3	* * *	−0.472 9	* *
	(−3.333 8)		(3.419 1)		(−2.996 4)	
CR$_5$	−2.481 7	* * *	0.381 3	* * *	0.138 2	*
	(−3.426 7)		(3.932 2)		(1.995 1)	
Con	0.522 6	* * *	1.257 2	* *	0.840 2	* * *
	(3.351 2)		(2.998 1)		(3.359 1)	
IRL	2.286 1	* * *	0.026 7	* * *	0.856 5	* * *
	(4.059 5)		(4.025 6)		(3.954 4)	
ROA	−0.971 2	* * *	−0.090 9		0.066 2	
	(−4.088 0)		(−0.361 3)		(0.276 3)	

续表

变　量	国有样本		股份制样本		全样本	
CAR	−2.786 3	*	−0.019 2		−1.095 4	* *
	(−1.985 4)		(−0.032 2)		(−3.118 8)	
NPLR	−1.187 7	* *	−0.299 9	* * *	−0.300 9	* * *
	(−2.999 2)		(−3.383 8)		(−3.532 1)	
NIIR	0.617 0	* *	0.325 5	* * *	0.429 5	* *
	(2.919 1)		(3.607 9)		(3.013 1)	
GDP	−201.623 8		16.277 6	* * *	−56.957 0	* *
	(−1.408 2)		(4.158 6)		(−3.036 8)	
M_2	216.343 5	* *	21.535 6		86.668 5	
	(2.996 5)		(0.230 5)		(1.063 7)	
GROW	−0.097 4		−0.032 0	* * *	0.005 5	* * *
	(−0.728 4)		(−3.319 6)		(4.063 3)	
F	788.4	* * *	823.1	* * *	787.47	* * *
R_{-sq}	0.726 2		0.455 5		0.514 6	
adj. R_{-sq}	0.534 5		0.345 0		0.449 2	

注：①括号内为 t 值；②* * * ,* * ,* 分别表示在 1% ,5% ,10% 的置信水平下显著。

表 10 - 8 中,列(1)为国有商业银行总过程阶段技术效率回归结果;列(2)为股份制商业银行总过程阶段技术效率回归结果;列(3)为全样本商业银行总过程阶段回归结果,三个回归的 F 值均表现了 1% 显著水平上的显著性统计。在国有样本和股份制样本的回归结果中,国有产权(OS)对其总过程阶段技术效率在 1% 的显著水平下呈显著负相关,民营产权(CS)对其总过程阶段技术效率在 1% 的显著水平下呈显著正相关,与前文回归结果一致。其全样本回归结果与上述结果相一致,再次肯定了前文的结论。

从产权集中度来看,国有样本第一大(CR₁)、前五大股东持股比例(CR₅)均与其总过程阶段技术效率呈 1% 显著水平的负相关,股份制样本回归结果与之相反,进一步稳健地肯定了前文的结论。

观察表 10 - 8 中的利率市场化综合指数(IRL)回归结果,就三类样本而言,利率市场化均对其总过程阶段技术效率有促进作用,因此可以肯定利率市场化改革对于提高商业银行整体效率有积极的促进作用。

10.7　小　　结

本章对我国国有商业银行、股份制银行和城市商业银行产权结构对资金配置效率的影响进行定性与定量分析,从大股东持股中国有股、民营股和外资股占比分析了三类主要的商业银行的股权结构影响。分析宏观经济因素以及银行自身因素对资产配置效率的影响。采用两阶段 SFA 和 DEA 效率测算值,采用 Tobit 回归模型进行实证检验与影响因素分析,从利率市场化和产权结构两方面定量分析了其对国有商业银行和股份制商业银行的影响,并采用计量模型替代法进行稳健性检验。发现采用两阶段 SFA 效率值时利率市场化指数对两类银行资金来源效率有显著影响,而对资金运用效率影响不显著。产权结构对国有商业银行资金来源效率显著负相关,对股份制银行资金来源效率不显著,而产权结构对所有类型银行资金运用效率均不显著。采用两阶段 DEA 效率值测算时,从产权性质和产权集中度两方面分为产权结构完全不同的国有商业银行和股份制商业银行,发现我国商业银行产权结构中的国有部分限制其各阶段效率水平的提高,而民营产权则对其有促进作用,外资产权对于商业银行不同经营阶段的作用效果不尽相同。国有商业银行第一大、前五大股东持股比例均影响其效率的提升,而股份制商业银行的结果则与之相反,一定程度的第一大股东控股能力有助于商业银行整体效率的提升。利率市场化改革对商业银行吸收资金阶段效率的提升有显著的促进作用,而对于国有商业银行资金运用阶段效率呈现负面影响的原因是国有商业银行产权制度改革不彻底,仍然存在产权障碍。

第11章　提高商业银行资金配置效率的策略研究

11.1　建立现代产权制度,完善产权有效激励

1.建立现代产权制度

对于商业银行来说,产权制度从根本上决定着其应该选择何种治理体系以及治理模式,那就意味着产权制度能够从根本上决定商业银行的各项经营决策以及应该选择何种有效的激励和监督机制,最终对商业银行的资金配置方式及效率与经营绩效产生重大影响。商业银行拥有较为健全的产权制度可以减少产权交易的费用并且维护所有者的利益。从宏观上来看,健全的产权制度既可以充分发挥产权的积极作用,同时也可以促进经济健康持续发展。因此,建立归属清晰、权责明确、保护严格、流转顺畅的产权制度极其必要。①归属清晰是指产权的归属清楚明晰,商业银行根据"谁出资,产权就属于谁"的原则来确定产权的划分。②权责明确是指商业银行出资人的权利与义务较为明确,且出资人在行使权利时要保持商业银行的独立性。我国商业银行中国有产权都占有较大的比重,截至 2019 年,在五大国有商业银行中,中、农、工、建四大国有商业银行的国有产权占比均超过 60%,交通银行占比较低,但也超过 20%;而全国性股份制商业银行的国有产权占比也接近 45%。国有产权主体应积极行使自身的权利,防止出现主体权力虚置的问题;另外也应该明确自身的权限,避免出现主体过度干预经营管理的问题。③保护严格是指政府和监管部门应积极完善商业银行产权保护制度,保护商业银行各个产权主体的利益,同时也要兼顾到小股东的利益。商业银行应该向小股东以及社会公众定期公布财务报告以及不定期向各大股东汇报重大事件,提高公司的透明度。产权保护制度的缺失,可能出现商业银行的大股东为了谋取更多的利益,通过联合等方式侵占剩余中小股东的利益,损害整体的经营效益。④流转顺畅是指商业银行的产权交易流程顺畅,这可以有效地减少交易成本,商业银行可以通过在证券交易所上市等方式减少产权交易的成本,政府方面可以通过建立健全产权交易相关的法律法规的方式进行有效监督,使得产权流转更加地顺畅,进而最大化商业银行的经营绩效。

2.多元化产权结构

产权结构的多元化可以防止出现因为商业银行产权结构单一而导致的治理体系僵化等问题,有效地提升商业银行的经营绩效。商业银行可以通过引入社会法人股、外资股等非国有股

的方式改变原有的产权结构形式,使其产权结构趋于多元化。商业银行通过引入其他性质的股权来稀释国有股的控制力,使得国有股的股东只能按其持有的份额行使权力。目前我国商业银行已经允许其他性质的投资者持有商业银行的股权,虽然其他性质的投资者由不同特点的经济实体组成,代表着各自不同的利益方,但他们的目标都是一致的,那就是追求自身利益的最大化,为了这一目标,众多投资者之间相互依存、相互制约,在这种合作与竞争的关系中努力提升商业银行的绩效,实现自身的利益诉求。政府及其部门应逐步开放金融市场,并在此基础之上进行结构上的优化。一方面是逐步开放,有序降低国外机构投资者和个人投资者进入我国金融市场的门槛;另一方面是优化结构,逐步放宽我国各种资本进入市场的限制,引入更多股份制商业银行以及地方商业银行进入市场,提高我国商业银行的整体运行效率。在五大国有商业银行完成股份制改革之后,外资产权占五大国有商业银行资产的比重约为30%,极大地丰富了产权结构;而在招商银行、浦发银行、中信银行、光大银行以及民生银行这五家综合实力排名较为靠前的全国性股份制商业银行中,外资产权的占比约为15%;在北京银行、上海银行、江苏银行、南京银行以及宁波银行这五家资产规模较大的城市商业银行中,外资产权的占比约为9.42%,后两者的占比明显较低。

(1)积极引入境外投资者。境外资本不仅能够大大补充商业银行的资本金,改善其产权结构,还能够借鉴其他国家先进的银行管理经验,提高自身的管理水平,增强自身的竞争力。国外投资者在资金、人才等方面与国内投资者相比具有较大的优势,同时有雄厚的资金实力、丰富的金融产品和完善的经营体制,对所处市场和行业有独特的战略见解。外资进入我国资本市场,既能够提高商业银行的治理能力,同时也会使银行间的竞争变得更加激烈,优胜劣汰。在引入境外投资者时,需要注意三个方面:第一,要根据相关规定设定国外投资者的准入门槛并且需要严格筛选,综合衡量投资者的综合实力以及过去的投资信誉,确保其拥有很高的稳定性与独立性,不能地盲目引入。第二,在引入国外投资者时需要与我国经济发展的现状结合起来,同时处理好国外投资者与我国商业银行之间的关系,努力实现竞争与合作共存下实现双赢。第三,对于我国商业银行来说,应该根据自身的状况选择恰当的时机引入国外投资者,并充分披露商业银行自身相关信息,增强信息透明度,更能够吸引到优质的境外投资者。

(2)积极引入民营资本。民营资本也是商业银行产权结构的重要组成部分,在股份制商业银行与城市商业银行中发挥着重要作用。民营资本的引入,可以有效帮助商业银行的治理实现市场化,有效发挥商业银行自主经营的主体地位。在引进民营资本的时应注意两个方面:第一,应该选择优质的民营企业,优质的民营企业拥有雄厚的资本,很强的创新能力与很高的发展潜力,内部治理机制更加灵活,有很强的发展能力,且市场影响力也较强;第二,需要防范个别民营资本投资银行的不良动机,防止出现套取商业银行资金的行为。虽然我国商业银行对股东贷款有明确的规定,但仍有少数民营资本为了套取资金而选择暂时性地入股商业银行,所以,在引进民营资本时,商业银行对于民营资本股东的融资额度应控制在合理范围。

3.合理分散股权

股权结构按照集中与分散程度可以分两种:一种是集中型,这类股权结构的股份主要都集中于少数几个大股东,剩余的股份由其他股东分散持有;二是分散型,这类股权结构的股份相对比较分散,由众多中小股东分散持有,不存在大股东。而对于我国商业银行来说,股权结构的最优状态即是股权处于合理的分散状态,在保证国有股能够相对控制商业银行时,存在能够制约国有股的其他所有制股权。由前面分析可知,我国五大国有商业银行中除交通银行外,第一大股东都是汇金公司,且其持股比例较大。而交通银行的第一大股东是财政部,也是国有持股。我国商业银行股权改革的关键就在于合理界定政府在银行经营、管理与决策中的权利与义务,既要考虑到金融的稳定性,大型商业银行能够对我国的金融稳定与经济发展产生重大影响,因此在大型商业银行中国家股处于支配地位,由国有股控制大型商业银行,同时,考虑到提升银行效率,应该降低国有股份的持股比例,只有减少国家政府的庇佑,才能激起国有银行在市场中的竞争力。股份制商业银行等其他银行可以通过引入一定比例的社会公众股、社会法人股以及外资等股权形式来优化股权结构,提高商业银行的绩效。引入社会公众股,可以强化社会公众对所有权的诉求;引入社会法人股,能够深入了解企业的资金需求,也利于商业银行的资金借贷匹配;引入外资,可以充分借鉴国外商业银行的先进管理经验。可以通过合理地分散股权来从多个方面促使商业银行的经营效率的提升。

虽然外资机构及民营资本的引进对产权结构的优化发挥了很大作用,但是由于商业银行特别是国有商业银行的规模太过庞大,所以需要引入众多的机构。与个人投资者相比较,机构投资者的优势在于其持有庞大的资金量,且专业能力较强,有丰富的管理经验,机构投资者的加入可以有效改善商业银行的治理体系,能够充分发挥其监督与制约作用。商业银行还可建立科学合理的董事会结构,健全相应的约束激励机制,同时提高机构投资者的专业素质,完善高级管理人员激励机制,更加注重长期激励,避免高级管理人员只注重眼前利益,从而使其能够合规、高效、审慎地履行受托义务,增强监事会监督制约作用,防止内幕交易的发生,改善机构投资者本身的治理和内控体系,有效促进商业银行实现市场化运作。

4. 完善产权有效激励

产权拥有对人力资本激励的作用,一般是指通过支付员工薪酬从而发挥激励作用,商业银行的产权激励是指通过采取有效措施调动产权所有者的积极性,实现商业银行的经营绩效与投资者自身利益最大化目标。然而在现实情况中,商业银行产权的所有者与实际的经营者并非同一个人,往往存在委托代理、信息不对称等问题,管理层可能会为了谋取个人利益而做出损害商业银行整体利益和股东利益的行为,比如说违规发放贷款等,导致商业银行的收入减少甚至是造成损失。单纯依靠商业银行的规章制度对管理者进行约束,可能出现因为约束力度不足使规章制度形同虚设,另外也可能存在因为约束力度过强而造成经营者的权力被过度地限制,这两者都不利于商业银行经营绩效的提升。

为了缓解委托代理以及信息不对称等问题,商业银行可以通过管理层、职工持股的方式建立内部激励机制,使商业银行的股东、管理层、职工形成利益共同体,充分调动管理层与职工的工作以及监督的积极性,实现产权的有效激励。但目前只有少数几个全国性股份制商业银行实施了职工持股激励计划,例如平安银行、民生银行、招商银行等,国有银行以及其他大部分股份制商业银行都并未施行。商业银行的监管部门应出台详细的法律法规或指导规划,完善商业银行员工内部激励机制,使得员工持股激励制度的施行能够得到有效保证。同时,商业银行可以通过产权激励等方式提升其经营绩效。

11.2 提高应对利率市场化的能力，优化资产负债结构

1. 提高应对利率市场化的能力

伴随着经济的发展，商业银行的利率水平也会随之提高，从而使商业银行利息收入提高，而央行和银保监会等监管机构对商业银行的监管力度会对商业银行的资产配置产生很大的影响，最终影响商业银行的盈利能力和水平。因此，商业银行要依托互联网和大数据的变革，从技术、服务和业务层面加大对中间业务和新兴业务的开拓力度，加强中间业务和资产业务的综合营销。加快调整单一业务结构，加强金融产品的创新，强化风险管理，建立对贷款损失预测的量化评价指标体系。银行应该根据经济形势的变化，积极进行资产业务的调整，合理规避波动风险，减少银行损失，增强应对宏观环境变化的能力。

2. 加大金融产品创新

改变银行收入主要依赖存贷利差的局面，加大金融产品创新，为银行寻找新的利润。可以通过资产证券化等方式进行融资，优化商业银行的资产结构。上市商业银行可以在保证不要过度利用资产证券化的功能，充分认识到其系统风险的前提下，加大资产证券化的使用和创新。绿色金融在我国有良好的发展前景，应大力发展绿色信用贷款，实施差异化战略，设计对环保型产业有针对性的金融产品。如以排污权作为抵押、环保收益质押信贷等。

3. 增强产品和资金的定价能力

商业银行应不断改进企业客户质量的评价指标，在发展高质量客户的同时，还应重点关注信用高、前景好的中小企业客户。要把关注的重点放在客户的信用程度、还款方式、贷款偿还的渠道等，而不是看中客户的规模大小、资产负债率是否过高、贷款是否有保证方式。如果贷款定价过高，企业的融资成本将会上升，在行业中的竞争力下降，甚至会降低原有的市场份额。如果贷款定价过低，可能影响商业银行自身的利润。因此，对于不同发展阶段的企业，商业银行需要综合其风险管理水平、资金成本等因素选择不同的利率水平。

11.3 完善商业银行公司治理机制，降低金融风险

商业银行只有以完善的商业银行治理体系来作为前提和保证，才能达到规范运营以及科学管理的目标。在经历过商业银行股份制改革后，我国商业银行的产权结构均出现了不同程度的多元化，各商业银行也逐步建立了股东大会、董事会、监事会独立运作的治理体系。然而，部分商业银行的治理体系只存在于形式上，仍然存在国有股东过度行政干预等问题。因此，要

使公司治理制度的实施落到实处,切实有效地开展工作,商业银行就需要进一步完善股东大会、董事会和监事会制度,使各权力部门之间相互监督制衡,努力提高商业银行的效率。

综观我国商业银行数十年的发展历程,国有产权在其中一直都占有很大的比重。因此,政府和监管部门应制定相应的规章制度,以制约国有产权的权力,使其不能过度干预商业银行的经营管理,以保障其他中小股东能够正常参与经营管理的权利,最终保障股东和商业银行的整体利益。在商业银行的治理体系中,董事会是最高经营管理机构,在保持董事会独立性的同时,需要增加非国有股东的数量,增强非国有股东的权利以制约国有股东的过度干预,不断优化商业银行的构成。此外,需要充分发挥董事会在商业银行治理中的核心职能,不断优化决策机制以及议事流程,以切实保障作出科学决策。另外,部分商业银行的监事会存在形同虚设等问题,不能够发挥其监督作用。因此,需要切实保障监事会能够发挥出对董事会和股东大会的监督约束作用,最终达到商业银行治理的效果。为了充分调动管理层的积极性,可以考虑废除聘任制度,形成以能力为核心的选拔聘任机制,从人才市场上公开、公平、公正地选拔管理人才。

银行应该加强自身监管制度的建立,最先要考虑的就是规避风险,因此商业银行需要建立健全风险管理制度,合理配置各项资产,审慎发放贷款。对于规模较大的国有行来说,需要不断完善贷款发放标准与各项流程,侧重发展表外资产业务,充分分散较高的风险;对于规模较小的城市商业银行和农村商业银行来说,需要不断加强风险管理,确保资产在一定程度风险下使收益最大化,同时也需要确保商业银行资本充足率以抵御可能面临的风险。此外,商业银行需要引入高端计算机网络英才,开发先进的风险测度方法,对不同性质的风险进行分类和预警,实时监控各类风险的变化。另外,也需要制定完善的风险管理措施,在应对不同类型的风险状况时,可以采取及时有效的风险防范的应对办法,使商业银行自身可以付出最小的风险管理成本,最大化地降低风险损失的发生。

11.4　加大产品和服务的创新力度,应对互联网金融挑战

1. 商业银行加大产品和服务的创新力度

我国金融创新与改革的过程就是商业银行创新与改革的过程,金融创新持续发生,新事物随之出现,金融创新为金融业的发展出入全新动力,商业银行创新的主体主要是自身和内部的经营管理。科学技术为金融创新提供了新的载体,目前商业银行的智能型金融产品均为科技创新的产物。现如今科学技术已成为金融创新的支撑点,自助银行、网上银行、电子银行都已成为现实,科学技术为金融创新提供必要的物质条件,使经过金融创新的新事物时间更短,谁先使用先进的科学技术武装自己,就会先于他人一步抢占市场的制高点,借助科学技术实现金融创新。同时我国金融市场的参与者应该多元化,竞争更加充分,进一步推进金融创新,我国商业银行组织结构将会进一步多样化。在利益主体不同的市场化进程中会倒逼商业银行进行创新,抢占市场先机,从而获取潜在利益。由于竞争的存在,商业银行为了在市场中占据更多

的客户资源,吸引客户,通过研发等手段,创新金融产品。降低成本,规避风险也迫使商业银行进行创新,总而言之,金融创新将推进商业银行发展。

2.应对互联网金融冲击

伴随着互联网的出现与发展,互联网金融也应运而生,且发展势头也更加强劲,打破了原有的金融业格局,使金融机构之间的竞争更加激烈,商业银行的业务也受到了冲击,也为商业银行的业务转型与拓展提供了现实的参考意义。商业银行必须加快转型,应对互联网金融大潮。与传统金融业务相比,互联网金融具有经营业务较为灵活、人力资源不易浪费等优点。因此,商业银行可以通过加大研发资金投入的力度,提高业务创新能力等方式提升行业竞争力,使自身处于领先行列。商业银行应当始终以客户为核心,根据客户的需求及时调整发展战略。另外,商业银行应充分利用人工智能等互联网信息技术进行产品与服务上的创新,满足不同消费群体的需求。比如说,我国市场中大量的中小微企业存在融资贵和融资难等问题,这是由于这些中小微企业缺乏抵押或者质押物,无法从商业银行等正常渠道获取资金。商业银行可以运用大数据分析等手段,针对这些中小微企业进行产品创新,研发适合中小微企业的金融产品,解决中小微企业的资金需求问题。大数据正在改变传统银行业的运营,商业银行在开发新的金融产品时,大数据能促进金融创新,提高金融效率。

对于负债业务,商业银行应当充分发挥互联网、人工智能等信息技术的优势,将信息技术与传统金融业务结合起来,搭建商业银行自身的线上平台,并且对服务渠道进行创新,方便客户业务的咨询与办理,提升客户对服务的满意程度。最后,为了能够更好地满足客户的不同要求,商业银行应积极运用互联网企业技术的优势,通过更新设备,将传统业务与互联网相结合,并不断完善自身手机银行、网上银行以及自助终端的技术支撑,不断完善客户常用的转账和支付等业务。

与传统金融业务相比,互联网金融业务显得更加便捷、灵活,部分金融业务可以通过互联网进行,提高人力资源的利用效率。商业银行可以通过更新设备,将传统业务与互联网相结合,不断完善客户常用的支付、转账、结算等业务,尽可能地满足客户的要求。同时银行可以加大营销力度,在互联网中对商业银行的金融产品进行输出,提高服务水平,吸引更多的客户。由于商业银行并非互联网方面的专家,因此商业银行可以与业内有实力的互联网公司合作,降低成本,解决自身发展缓慢的困境,增强自身的实力。商业银行与互联网金融二者之间虽然存在一定程度的竞争关系,但同时如果二者相互汲取对方优点去弥补短处就能实现双赢,商业银行可利用互联网金融企业的智能技术提高金融实力与发展水平,吸引更多的客户,而互联网金融企业可以在符合借贷条件时,从商业银行获得更多的贷款,两者可以实现双赢,共同实现发展。

11.5 大力发展中间业务,拓宽商业银行利润来源

当前,我国商业银行仍然是以利差为主要的盈利模式,且我国中间业务收入大约占总营业收入的两成,这与国际商业银行中间业务的占比相距甚远。我国商业银行虽然已经开展不少中间业务产品,但是大多数侧重在银行卡手续费、代理业务手续费以及结算与清算等技术含量

较低的业务上,因此这些产品带来的收入也就相应较低。而顾问和咨询费、理财产品业务收入和电子银行费等这些高附加值的业务,却发展相对缓慢。并且因为我国商业银行中间业务发展起步较晚,业务种类不多,商业银行之间的各项产品以及提供的金融服务都有严重的同质性,且监管机构对商业银行监管范围与力度都较为严格,这严重妨碍了中间业务的创新与发展。随着我国利率市场化不断完善,商业银行之间的竞争会更加激烈,导致银行依靠利差的收入会大大减少,这不仅缩减了银行自身的利润,也加大了面临的风险。同时,随着目前市场的非银行金融机构的发展,对传统的商业银行引起了很大的冲击。因此,为了更好地抵御风险,就要求各个商业银行必须推进金融业务创新,大力发展中间业务,增加收入来源,努力提升盈利能力,增强商业银行的竞争实力。

时代在不断变革与发展,金融体系在时间的浪潮中也必定趋于全球化、信息化并且更加自由,金融市场的竞争日益激烈,商业银行依靠传统盈利模式中的存贷利息差获取的收益不断降低,因此商业银行开始大力发展中间业务,中间业务具有风险小、收益大以及成本低的特点,商业银行越来越重视中间业务。我国商业银行虽然已经开展不少中间业务产品,但大多数产品的技术含量不高,比如跨行手续费、理财服务类和结算与清算等,因此这些产品带来的收入也就相应较低。而且产品同质性高,技术应用不高,转账结算支付、信用卡业务等服务类业务占大头,而现金管理、项目融资、财团贷款等业务占少数,加之业务水平低,营销水平低,客户不断增长的需要与中间业务的发展水平出现不对等情况。中间业务需要复合型的人才,而现如今商业银行缺乏复合型的转业人才。商业银行应坚持“以客户需求为导向,以市场为导向”的理念,牢牢把握住市场热点与客户需求,并保持中间业务发展不变,推动各项业务共同发展。中间业务应坚持以客户需求为根本,统筹不同客户的需求,确定目标客户人群,制定不同的中间业务的规划,加大客户拓展力度,扩大客户人群,将客户分层,从而吸引核心客户,掌握不同类型客户的需求规律,满足客户需求。

中间业务体制不断的激励和约束,增强中间业务的发展活力,激励约束机制能有效地提高商业银行经理人的积极性和经营效率,避免经理人损害股东的权益,调动其创新中间业务的主动性,优化资源配置,完善与风险责任相统一的薪酬制度,建立差异化的指标考核体系。

11.6　加强宏观审慎监管,规范商业银行各项业务

1.完善银行监管信息化建设

当前,我国对银行信息监管的整体规划不足,中国人民银行、银监会、地方政府等相关部门各行其道,单独研发监管系统或行使监管,并没有对信息监管形成一个统一的整体,因此这会降低银行监管效率,而且造成银行监管人力物力的浪费,限制了银行监管绩效的提高。完善的信息化监管能提高银行的监管效率,同时也能够帮助银行有效预防可能面临的风险,使银行提前做好准备以应对风险,因此我国应建立统一的信息化监管,中央银行、银监会、政府以及相关监管机构形成的“银行监管信息化”领导小组,全面负责银行的信息化监管,有效的信息化监管系统配合信息技术能更好发挥效果。首先,加强监管系统的数据化、网络化建设,构建数据采集中心,通过网络进行数据传输,提高金融监管效率。其次,建立统一数据库,便于数据采集,

对数据监管的途径给予标准定义,确保监管数据以及信息的可比性,避免出现虚假的数据。多方面、及时地获取监管信息,通过定期访谈、报送信息等方式与被监管金融机构经常接触,监管机构不仅可以大力发展信息技术有限公司和外部审计部门,而且可以将信息及数据采集外包,减少人力资源的浪费,使银行从琐碎的监管事务中挣脱出来,将精力集中在非现场分析以及非现场监管等监管工作上,提高银行以及相关金融的监管效率。

2. 建立企业信用机制

近几年商业银行不良贷款率逐年攀升,除过商业银行内部需要加强控制,而外部相应的监管机制也是必须的。政府层面需要建立相关评价企业信用的标准体系,优化我国融资贷款环境,为银行非良性贷款提供绿色环境。政府对企业要进行严格的信用审核,做出信用等级评定,商业银行在贷款时,可以优先选取信用等级较高的企业进行贷款,根据信用等级降低贷款金额。如果有企业不能按期还清贷款或者恶意逃避贷款,政府可以取消该企业的优惠政策和再融资资格,降低该企业的信用等级评价,这样就可以打造优良的信用环境,从本质上改善不良贷款的状况,减少现有不良贷款,提升银行的贷款质量水平。

3. 加强宏观审慎监管

经济全球化给我国带来很多益处,最为重要的是使我国金融业高速发展,同时地给我国监管机构带来了诸多压力。在上一轮金融大萧条之后,各个国家都认识到了其金融中心的监管体系的不足之处,纷纷尝试建立全新的基于宏观的创新性审慎框架。在中国共产党第十九次全国代表大会中,党中央着重强调了亟须建立健全稳定的货币政策以及宏观审慎政策双调控框架。目前我国的宏观审慎框架仍在完善中,由于我国特殊的发展背景以及国情,简单照搬国外的框架以及经验是不现实的,宏观审慎框架的推进必须结合我国的实际情况,与各个监管机构协同合作。我国"一行三会"的监管模式,中央银行必须起领导作用,担当起宏观审慎的职责,进一步强化金融监管职能。人民银行对商业银行的监管方式主要通过货币政策来实行,因此要确立以中央银行为核心的审慎政策框架,强化中央银行的监管职能,同时银保监会与证监会协同合作,丰富实行宏观审慎政策框架的有效手段以及监管工具,建立信息共享机制,增强各银行的协作与沟通。在基于宏观的审慎框架上,要能准确识别出风险并且能有效遏制风险,达到可控可调的程度。对于风险的识别,必须体现在每一个机构的经营指标层面,在业务定性层面要能无死角地进行发现,从风险综合管理水平上来讲也对新时代监管机构的监管能力以及体系做出新的要求。金融系统从来都是紧跟时代变化日益更新的领域,要想实现金融机构稳定持续地发挥资本市场的作用,监管系统是不可或缺的一环,一定要及时跟随市场进行动态地更新和变化。基于央行视角,除了保障货币政策稳定健康的调控,对宏观审慎管理以及金融系统重要机构,金融市场建设和资本市场的监督也同样不能松懈。尤其是银保监会,更应该发挥其职能作用,进行微观审慎监管,出台相关立法保证中央银行、银保监会、证监会分工明确及协同合作,并成立"金融稳定委员会",提高监管效率。

4. 建立问题处理机制,提高危机处理能力。

利率市场化加速前进使得金融体系不断趋于市场化,金融机构之间的竞争日益加大,为了保证金融机构能够在市场中有序的交易、对金融体系以及金融市场的良性维稳、加强对中小投资者的权益保护,配套的问题处理机制至关重要,监管机构应建立具体的标准、程序、处置的方式、债务清偿原则。与工商企业相比,金融机构破产产生的危害性更大,首先会使其投资者蒙受损失,其次银行倒闭会造成储户的恐慌情绪,严重时发生"挤兑现象",对金融市场造成不利影响。不同类型的金融机构有不同的问题处理机制,根据不同的问题进行个性化处理。银行是流动性的创造者,其资产结构相对而言比较脆弱,同时又是信贷创造者,银行比较依赖社会公众的信任,一旦银行失去了公众的信任,银行极容易陷入危机,因此银行的问题处理机制应该保护投资者、存款人以及保单人的利益,对投资者、存款人以及保单人制定相关的有限补偿计划。当金融机构陷入危机时,可以采用多种处置办法,除了破产清算,还可以设立相关的问题处理机制。私人兼并及收购也是一种不错的方式,这有利于减轻处置过程中的财政负担,还有利于金融业的长远发展。

5. 减少"内嵌式"监管的不利影响

对所有权结构进行深度优化,加大引入机构投资者力度。我国商业银行的"内嵌式监管"绩效与国有控股能力成负向关系。在银行经理层角度进行考量,如果股权进行分散会弱化对经理层的约束同时对银行控制这一内部风险也起到了副作用,横向对比机构投资者与中小投资者我们不难得出,机构性投资者无论从资金的规模体量以及专业的投资水平还是过硬的心理素质,都是远远超过中小投资者的,在投资者结构中引入机构投资者将进一步优化商业银行的股权结构而降低内部治理难度,同时形成金融机构对商业银行的监督作用。商业银行应该降低机构投资者进行投资的门槛,制定合理的准入标准,提高机构型投资者的持股比例,进而对商业银行的投资者结构进行调整,打破国有银行一股独大的局面,使银行业的竞争更加激烈,减少"内嵌式监管"对我国的不利影响。我国严格控制、任命具有政府背景的银行高管,这是我国"内嵌式监管"的主要特征,由于具有政府背景的高管与"内嵌式监管"的绩效负相关,因此我们要淡化具有政府背景的高级管理人员在银行中的话语权和具体职能,充分保证股东的权力,要保证高层管理人员定期向董事及董事会报告银行的运营情况及重大事件,确保董事会能够准确及时获取重大决策与监督信息。同时要对经理人实行约束与激励制度,避免经理人为了自身利益而做出损害股东利益的行为,激励约束机制能有效保证经理人履行自己的职责,更加了解银行的业务。同时要加强对经理人的培养,充分发挥其价值。由于中国的商业银行具有国有股"一家独大"的特点,银行的管理人员大多是具有政府背景的,他们对银行的结构、运营状况缺乏一定的经验,因此应不断加强商业银行政府背景的管理人员的培训,要充分发挥政府背景作用的同时,也要防止出现对商业银行的过度干预的行为,不断提高商业银行的风险管理水平。

在利率市场化完成以后由于存贷款利率上下限放开,商业银行都面临着更高的风险,因此各个监管机构与部门更需要加强对整体金融市场的审慎监管。在 2009 年,银监会发布了商业银行个体的风险早期预警系统,该系统能够有效在商业银行面临的早期风险发出预警,但该机制无法衡量整个银行业所面临的风险,而且依据金融系统风险的特殊性,有必要建立银行业整体的风险预警机制,及时对风险进行防范。同时,构建合理的宏观监管体系,完善宏观审慎框架的构建。考虑到利率水平会对银行的风险承担能力有异质性影响,因此必须加强制度体系对异质性银行的影响的监管,根据不同银行的个体差异选择动态化的管理。做到既对单个银行的风险进行密切的管理和监控,又对银行业整体的风险动态实时关注,抑制和防范系统性风险的爆发。

第 12 章　研究结论与展望

12.1　研　究　结　论

资产配置对银行的发展起着重要的作用,影响着经济的发展水平。在利率市场化下,通过优化商业银行的资产分配,改变以利息收入为主的盈利模式,增强竞争力,也为其资产管理提供了方向。本书以产业组织理论和商业银行资产管理的经验为依据,采用计量经济学分析方法,按照存贷利差变动—风险资产变化—配置效率变动—产权结构调整的思路,在目前利率市场化改革关键时期,深入研究利率市场化下的银行产权结构对资金配置效率的影响问题,探索利率市场化下的商业银行产权改革的策略。

(1)对商业银行总体发展状况从规模和结构进行了分析,从商业银行负债业务、资产业务、中间业务和商业银行盈利模式等四个方面分析我国商业银行发展状况,以及各项业务存在的问题。对我国商业银行资金运用和管理进行分析,从各项贷款、债券投资和存款准备金三方面分析了资金配置状况,并对经营管理的基础和核心内容经济资本管理进行了分析。

(2)从产权结构的内涵和分类出发,分析了我国商业银行产权结构变化过程,并以我国国有、全国股份制和城市商业银行为对象系统分析了其产权结构及特征,对存在的问题进行了剖析。

(3)从中央银行、金融机构和金融市场利率三个方面分析了我国市场利率体系构成,并对国内利率市场化的发展进程以及国外发达地区美国与日本利率市场进程进行对比分析。并从利息收入、利息支出和非利息收入对利差的影响进行分析,国内外利率市场化下银行利差变化比较分析,分析了利率市场化下我国商业银行面临的问题。

(4)分析了利率市场化对商业银行业务的影响机理,从资产业务、负债业务、中间业务、盈利和效率以及风险六大方面分析了利率市场化对商业银行各项业务和盈利能力的影响,研究了利率市场化与银行产权关系以及银行产权结构及其对效率的影响。

(5)构建了银行资金配置效率的评价模型。对投入产出指标进行选择,并对商业银行产权指标分析选择,构建利率市场化测度指标并进行了测算。对商业银行的风险价值衡量指标经济资本进行了测算,确定经济利润。

(6)通过两阶段 DEA 和两阶段 SFA 两种效率方法测算了大型国有和全国股份制商业银

行资金配置来源效率、配置效率和总效率,并对 DEA 和 SFA 测算的总体效率进行了配对样本 T 检验。以 SFA 效率和 DEA 效率测算值为资金配置效率的衡量指标,以宏观经济指标和银行自身因素为解释变量,采用 Tobit 模型测算利率市场化和产权结构对资金配置效率的影响,并做稳健性检验。最后,从产权结构和利率市场化方面提出了提高商业银行资金配置效率的策略。最终得到如下结论:

1)我国商业银行总体发展情况良好,规模不断扩大,银行业整体发展势头迅猛。商业银行总资产比重已经占到银行业金融机构总资产的四分之三以上。商业银行总资产中国有大型商业银行占比最大,几乎占据半壁江山,但是城市商业银行发展速度较快,农村金融机构次之,其他类金融机构所占市场份额上升也较为明显。大型国有商业银行的市场份额相应的有所下降,但整体发展比较平稳。商业银行负债业务中各项存款的贡献率最高,个人存款量增长速度稳定,而单位存款的额度虽也呈逐年增长的势头,但其增长低于个人存款增长。资产业务中,贷款总量增长速度较快,大中型企业的贷款占比在逐年减小,小微企业以非常迅猛的势头持续上升。中间业务中国有四大行中间业务收入高,但股份制商业银行增长快。利息收入仍然占据银行利润的核心主导地位,我国银行的盈利模式仍然比较单一。不良贷款的存在造成银行资金占用从而导致经营效率的降低。《巴塞尔协议》的出台,促使我国商业银行注重收益与风险的平衡,资本管理得到了更多的重视,进行经济资本的管理是重中之重。

2)从产权结构的内涵与发展过程、现状、特征、存在问题四个方面系统地对我国商业银行的产权结构进行了深入分析。我国国有商业银行和全国股份制商业银行逐步完成股份制改造和主要银行的上市,产权主体逐步多元化、股权逐步分散化。但是由于不同类型商业银行产权结构特征的不同,仍然存在很多的问题。国有商业银行产权高度集中、国有股绝对控制的特征,股份制商业银行的股权结构趋于集中,集团公司持股银行比例高。城市商业银行的股权集中度低,股权结构分散。部分城市商业银行被地方政府掌控,业务拓展受限。产权结构通过四种传导机制,来影响商业银行的治理结构,从而进一步影响其效率的提升。

3)我国商业银行利润的主要来源之一是利差。商业银行利差的受多种多样的因素影响,其中最主要的因素是运营成本和市场集中度,较高的运营成本说明商业银行投入了较多的财力和物力,为了弥补运营成本,银行会提升净利差水平。商业银行净利差的制约因素主要有存贷利率定价机制,经营管理水平以及经济周期和货币政策。利率市场化使得商业银行能够自主进行利率定价,这在一定程度上加剧了银行间的竞争,利率市场化改革本身是商业银行实现自身转型发展从而提高自身效率的必要条件,这里的转型发展包括业务结构的调整、金融产品的创新以及产权结构的进一步优化。同时,利率市场化改革对商业银行的影响作用是否达到预期,产权制度改革的完成度亦是关键的影响因素。利率市场化的构建欧拉数指数函数用以衡量,以利率变动范围与幅度、利率自主化决定指数及存款利率指数三项指标为基础数据计算利率市场化综合指数。

4)对商业银行资金配置效率的评价模型以及相关的指标选择进行了分析,在对比分析以后,选择两阶段 DEA 以及两阶段 SFA 分析商业银行资金配置效率评价模型作为实证研究模型。选择2013—2019年利率市场化深化改革时期我国五家国有商业银行和12家股份制商业银行为研究样本,通过两种方法测算了银行资金配置来源效率、配置效率和总效率。采用DEA方法测算表明资金来源阶段效率值大于总过程平均效率值,大于资金运用阶段平均效率值,并且资金来源阶段的三种效率值从2013年到2019年总体呈现增长的势态。资金运用阶段国有商业银行运用资金的效率较低,同时三个阶段均效率值均表现出商业银行纯技术效率高于银行规模效率,而规模效率则高于银行技术效率。全国股份制商业银行资金来源阶段与总过程相差不大,且两者均高于资金运用阶段的效率平均值。商业银行资金来源阶段的规模效率、纯技术效率和技术效率均值在测算期间均处于较高水平,没有较大幅度的波动。采用两阶段SFA效率方法测算结果表明,两种类型商业银行的资金来源效率均高于银行资金运用效率的标准差,且全国股份制商业银行平均资金来源效率较高,商业银行资金来源较运用效率差异较小。进行了配对样本T检验,大型国有商业银行与全国股份制商业银行SFA测算的配置效率均值均大于采用DEA方法测算的配置效率均值,而测算的效率离散程度较低,表明大型国有商业银行与全国股份制商业银行SFA和DEA效率均值没有显著的差异。

5)对我国国有商业银行、股份制银行和城市商业银行产权结构对资金配置效率的影响进行分析,从大股东持股中国有股、民营股和外资股占比分析了三类主要的商业银行的股权结构影响。采用两阶段SFA和DEA效率测算值,应用Tobit模型进行实证检验与影响因素分析,发现采用两阶段SFA效率值时利率市场化指数对两类银行资金来源效率有显著影响,而对资金运用效率影响不显著。产权结构对国有商业银行资金来源效率显著负相关,对股份制银行资金来源效率不显著,而产权结构对所有类型银行资金运用效率均不显著。采用两阶段DEA效率值测算时,从产权性质和产权集中度两方面分为产权结构完全不同的国有商业银行和股份制商业银行,发现我国商业银行产权结构中的国有部分限制其各阶段效率水平的提高,而民营产权则对其有促进作用,外资产权对于商业银行不同经营阶段的作用效果不径相同。国有商业银行第一大、前五大股东持股比例均影响其效率的提升,而股份制商业银行的结果则与之相反,一定程度的第一大股东控股能力有助于商业银行整体效率的提升。利率市场化改革对商业银行吸收资金阶段效率的提升有显著的促进作用,而对于国有商业银行资金运用阶段效率呈现负面影响的原因是国有商业银行产权制度改革不彻底,仍然存在产权障碍。

12.2　前　景　展　望

围绕本书的研究主线,有待进一步研究的问题包括以下几个方面:

(1)本书建立的商业银行资产配置效率模型中风险主要考虑信用风险和市场风险,没有考虑操作风险。这一方面是因为信用风险和市场风险是商业银行经营中面临的主要风险,另一方面在于数据的缺乏测算操作风险困难。同时,在衡量商业银行资产的信用风险时采用了新巴塞尔协议中的标准法,虽然标准法有其优点,但内部评级基准计算模型(Inner Kating Basis,IRB)法加入了外部评级机构通常不能得到的客户信息,更有利于银行提高自身的内部风险管理水平。然而,IRB 法需要强大的内部数据平台作支撑,在目前我国大多数商业银行数据公布缺乏,限制了 IRB 法的使用。随着银行数据的完善,依据准确的数据估计银行操作风险和信用风险,从而采用全面风险管理基础上的银行资产配置效率模型将是今后研究需要继续完善的问题。

(2)本书研究的商业银行风险资产主要选择经济资本基础上的经济利润测算。经济资本采用 RAROC 在不同业务类型上的表现进行实证分析,而没有采用风险测度指标 CVaR,这是因为目前公布的各大商业银行数据只有季报和年报,数据时间序列过短,造成测算结果的不准确和不稳定,因此没有使用 CVaR 等来测算风险值,进而来测算经济利润。同时,风险资产的选择是依据传统商业银行资产的种类,而随着我国商业银行资产多元化发展,金融衍生品等其他金融资产在商业银行资产中占的比重将不断增加。因此,如何在我国市场经济条件下,确定除各项贷款资产以外的银行资产风险,并据此在一致性风险基础上度量商业银行资金配置效率,使模型更加适用于我国金融市场也将是研究的重点。

(3)本书研究银行资产配置效率时,讨论的风险基础上效率配置模型仅适用于投资期限为单期的情况。关于多期风险测度理论,已有学者就此开展研究,但目前仍较难付诸实施。如何建立动态一致风险测度框架下的资产配置效率模型从而对模型进行实证检验将是研究的一个重要方向。

参 考 文 献

[1] BERGER A N,HUMPHREY D B. Bank Scale Economies,Mergers,Concentration and Efficiency: the US Experience[J]. Board of Governors of the Federal Reserve Finance and Economics Discussion Series,1994(34): 94 - 23.

[2] BERGER A N,MESTER L J. Inside the Black Box:What Explain Differences in the Efficiency of Financial Institutions[J]. Journal of Banking and Finance,1997(21):895 - 947.

[3] FREI F X,HARKER P T,HUNTER L W. Inside the Black Box:What Makes a Bank Efficient[M]//HARKER P T,ZENIOS A. Performance of Financial Institutions-Efficiency,Inovation,Regulation. Cambridge:Cambridge University Press,2000:259 - 311.

[4] MICCO A,PANIZZA U,YANEZ M. Bank Ownership and Performance [J]. Inter-American Development Bank Publications,2004,31(1):1 - 219.

[5] BONIN J P,HASAN I,WACHTEL P. Bank Performance,Efficiency and Ownership in Transition Countries[J]. Journal of Banking and Finance,2005(29):31 - 53.

[6] ALLEN N,BERGER,IFTEKHAR HASAN,et al. Bank Ownership and Efficiency in China:What Will Happen in the World's Largest Nation? [J]. Journal of Banking & Finance,2009(1):113 - 130.

[7] CARVALLO O,KASMAN A. Cost Efficiency in the Latin American and Caribbean Banking Systems[J]. Tournal of International Financial Markets,Institutions&Money,2005,15(1):55 - 72.

[8] TABOADA A G. The Impact of Changes in Bank Ownership Structure on the Allocation of Capital: International Evidence[J]. Journal of Banking & Finance,2011(10):2528 -2543.

[9] BARRY T A,LEPETIT L,TARAZI A. Ownership Structure and Risk in Publicly Held and Privately Owned Banks[J]. Journal of Banking & Finance,2011(5):1327 - 1340.

[10] BERTAY A C,DEMIRGÜC - KUNT A,HUIZINGA H. Bank Ownership and Credit Over the Business Cycle: Is Lending by State Banks Less Pocyclical? [J]. Journal of Banking & Finance,2015(5):326 - 339.

[11] FERRI G,KALMI P,KEROLA E. Does Bank Ownership Affect Lending Behavior? Evidence from the Euro area[J]. Journal of Banking & Finance,2014(11):194 - 209.

[12] SHEHZAD C T,HAAN J D,SCHOLTENS B. The Impact of Bank Ownership Concentration on Impaired Loans and Capital Adequacy[J]. Journal of Banking & Finance,

2010(2):399 - 408.

[13] GORTON G. Banking Panics and Business Cycles [J]. Oxford Economic Papers,1988, 40(4): 751 - 781.

[14] YATES J,STONE E R. Risk appraisal[M]//YATES J F. Risk Taking Behavior. New York:John Wiley&Sons Ltd,1992:387 - 408.

[15] ALHADEF F D. Monopoly and Competition in Commercial Banking [M]. Berkeley:University of California Press,1954.

[16] SAUNDERS A,WALTERI. Universal Banking in the United States What Could We Gain? What Could We Lose? [M]. Oxford:Oxford University Press,1994.

[17] BERGER A N,HUNTER W C,TINUME S G. The Efficiency of Financial Institutions: a Review and Preview of Research Past and Future [J]. Journal of Banking and Finance 1993,17(2/3):221 - 249.

[18] ALTUNBAS Y,MOLYNEUX P. Economies of Scale and Scope in European Banking[J]. Applied Financial Economies,1996,6(4): 367 - 375.

[19] ALTUNBAS Y,MOLYNEUX P,THORTON J. Big-Bank Mergers in Europe: An Analysis of the Cost Implications[J]. Economies,1997,64(254): 317 - 329.

[20] LEIBENSEIN H. Allocative Efficiency vs. X-Efficiency [J]. American Economic Review,1966,56(3): 392 - 415.

[21] BERGER A N, HUMPHREY D B. Efficiency of Financial Institutions: International Survey and Direction for Future Research[J]. European Journal of Operational Research,1997,98(2):175 - 212.

[22] ALTUNBAS Y,CHAKRAVARTY S P. Frontier Cost Functions and Bank Efficiency [J]. Economies Letters,2001,72(2): 233 - 240.

[23] MESTER L J. A Study of Bank Efficiency Taking into Account Risk-Preferences[J]. Journal of Banking and Finance,1996(20): 1025 - 1045.

[24] HUGHES J P,MESTER L J. A Quality and Risk-Adjusted Cost Function for Banks: Evidence on the Too-Big-To-Fail Doctrine[J]. Joumal of Productivity Analysis, 1993 (4): 293 - 315.

[25] HUGHES J P,MESTER L J,MOON C G. Are Scale Eonomies in Banking Elusive or Illusive?:Evidence Obtained by Incorporating Capital Structure and Risk-Taking into Models of Bank Production[J]. Joumal of Banking and Finance,2001(25): 2169 - 2280.

[26] JOSE M P. Efficiency and Risk Management in Spanish Banking:a Method to Decopose Risk[J]. Applied Financial Economics,1999(9): 371 - 384.

[27] HARKER T, ZENIOS A. Performance of Financial Institutes[M]. Cambridge:Cambridge University Press,2000.

[28] ARTNZER P,DELLBAEN F,EBER J M,et al. Coherent Measures of Risk[J]. Mathemactial Finance,1999,9(3): 203 - 228.

[29] ALEXANDER G J, BAPTISTA A M. Economie implications of Using a Mean-VaR Model for Portfolio Selection: A Comparison with Mean-variance Analysis[J]. Journal of Economic Dynamies and Control, 2002(26): 1159 - 1193.

[30] YAMAI Y, YOSHIBA T. Comparative Analysis of Expected Shortfall and Value-at-Risk: Their Validity under Market Stress[J]. Monetary and Economie Studies, 2002 (20): 96 - 116.

[31] AHMED S, CAKMAK U, SHAPIRO A. Coherent Risk Measures in Inventory Problems[J]. European Journal of Operational Research, 2007, 182(1): 226 - 238.

[32] FAREL M J. The Measurement of Productive Efficiency[J]. Journal of Royal Statistial Society, 1957(120): 253 - 281.

[33] CHARNES A, COOPER W W, RHODES E. Measuring the Efficiency of Decision-Making Units [J]. European Journal of Operational Research, 1978, 2(6): 429 - 444.

[34] BANKER R D, CHARNES A, COOPER W W. Some Models for Estimaing Technical and Scale Inefficiencies in Data Envelopment Analysis[J]. Management Science, 1984, 30(9): 1078 - 1092.

[35] SHERMAN H D, GOLD F. Bank Branch Operating Efficiency: Evaluation with Data Envelopment Analysis[J]. Journal of Banking and Finance, 1985, 9(2): 279 - 315.

[36] AIGNER D J, LOVELL C A K, SCHMIDT P. Fonnulation and Estimation of Stochastie Frontier Production Function Models[J]. Jomal of Econometries, 1977(6): 21 - 37.

[37] MESTER L J. Efficiency in the Savings and Loan Industry[J]. Journal of Banking and Finance, 1993(17): 267 - 286.

[38] BATTESE G, COELLI T A. Model for Technical Inefficiency Effects in a Stochastic Frontier Production Function for Panel Data[J]. Empirical Economics, 1995(20): 325 - 332.

[39] HUNTER W C, TIMME S G. Core Deposits and Physical Capital: A Reexamination of Bank Scale Economies and Efficiency with Quasi-Fixed Inputs[J]. Journal of Money, Credit and Banking, 1996(27): 165 - 185.

[40] HUMPHREY D B, PULLEY L B. Bank's Responses to Deregulation: Profits, Technology and Efficiency[J]. Journal of Money, Credit and Banking, 1997, 29(1): 74 - 92.

[41] ANDERSEN P, PETERSEN N C. A Peocedure for Ranking Efficient Units in Data Envelopment Analysis[J]. Management Science, 1993, 39(10): 1261 - 1264.

[42] BANKER R D. Maximum Likelihood, Consistency and DEA: a Statistical Foundation [J]. Managent Seience, 1993(39): 1265 - 1273.

[43] COOPER W W, PARK K S, YU G. IDEA and AR-IDEA: Models for Dealing With Imprecise Data in DEA[J]. Management Science, 1999, 45(4): 597 - 607.

[44] BENSTON G J. Economies of Scale and Marginal Costs in Banking operations[J]. National Banking Review, 1965(2): 507 - 554.

[45] SEALEY C W, LINDLEY J T. Inputs, Outputs and the Theory of Production and Costs

at Depository Financial Institutions[J]. Journal of Finance,1977,32(4): 1251 - 1265.

[46] BENSTON G J,HANWECK G A,HUMPHREY D B. Scale Economies in Banking: A Restructuring and Reassessment[J]. Joumal of Money Credit and Banking,1982,14(4): 435 - 456.

[47] MARKOWITZ H. Portoflio Selection[J]. Journal of Finance,1952,17(1): 77 - 91.

[48] STONE M. Cross-Validatory Choice and Assessment of Statistical Predictions[J]. Journal of the Rotal Statistical Society,1974,36(2): 111 - 147.

[49] FISHBURN P C. Mean-Risk Analysis with Risk Associated with Below-Target Returns[J]. The American Economic Review,1977(67): 116 - 126.

[50] BOLLERALEV T. Generalized Autoregressive Conditional Heteroskdasticity[J]. Journal of Econometrics,1986(31): 307 - 327.

[51] NELSON D B. Conditional Heteroskedastic in Asset Returns: a New Approach[J]. Econometrica,1991(59): 347 - 370.

[52] ACERBI C,ASCHE D. Expected shortfall: A Natural Coherent Alternative to Value at Risk[J]. Economic Notes,2002,31(2):379 - 388.

[53] HUMPHREY D B. Why Do Estimates of Bank Scale Economies Differ? [J]. Federal Reserve Bank of Richmond Economic Review,1990(76): 38 - 50.

[54] KUPIEC P. Techniques for Verifying the Accuracy of Risk Measurement Models[J]. Social Science Electronic Publishing,1995,2(2): 73 - 84.

[55] BERGER A N,HASAN I,ZHOU M. Bank Ownership and Efficiency in China: What Will Happen in the World's Largest Nation? [J]. Journal of Banking & Finance,2009, 33(1),113 - 130.

[56] TABOADA A G. The Impact of Changes in Bank Ownership Structure on the Allocation of Capital: International Evidence[J]. Journal of Banking & Finance, 2011, 35 (10): 2528 - 2543.

[57] BARRY T A,LEPETIT L,TARAZI A. Ownership Structure and Risk in Publicly Held and Privately Owned Banks[J]. Journal of Banking & Finance,2011,35(5):1327 - 1340.

[58] BERTAY A C,DEMIRGUCKUNT A,HUIZINGA H P. Bank Ownership and Credit over the Business Cycle: Is Lending by State Banks Less Pocyclical? [J]. Journal of Banking & Finance,2015(5):326 - 339.

[59] FERRI G,KALMI P,KEROLA E. Does Bank Ownership Affect Lending Behavior? Evidence from the Euro Area[J]. Journal of Banking & Finance,2014(48):194 - 209.

[60] SHEHZAD C T,HAAN J D,SCHOLTENS B. The Impact of Bank Ownership Concentration on Impaired Loans and Capital Adequacy[J]. Journal of Banking & Finance, 2010,34(2):399 - 408.

[61] BARRY T A,LEPETITY L,STROBELZ F. Bank Ownership Structure,Lending Corruption and the Regulatory Environment[J]. Journal of Comparative Economics,2016,

44(3):732-751.

[62] SUN E C,NAGANO M,MIN H L. Ownership Structure and Risk-taking Behavior:Evidence from Banks in Korea and Japan[J]. Asian Economic Journal,2011,25(2):151-175.

[63] ACERBI C,TASCHE D. On the Coherence of Expected Shortfall[J]. Journal of Banking and Finance,2002(26):1487-1503.

[64] ENGLE R F. Autoregressive Conditional Heteroskedasticity with Estimates of the Variance of United Kingdominflation[J]. Journal of Finance,1982,50(3):821-851.

[65] ALTUNBAS Y,GARDENER E P M,MOLYNEUX P,et al. Efficiency in European Banking[J]. European Economic Review,2001(45):1931-1955.

[66] 魏煜,王丽.中国商业银行效率研究:一种非参数的分析[J].金融研究,2000(3):88-96.

[67] 刘汉涛.对我国商业银行效率的测度:DEA 方法的应用[J].经济科学,2004(6):48-58.

[68] 杨大强,张爱武.1996—2005 年中国商业银行的效率评价:基于成本效率和利润效率的实证分析[J].金融研究,2007(12):102-112.

[69] 周逢民,张会元,周海,等.基于两阶段关联 DEA 模型的我国商业银行效率评价[J].金融研究,2010(11):169-179.

[70] 丁忠明,张琛.基于 DEA 方法下商业银行效率的实证研究[J].管理世界,2011(3):172-173.

[71] 曾薇,陈收,周忠宝.金融监管对商业银行产品创新影响:基于两阶段 DEA 模型的研究[J].中国管理科学,2016(5):1-7.

[72] 李锦生,张宏宇,赵培.基于 DEA 窗口分析法的商业银行效率研究[J].金融监管研究,2016(11):81-91.

[73] 陈建勋,吴卫星,罗妍.跨国并购交易结构设计对银行效率的影响[J].统计研究,2017,34(4):72-88.

[74] 陈一洪.基于三阶段 DEA-Malmquist 模型的城市商业银行发展效率研究[J].金融监管研究,2018(1):96-108.

[75] 冯方昱,姜薇.互联网金融环境下我国商业银行技术效率分析:基于三阶段 DEA 方法[J].武汉金融,2018(10):35-40.

[76] 卢金钟,王晶,方英.拉巴波特模型与三阶段 DEA 方法在商业银行效率分析中的应用[J].统计与决策,2019,35(20):86-90.

[77] 夏琼,杨峰,吴华清."三重底线"下中国商业银行经营效率及其影响因素分析[J].中国管理科学,2019,27(8):26-36.

[78] 周少甫,谭磊.中国上市商业银行经营效率测算及分解:基于 RAM 网络 DEA 模型的实证研究[J].暨南学报(哲学社会科学版),2020,42(4):26-39.

[79] 徐传谌,郑贵廷,齐树天.我国商业银行规模经济问题与金融改革策略[J].经济研究,2002(10):22-30.

[80] 刘琛,宋蔚兰.基于 SFA 的商业银行效率研究[J].金融研究,2004(6):138-142.

[81] 迟国泰,孙秀峰,芦丹.中国商业银行成本效率实证研究[J].经济研究,2005(2):17-21.

[82] 张超,顾锋,邸强.基于随机前沿方法的商业银行利润效率测度[J].哈尔滨商业大学学报

（自然科学版），2005(8):525 – 536.

[83] 刘玲玲，李西新.中国商业银行成本效率的实证分析[J].清华大学学报,2006 (9):1611 – 1614.

[84] 陈敬学.中国银行业市场结构与市场绩效的实证分析[J].统计研究,2004(5):25 – 28.

[85] 吴栋，周建平.基于 SFA 的中国商业银行股权结构选择的实证研究[J].金融研究,2007 (7):47 – 59.

[86] 徐传谌，齐树天.中国商业银行 X -效率实证研究[J].经济研究,2007(3):106 – 116.

[87] 王聪，谭政勋.我国商业银行效率结构研究[J].经济研究,2007(7):110 – 123.

[88] 张金清，吴有红.外资银行进入水平影响商业银行效率的"阙值效应"分析:来自中国商业 银行的经验证据[J].金融研究,2010(6):60 – 74.

[89] 王婧.我国商业银行效率测度分析:基于 SFA 技术的实证研究[J].经济问题,2014(11): 33 – 37.

[90] 黄勃，罗煜，陈礼清.同业业务发展能提升中国商业银行的效率吗?[J].经济理论与经济 管理,2018(6):64 – 79.

[91] 钟世和，何英华，吴艳.基于改进 SFA 模型的银行效率与风险动态关系研究:来自中国 16 家上市商业银行的经验证据[J].统计与信息论坛,2018,33(12):30 – 36.

[92] 张大永，张志伟.竞争与效率:基于我国区域性商业银行的实证研究[J].金融研究,2019 (4):111 – 129.

[93] 周晶，陶士贵.结构性货币政策对中国商业银行效率的影响:基于银行风险承担渠道的研 究[J].中国经济问题,2019(3):25 – 39.

[94] 宋爱华.我国商业银行效率区域差异的实证分析[J].统计与决策,2019,35(20):157 – 160.

[95] 郭晔，黄振，姚若琪.战略投资者选择与银行效率:来自城市商业银行的经验证据[J].经 济研究,2020,55(1):181 – 197.

[96] 刘志新，刘琛.基于 DFA 的中国商业银行效率研究[J].数量经济技术经济研究,2004 (4):45 – 50.

[97] 谭政勋.我国商业银行效率的影响因素:产权制度还是市场结构[J].当代财经,2005 (11):22 – 27.

[98] 林炳文.银行并购与效率之分析:SFC 与 DEA 方法之比较[J].产业经济研究,2004(1): 17 – 29.

[99] 孙兆斌.国有商业银行边界效率分析[J].产业经济研究,2005(3):41 – 47.

[100] 许晓雯，时鹏将.基于 DEA 和 SFA 的我国商业银行效率研究[J].数理统计与管理, 2006(1):68 – 72.

[101] 胡支军，徐萍.基于 DEA 和 DFA 方法的我国商业银行效率实证研究[J].商业时代, 2010(22):64 – 66.

[102] 李鸣迪.基于 DEA 和 SFA 方法的我国商业银行 X 效率实证研究[J].上海金融,2014 (12):101 – 104.

[103] 刘伟，黄桂田.中国银行业改革的侧重点:产权结构还是市场结构[J].经济研究,2002

(8):11 - 15.

[104] 郭妍.我国商业银行效率决定因素的理论探讨与实证检验[J].金融研究,2005(2):115 - 123.

[105] 郑录军,曹廷求.我国商业银行效率及其影响因素的实证分析[J].金融研究,2005(1): 91 - 101.

[106] 谢朝华,陈学彬.论银行效率的结构性基础[J].金融研究,2005(3):16 - 27.

[107] 谢晓霞.关于我国商业银行效率影响因素的分析[J].经济问题,2008(9):78 - 80.

[108] 吴晨.我国上市商业银行效率测度及影响因素分析:基于 DEA 的实证分析[J].山西财 经大学学报,2011(11):47 - 54.

[109] 王玲,谢玉梅,胡基红.我国农村商业银行效率及其影响因素分析[J].财经论丛,2013 (5):53 - 58.

[110] 李小胜,郑智荣.中国上市银行效率及其影响因素:基于两阶段 SBM 模型的实证研究 [J].中国经济问题,2015(4):24 - 32.

[111] 申创,赵胜民.市场竞争度、非利息业务对商业银行效率的影响研究[J].数量经济技术 经济研究,2017,34(9):145 - 161.

[112] 封思贤,郭仁静.数字金融、银行竞争与银行效率[J].改革,2019(11):75 - 89.

[113] 祝继高,饶品贵,鲍明明.股权结构、信贷行为与银行绩效[J].金融研究,2012(7):31 - 45.

[114] 俞乔,赵昌文.政治控制、财政补贴与道德风险:国有银行不良资产的理论模型[J].经济 研究,2009(6):73 - 82.

[115] 钱先航,曹廷求,李维安.晋升压力、官员任期与城市商业银行的贷款行为[J].经济研 究,2011(12):72 - 85

[116] 纪志宏,周黎安,王鹏,等.地方官员晋升激励与银行信贷:来自中国城市商业银行的经 验证据[J].金融研究,2014(1):1 - 15.

[117] 李群,刘俊峰.中国城市商业银行股权结构与经营绩效的相关性研究[J].广西大学学报 (哲学社会科学版),2018,40(3):58 - 62,68.

[118] 朱宁,梁林,沈智扬,等.经济新常态背景下中国商业银行内生性效率变化及分解[J].金 融研究,2018(7):108 - 123.

[119] 曹玉平,徐宏亮.股权结构对商业银行非利息业务发展的影响:基于预算软约束视角的 研究[J].当代财经,2019(11):49 - 60.

[120] 纪洋,徐建炜,张斌.利率市场化的影响、风险与时机:基于利率双轨制模型的讨论[J]. 经济研究,2015(2):38 - 51.

[121] 章月明,胡海峰,赵建.利率管制、利率市场化与商业银行治理[J].经济学动态,2013 (4):64 - 71.

[122] 安辉,张芳.创新驱动、利率市场化与银行业效率提升[J].改革,2017(3):139 - 149.

[123] 胡志九,楚啸原.利率市场化对商业银行长期影响刍议[J].中央财经大学学报,2018 (6):48 - 57.

[124] 吴成颂,张树含,倪清.利率市场化能提高商业银行利润效率吗:基于流动性创造的中介 效应研究[J].上海金融,2019(5):30 - 38.

[125] 刘莉亚,余晶晶.银行竞争对货币政策传导效率的推动力效应研究:利率市场化进程中银行业的微观证据[J].国际金融研究,2018(3):57-67.

[126] 曾小春,钟世和.利率市场化对商业银行效率的影响:研究进展与启示[J].管理学刊,2018(4):27-35.

[127] 武佳琪,焦高乐.利率市场化与商业银行净利差[J].西安交通大学学报,2018(4):57-63.

[128] 彭建刚,王舒军,关天宇.利率市场化导致商业银行利差缩窄吗:来自中国银行业的经验证据[J].金融研究,2016(7):48-63.

[159] 顾海峰,朱莉莉.利率市场化对商业银行存贷款利差的影响研究:基于价格型与数量型货币政策环境[J].财经理论与实践,2019,40(6):24-31.

[130] 于良春,鞠源.垄断与竞争:中国银行业的改革和发展[J].经济研究,1999(8):48-57.

[131] 易纲,赵先信.中国的银行竞争:机构扩张、工具创新与产权改革[J].经济研究,2001(8):25-32.

[132] 黄宪,王方宏.中国与德国的国有银行效率差异及其分析[J].世界经济,2003(2):31-47.

[133] 李维安,曹廷求.股权结构、治理机制与城市银行绩效:来自山东、河南两省的调查证据[J].经济研究,2004(12):4-15.

[134] 林毅夫,孙希芳.信息、非正规金融与中小企业融资[J].经济研究,2005(7):35-51.

[135] 周开国,李涛,何兴强.什么决定了中国商业银行的净利差?[J].经济研究,2008(8):65-76.

[136] 姚树洁,姜春霞,冯根福.中国银行业的改革与效率:1995—2008[J].经济研究,2011(12):4-14.

[137] 萧松华,刘明月.银行产权结构与效率关系理论评析[J].经济研究,2011(6):105-117.

[138] 李双杰,高岩.银行效率实证研究的投入产出指标选择[J].数量经济技术经济研究,2014(4):130-144.

[139] 叶辅靖.全能银行比较研究:兼论混业与分业经营[M].北京:中国金融出版社,2001.

[140] 王晓芳.中国金融发展问题研究[M].北京:中国金融出版社,2000.

[141] 江其务.制度变迁与金融发展[M].杭州:浙江大学出版社,2003.

[142] 巴塞尔银行监管委员会.统一资本计量和资本标准的国际协议修订框架[M].中国银行业监督管理委员会,译.北京:中国金融出版社,2004.

[143] 王聪,邹朋飞.基于资本结构和风险考虑的中国商业银行 X 效率研究[J].管理世界,2006(11):6-12.

[144] 方先明,孙兆斌.商业银行相对风险比较研究:来自中国 14 家商业银行 2001—2004 年的经验证据[J].当代经济科学,2007(7):10-19.

[145] 邱兆祥,张磊.经过风险调整的商业银行利润效率评价研究:基于随即利润边界方法[J].金融研究,2007(3):98-110.

[146] 高飞,赵振全.随机控制理论与风险度量[J].数量经济技术经济研究,2002(6):72-75.

[147] 唐爱国,秦宛顺.广义随机占优单调一致风险测度和 ES[J].金融研究,2003(4):84-93.

[148] 何信,张世英,孟利锋.动态一致性风险度量[J].系统工程理论方法应用,2003,12(3):243-247.

[149] 高全胜.金融风险计量理论前沿与应用[J].国际金融研究,2004(9):71-78.

[150] 林志炳,许保光.一致性风险度量的概念、形式、计算和应用[J].统计与决策,2006(3):6-9.

[151] 李小平,刘小茂.风险资产组合的均值:M 有效前沿及其实证分析[J].中国管理科学,2005,(13)5:6-11.

[152] 胡德焜,董钢,须倍成.相对风险价值:一种新的一致风险度量[J].北京大学学报(自然科学版),2006(9):598-603.

[153] 张晓蓉,徐剑刚.VaR、ES 与一致性风险测度[J].上海管理科学,2006(4):78-80.

[154] 李婷,张卫国.风险资产组合均值:CVaR 模型的算法分析[J].安徽大学学报(自然科学版),2006(11):4-7.

[155] 徐文莉.基于最大熵方法的 DaR 风险度量模型[J].安徽师范大学学报(自然科学版),2007(1):21-24.

[156] 蒋春福,尤川川,彭红.Expected Shortfall 风险度量的一致性估计[J].统计与决策,2007(7):31-33.

[157] 刘小茂,马林.资产相对价值的 VaR 和 CVaR 风险[J].统计与决策,2006(8):128-129.

[158] 刘俊山.基于风险测度理论的 VaR 与 CVaR 的比较研究[J].数量经济技术经济研究,2007(3):125-133.

[159] 安实,孙健,王岩.基于时间持续性的动态风险度量模型[J].系统管理学报,2007,5(16):518-523.

[160] 刘小茂,田立.VaR 与 CVaR 的对比研究及实证分析[J].华中科技大学学报(自然科学版),2005(10):112-114.

[161] 潘霁,李子奈.非线性 Mean-CVaR 框架下的资产和破产风险管理[J].清华大学学报(自然科学版),2005(12):1700-1704.

[162] 孟志青,虞晓芬,蒋敏,等.基于动态 CVaR 模型的房地产组合投资的风险度量与控制策略[J].系统工程理论与实践,2007(9):69-76.

[163] 孙杨,尚震宇,潘浩.商业银行操作风险评估:基于 EVT 理论的 CVaR 模型[J].工业技术经济,2007(7):126-129.

[164] 刘小茂,李楚霖,王建华.风险资产组合的均值:CVaR 有效前沿[J].管理工程学报,2003(1):29-33.

[165] 张金清.非理性条件下的风险偏好与投资选择研究[J].管理评论,2004(12):10-18.

[166] 何琳洁,文凤华,马超群.基于一致性风险价值的投资组合优化模型研究[J].湖南大学学报(自然科学版),2005(2):125-128.

[167] 赵静,肖庆宪.条件风险价值度量方法在银行投资组合优化中的应用[J].上海理工大学学报,2005(5):389-392.

[168] 高全胜,李选举.基于 CVaR 的投资组合对资产变化的敏感性分析[J].数量经济技术经济研究,2005(6):88-94.

[169] 司继文,张明佳,龚朴.基于 Monte Carlo 模拟和混合整数规划的 CVaR(VaR)投资组合优化[J].武汉理工大学学报,2005(6):411-414.

[170] 刘彪,刘小茂. Monte - Carlo 模拟在 VaR 与 CVaR 中的应用[J].武汉科技学院学报,
　　　2006(11):58 - 61.

[171] 王秀国,邱菀华.基于 CVaR 和 Monte Carlo 仿真的贷款组合决策模型[J].计算机工程
　　　与应用,2007,43(4):26 - 29.

[172] 张茂军,夏尊铨,郭静梅,等.以条件风险价值为约束的 log - 最优投资组合问题[J].武汉
　　　理工大学学报,2007(8):167 - 170.

[173] 刘小怡. X 效率一般理论[M].武汉:武汉出版社,1998.

[174] 魏权龄.数据包络分析[M].北京:科学出版社,2004.

[175] 吴文江.数据包络分析及其应用[M].北京:中国统计出版社,2002.

[176] 马科维兹.资产组合选择和资本市场的均值[M].朱菁,欧阳向军,译.上海:上海人民出
　　　版社,1999.

[177] 桑德斯.信用风险度量:风险估值的新方法与其他范式[M].刘宇飞,译,北京:机械工业
　　　出版社,2001.

[178] 周群.经济资本约束与商业银行精细化管理研究[D].天津:天津大学,2004.

[179] 张晓峒.计量经济学软件 EViews 使用指南[M].天津:南开大学出版社,2003.

[180] 汪祖杰.商业银行生产函数的定义与规模效应的方法论基础[J].金融研究,2004(7):80 - 89.

[181] 张尧庭.连接函数(Copula)技术与金融风险分析[J].统计研究,2002(4):48 - 51.

[182] 应益荣,詹炜.资产组合 ES 风险测度的 Copula - EVT 算法[J].系统管理学报,2007
　　　(12):602 - 606.

[183] 冯启德.新巴塞尔协议视角的商业银行信用风险管理研究[D].上海:复旦大学,2006.

[184] 中国外汇交易中心暨全国银行间同业拆借中心研究部.2007 年全国银行间同业拆借与
　　　债券系统交易情况综述[J].中国货币市场,2008(1):62 - 67.

[185] 朱南,卓贤,董屹.关于我国国有商业银行效率的实证分析与改革策略[J].管理世界,
　　　2004(2):18 - 26.

[186] 童馨乐,姬胜男,张为付,等.所有制结构、引资战略与中国商业银行效率:基于 HM 指数
　　　与 Tobit 模型的实证研究[J].南开经济研究,2016(4):56 - 70.

[187] 张健华,王鹏.银行效率及其影响因素研究:基于中外银行业的跨国比较[J].金融研究,
　　　2011(5):13 - 28.

[188] 刘向东,杨栋.渐进转轨金融补贴与国有商业银行产权[J].管理世界,2007(4):154 - 155.

[189] 李维安,曹廷求.股权结构、治理机制与城市银行绩效:来自山东、河南两省的调查证据[J].
　　　经济研究,2004(12):4 - 15.

[190] 袭翔.期限错配与商业银行利差[J].金融研究,2015(5):83 - 100.

[191] 翟光宇.货币政策、理财产品与微观主体存贷款选择:基于上市银行 2004—2013 年季度
　　　数据的实证分析[J].当代经济科学,2016,38(1):36 - 47.

[192] 陈宝贵,贾映辉.基于 DEA 模型的信贷资金配置效率研究:对山东省主要行业贷款情况
　　　的实证分析[J].产业经济评论,2014(4):86 - 93.

[193] 李广析,孔荫莹.商业银行金融资源与实体经济的配置效率测度:基于贷款结构和盈利

模式差异的视角[J].江汉论坛,2016(7):62-68.

[194] 廖慧,马泽昊,郑子龙.商业银行资产负债表结构与货币政策传导渠道:基于银行贷款渠道的视角[J].经济管理研究,2013(10):101-107.

[195] 杨晓龙,刘向明.货币政策工具类型、资本充足水平与银行风险承担:基于面板门限回归模型分析[J].金融理论与实践,2017(11):9-14.

[196] 刘成.我国财务公司信用创造与存款准备金制度[J].新金融,2017(5):41-47.

[197] 夏仕龙,付英俊.我国货币政策的银行风险承担效应研究:基于中观层面的结构视角[J].当代经济科学,2017,39(6):33-45.

[198] 李连发,辛晓岱.银行信贷、经济周期与货币政策调控:1984—2011[J].经济研究,2012(3):102-114.

[199] 骆昭东.中国央行频调法定存款准备金率的原因分析[J].经济研究导刊,2011(28):72-73.

[200] 王轶,刘璐.利率市场化与商业银行经营效率:基于中国16家上市银行的实证研究[J].新金融,2017(9):41-46.